中公新書 2711

JN020643

鈴木康久
肉戸裕行 著

京都の山と川

「山紫水明」が伝える千年の都

中央公論新社刊

はじめに

京都と聞いてイメージする言葉は「千年の都」、次に浮かんでくるのは「山河襟帯《さんがきんたい》」や「山紫水明《さんしすいめい》」であろうか。「山河襟帯」とは、平安京《へいあんきょう》を造営した桓武《かんむ》天皇の詔の一節にある言葉で、山が襟のように囲んでそびえ、川が帯のようにめぐって流れ、自然の要害をなし平安京を防御してくれるという意である。「山紫水明」は江戸期の国学者である頼山陽《らいさんよう》（一七八〇～一八三二）が、東山《ひがしやま》三十六峰が紫にかすみ、鴨川《かもがわ》の水は清く澄む夕刻の風景をたとえた造語で、京都の景観の美しさを示す言葉として用いられることが多い。このように、京都を語るうえで、「山」と「川」の組み合わせは欠かすことができない。

東山の中腹に位置する正法寺《しょうぼうじ》から西山《にしやま》に沈む夕日を見ると、街の中央には鴨川が流れ、三方は山々に囲まれ、遠くには大阪が見える。この眺望の美しさはたとえようもなく、桓武天皇が「山河襟帯」をもって都とした思いが今に伝わってくる。

いっぽうで、鴨川のほとり、頼山陽の庵《いおり》であった山紫水明処《さんしすいめいしょ》を今訪ねてみると、茅葺《かやぶき》の屋根は二〇〇年変わることがなく、戸を開けると頼山陽の時代と同様に鴨川の水が優しく光り、東山の緑を遠くに見ることができる。しかし、「山紫水明」の優麗さを感じるには至らない。その理由は、二〇〇年の歳月が流れるなかで鴨川が公園化され、左岸（上流から下流に向かって左側）の川端通《かわばたどおり》には車が走り、その向こうに京大病院の白い建物が立ち並ぶからであろうか。京都をめぐる山河には変わらないものもあれば変わったところもある。それでは、京都の風景をつくってきた山々や川はどのように人々の暮らしと関わり、変化してきたのだろうか。

一例として、京都の中心部を流れる鴨川について見てみよう。平安遷都の約三〇年後には防《ぼう》鴨河使《かし》が置かれ、水害への備えが形となった。江戸期に入り寛文新堤《かんぶんしんてい》が整備されたことで四〇〇～五〇〇メートルあった川幅が約一〇〇メートルに狭められ、私たちが今見る鴨川の形状が整うこととなった。江戸の初めには京都と伏見《ふしみ》をつなぐ運河「高瀬川《たかせがわ》」が開削され、明治の中頃には琵琶湖《びわこ》から大阪への水運を担う「鴨川運河（琵琶湖疏水《びわこそすい》）」が近代化の流れに応じて鴨川の河川敷に整備される。地図で見ると二条《にじょう》から七条《しちじょう》の間には西から「高瀬川」「鴨川」「鴨川運河」が並び、まさに川の字である。だが、川の字であったのもわずか一〇〇年間、昭和の終わりには鴨川運河は暗渠《あんきょ》化され、川端通の下を流れることとなった。このような治水や舟運《しゅううん》の整備は、京都のまちづくりの変遷を語ってくれる。

賑《にぎ》わいから見ていくと、鴨川の水を引いた「高瀬川」には舟が行き交い、江戸期には木屋町《きやまち》や車屋町《くるまやちょう》など新たな町が生まれてくる。人々が集うなか、出雲阿国《いずものおくに》で知られる歌舞伎が四条《しじょう》や五条《ごじょう》の河原で始まることとなった。現在、京都南座《みなみざ》が四条大橋《しじょうおおはし》の南東に位置する理由も見えてくる。また、夏の風物詩として知られる鴨川納涼床《ゆか》の起源は祇園祭《ぎおんまつり》の祭事として、四条河原に茶屋が床几《しょうぎ》を置くことから始まった。その様子を松尾芭蕉《まつおばしょう》が「夕月夜の頃より有明過る頃まで川中に床をならべて夜すがら酒のみ、ものくひあそぶ」と詞書《ことばがき》に記している。このような鴨川とそれに由来するまちづくりの歴史を知れば、散歩がもっと楽しくなるだろう。

東山や西山、桂川《かつらがわ》（保津川《ほづがわ》）、堀川《ほりかわ》なども同様である。それぞれの山河がどのように暮らしと関わってきたのかを知ることで、京の都を取り巻く山や川への見方も変わってくるし、まちそのものや人々の生活の変遷もよくわかるだろう。

目次

第二章　北山——都を支えた農山村と自然——　37

第三章　西山――信仰と竹林の道　63

第七章　琵琶湖疏水——社会の求めに応じて進化する水路——　169

図版制作・関根美有

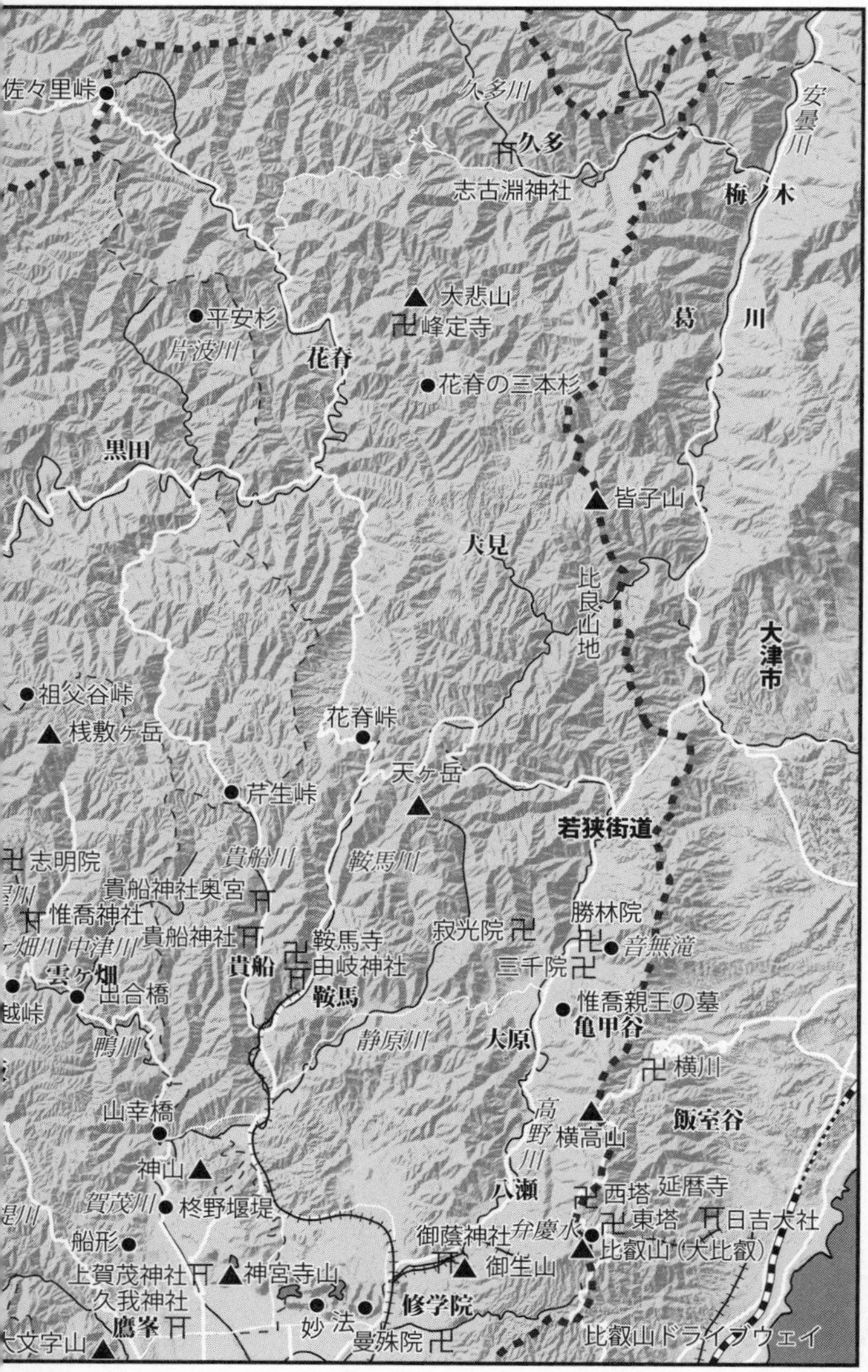
佐々里峠
久多川
久多
志古淵神社
安曇川
梅ノ木
大悲山
峰定寺
平安杉
片波川
花脊
花脊の三本杉
葛
川
黒田
皆子山
大見
比良山地
大津市
祖父谷峠
栈敷ヶ岳
花脊峠
天ヶ岳
芹生峠
若狭街道
志明院
貴船川
鞍馬川
貴船神社奥宮
惟喬神社
勝林院
寂光院
貴船神社
鞍馬寺
音無滝
中津川
由岐神社
三千院
雲ヶ畑
貴船
出合橋
鞍馬
惟喬親王の墓
亀甲谷
鴨川
静原川
大原
横川
高野川
横高山
飯室谷
山幸橋
神山
八瀬
西塔
延暦寺
賀茂川
柊野堰堤
東塔
日吉大社
御蔭神社
弁慶水
船形
比叡山（大比叡）
上賀茂神社
神宮寺山
御生山
久我神社
妙
法
修学院
鷹峯
大文字山
曼殊院
比叡山ドライブウェイ

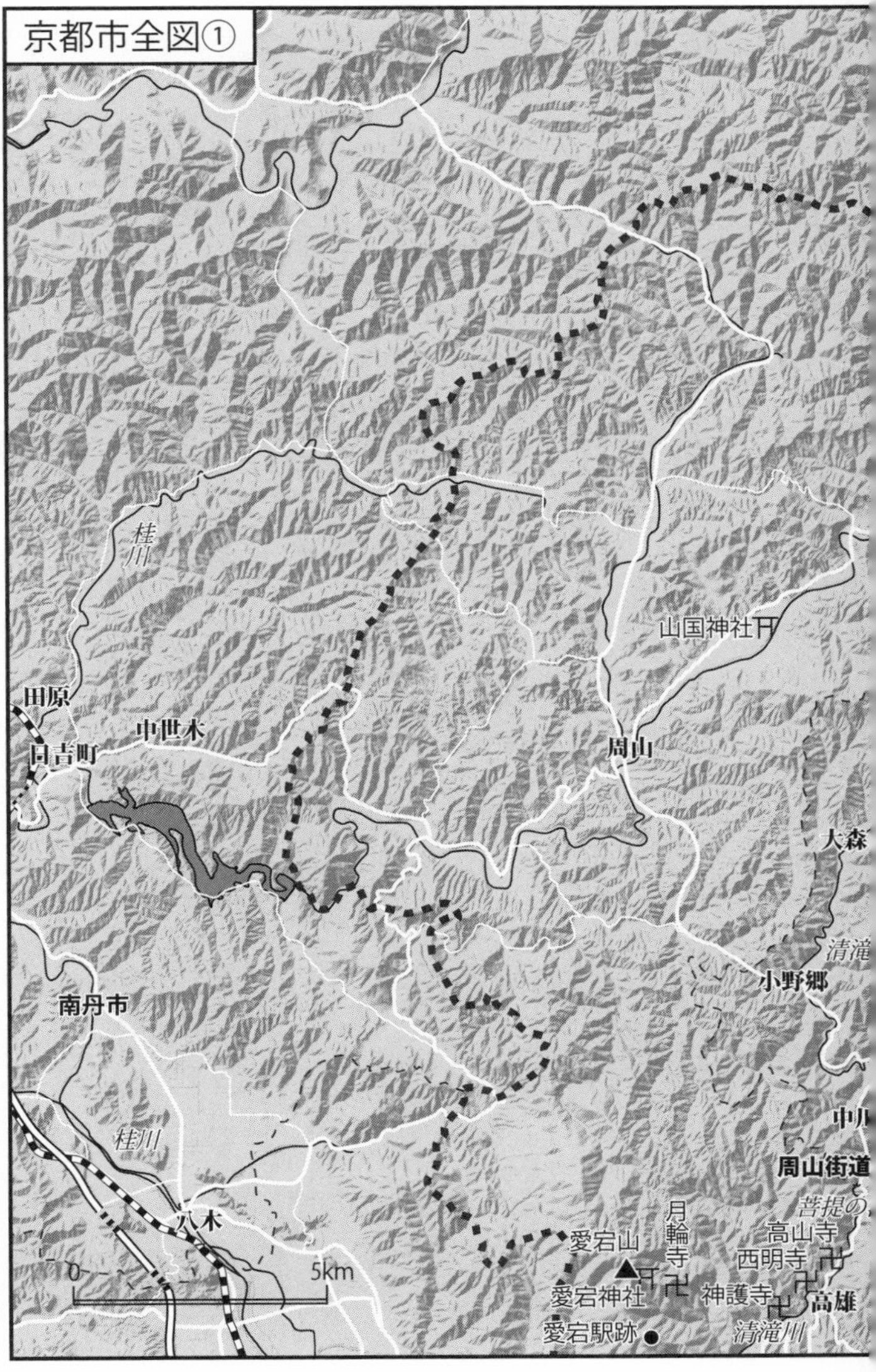
京都市全図①
桂川
山国神社
田原
中世木
日吉町
周山
大森
清滝
小野郷
南丹市
中川
周山街道
菩提の
桂川
八木
月輪寺
高山寺
西明寺
愛宕山
0
5km
愛宕神社
神護寺
高雄
愛宕駅跡
清滝川

山幸橋
神山
賀茂川
柊野堰堤
船形
上賀茂神社
神宮寺山
久我神社
鷹峯
大文字山
左大文字
金閣寺
北大路通
妙
法
曼殊院
修学院
高野川
横高山
飯室谷
八瀬
西塔
東塔
日吉大社
御蔭神社
弁慶水
比叡山（大比叡）
延暦寺
御生山
比叡山ドライブウェイ
山中峠
下鴨神社
瓜生山（勝軍山城）
銀閣寺
今出川通
平安京の範囲
京都御所
吉田山
大文字送り火
鹿ヶ谷
大文字山
如意ヶ岳
三井寺
琵琶湖
浜大津
二条城
丸太町通
広隆寺
神泉苑
蹴上発電所
西院
壬生
清水寺
梅小路
阿弥陀ヶ峰
大津市
東寺
東福寺
山科川
稲荷山
新山科浄水場
久我井堰
伏見稲荷大社
醍醐寺
醍醐山
鳥羽
中島
墨染発電所
下醍醐
檜山
上醍醐
水環境保全センター（下水処理場）
下鳥羽
桓武天皇陵
日野
御香宮
伏見桃山陵
羽東師橋
草津町
伏見城跡
六地蔵
横大路
三栖閘門
桂川
宇治川
巨椋池跡
淀古城
納所
淀
槇島
志津川
瀬田川
三室津
宇治川太閤堤跡
放生院
宇治橋
興聖寺浜
平等院
甘樫浜
木津川
宇治市
清水八幡宮
八幡市
高尾
田原

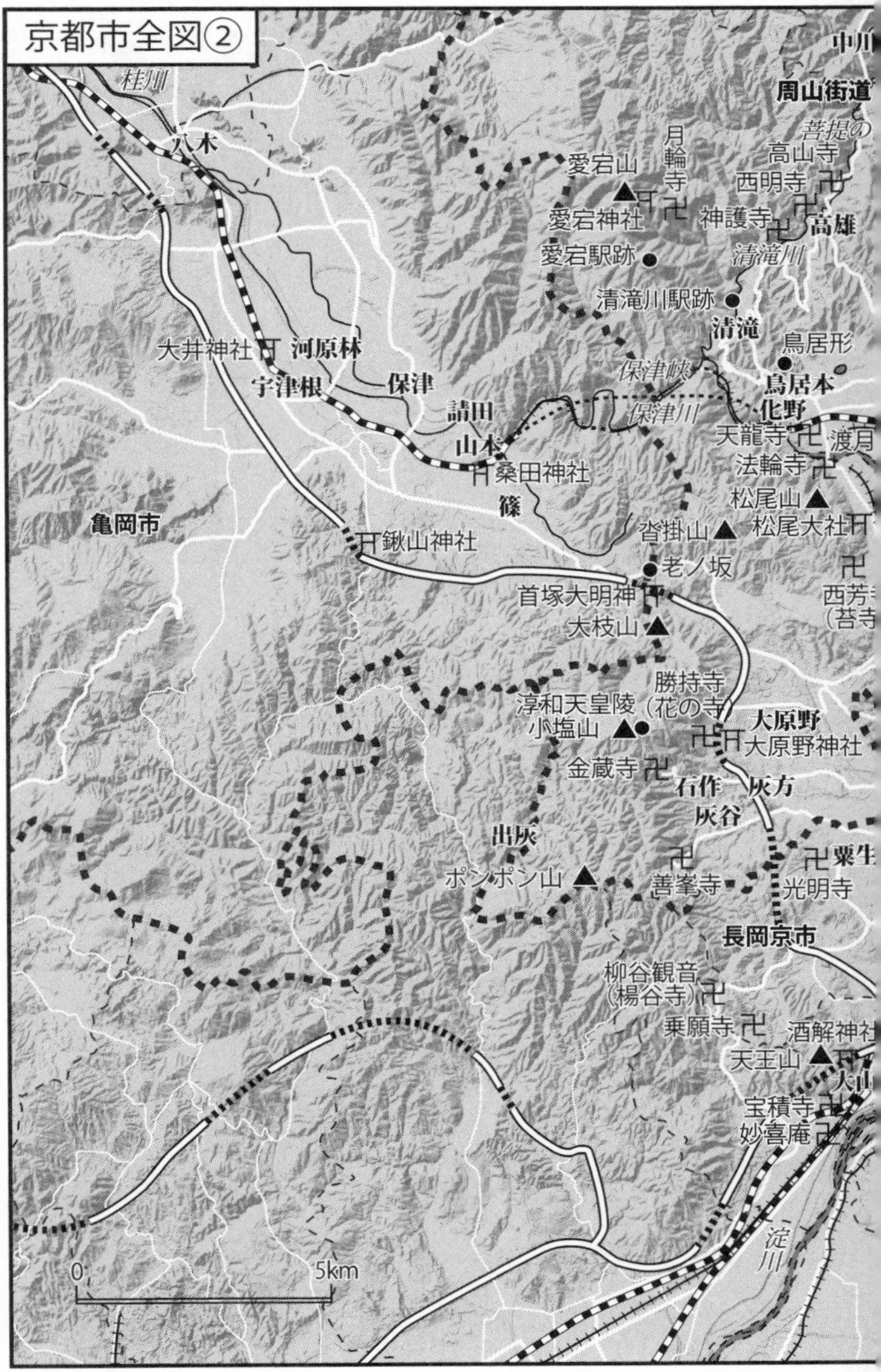
京都市全図②
桂川
八木
中川
周山街道
菩提の
月輪寺
愛宕山
高山寺
西明寺
愛宕神社
神護寺
高雄
愛宕駅跡
清滝川
清滝川駅跡
清滝
鳥居形
大井神社
河原林
保津峡
鳥居本
宇津根
保津
保津川
化野
請田
天龍寺
渡月
山本
法輪寺
桑田神社
松尾山
篠
亀岡市
沓掛山
松尾大社
鍬山神社
老ノ坂
首塚大明神
西芳寺
(苔寺
大枝山
勝持寺
淳和天皇陵（花の寺）
小塩山
大原野
大原野神社
金蔵寺
石作
灰方
灰谷
出灰
粟生
ポンポン山
善峯寺
光明寺
長岡京市
柳谷観音
(楊谷寺)
乗願寺
酒解神社
天王山
宝積寺
妙喜庵
淀川
0
5km

蟻ケ池
賀茂川
明神川
上賀茂神社
神宮寺山
御物忌川
御薗橋
社家町
加茂川中学校
久我神社
北山大橋
北山通
妙
法
松ヶ崎
三宅八幡駅
三段堰堤
御蔭神社
御生山
修学院
雲母坂
林丘寺
音羽川
曼殊院
府立植物園
松ヶ崎上水場
分線
御土居堀
北大路通
左京区
紫明通
高野川
船岡山城
上御霊神社
下鴨神社
山中峠
南花ノ坊町
本法寺
瓜生山
(勝軍山城)
今日庵
鴨川デルタ
千本釈迦堂
相国寺
田中
出町柳駅
一条戻橋
小川通
京都御所
吉田山
銀閣寺
堀川第一橋
京都大学
法然院
大文字送り火
千本通
上京区
堀川通
山紫水明処
大文字山
哲学の道
二条城
二条通
平安神宮
若王子神社
琵琶湖疏水
神泉苑
南禅寺
鴨川
インクライン
六角堂
青蓮院
壬生
中京区
八坂神社
円山公園
仏光寺
高台寺
建仁寺
正法寺
安祥寺
上徳寺
清水寺
音羽ノ滝
下京区
柳町
石垣町
鳥辺野
清水山
西本願寺
日ノ岡
豊国神社
山科駅
七条通
東本願寺
渉成園
東山区
小路
高瀬川
阿弥陀ヶ峰
東寺
京都駅
唐橋
東山トンネル
東福寺
山科区
山科川
三ツ辻
一本杉
四ツ辻
陶化橋
伏見稲荷大社
傘杉社
稲荷山
東高瀬川・新高瀬川
三ノ峰
二ノ峰
一ノ峰

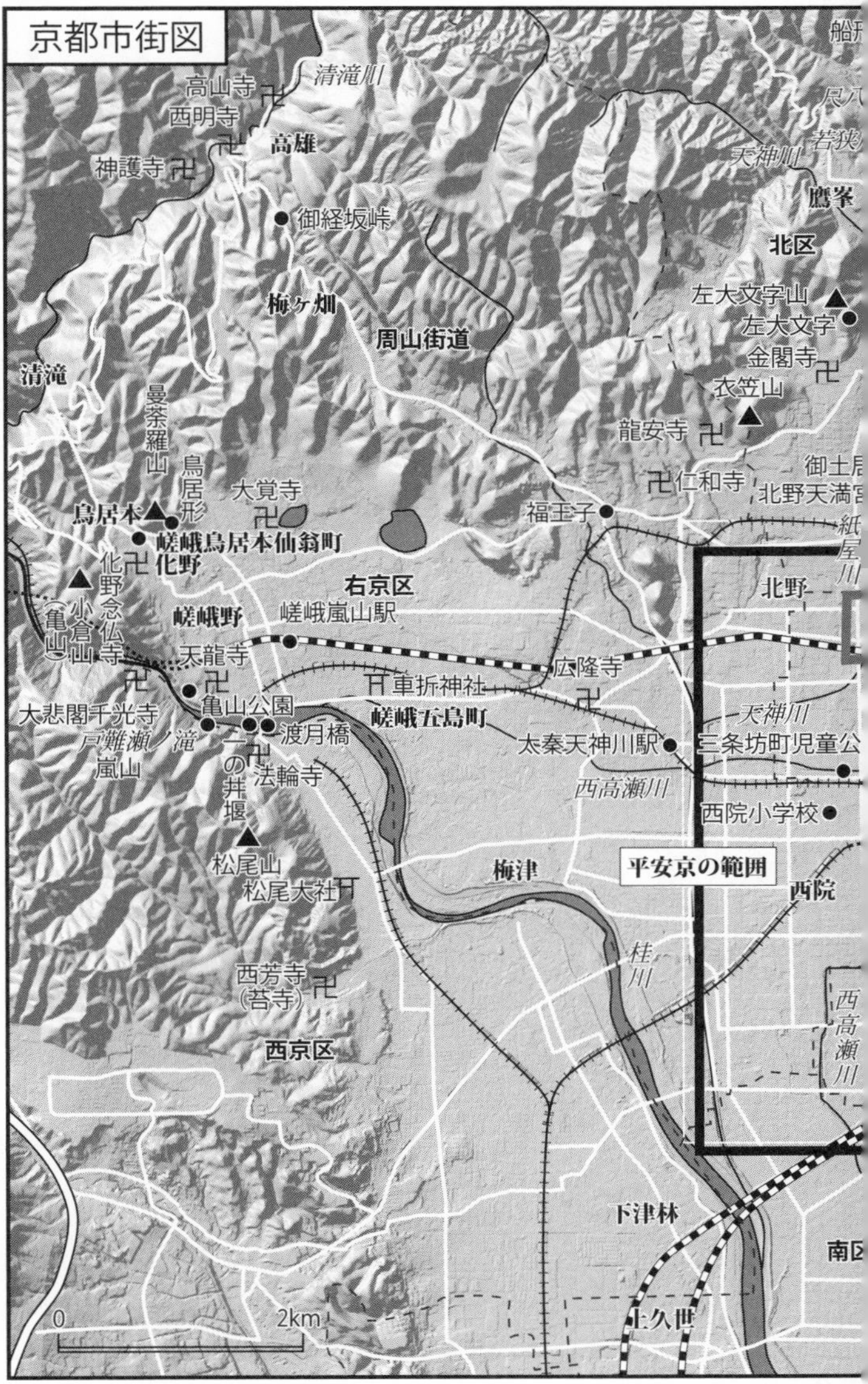

京都市街図
清滝川
高山寺
西明寺
高雄
神護寺
御経坂峠
梅ヶ畑
周山街道
清滝
曼荼羅山
鳥居形
大覚寺
鳥居本
嵯峨鳥居本仙翁町
化野
化野念仏寺
小倉山
(亀山)
右京区
嵯峨野
嵯峨嵐山駅
天龍寺
車折神社
亀山公園
大悲閣千光寺
嵯峨五島町
渡月橋
戸難瀬ノ滝
嵐山
一の井堰
法輪寺
松尾山
松尾大社
梅津
西芳寺(苔寺)
西京区
天神川
鷹峯
北区
左大文字山
左大文字
金閣寺
衣笠山
龍安寺
仁和寺
御土居
北野天満宮
福王子
紙屋川
北野
広隆寺
太秦天神川駅
三条坊町児童公
西高瀬川
西院小学校
平安京の範囲
西院
桂川
西高瀬川
下津林
南区
上久世
0
2km

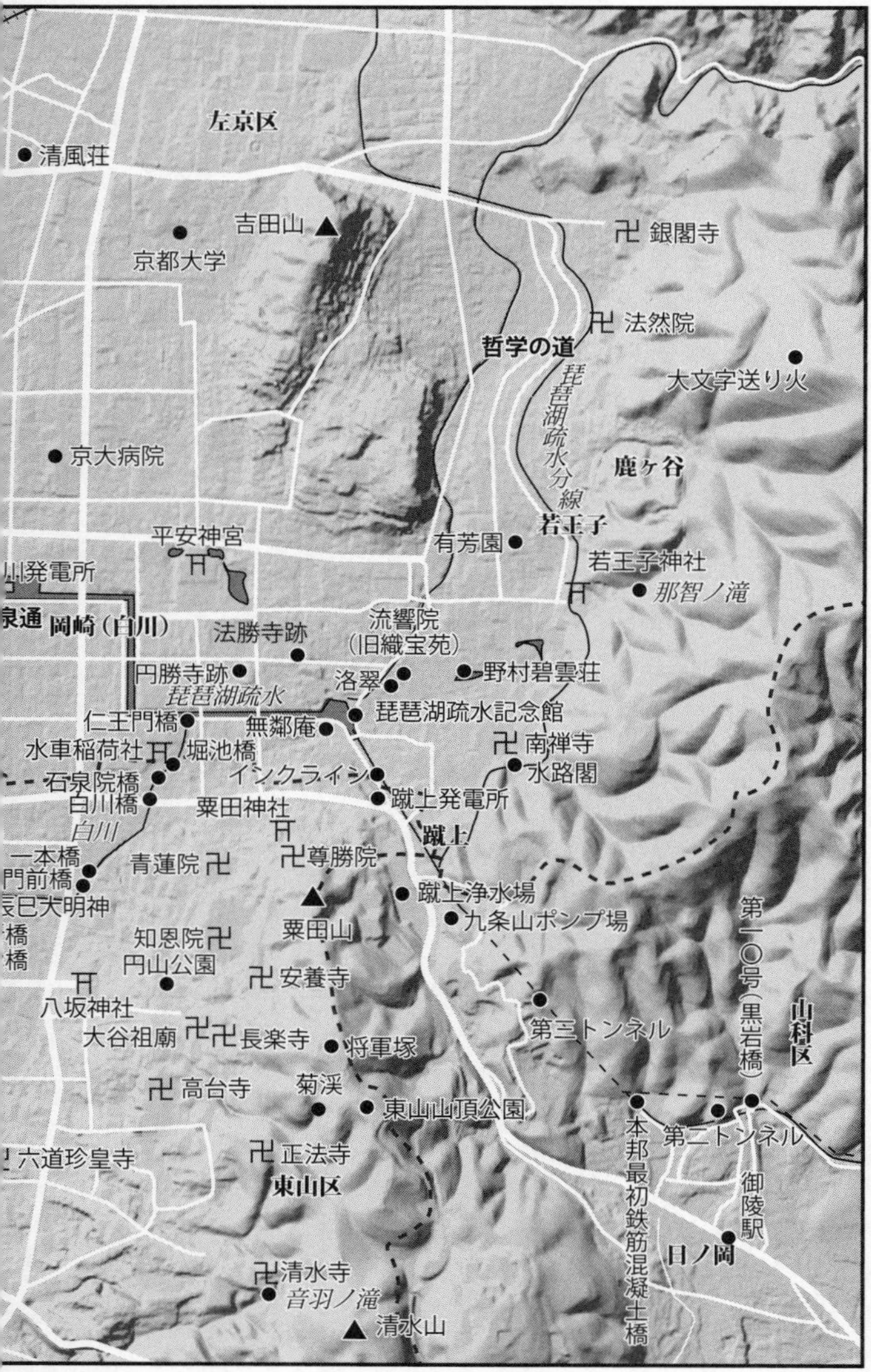

左京区
清風荘
吉田山
銀閣寺
京都大学
法然院
哲学の道
琵琶湖疏水分線
大文字送り火
京大病院
鹿ヶ谷
若王子
平安神宮
有芳園
若王子神社
川発電所
那智ノ滝
泉通
岡崎（白川）
流響院
（旧織宝苑）
法勝寺跡
円勝寺跡
洛翠
野村碧雲荘
琵琶湖疏水
仁王門橋
琵琶湖疏水記念館
無鄰庵
南禅寺
水車稲荷社
堀池橋
水路閣
石泉院橋
インクライン
白川橋
粟田神社
蹴上発電所
白川
蹴上
一本橋
青蓮院
尊勝院
門前橋
蹴上浄水場
辰巳大明神
九条山ポンプ場
粟田山
第一〇号（黒岩橋）
知恩院
円山公園
安養寺
山科区
八坂神社
第三トンネル
大谷祖廟
長楽寺
将軍塚
高台寺
菊渓
東山山頂公園
本邦最初鉄筋混凝土橋
第二トンネル
六道珍皇寺
正法寺
御陵駅
東山区
日ノ岡
清水寺
音羽ノ滝
清水山

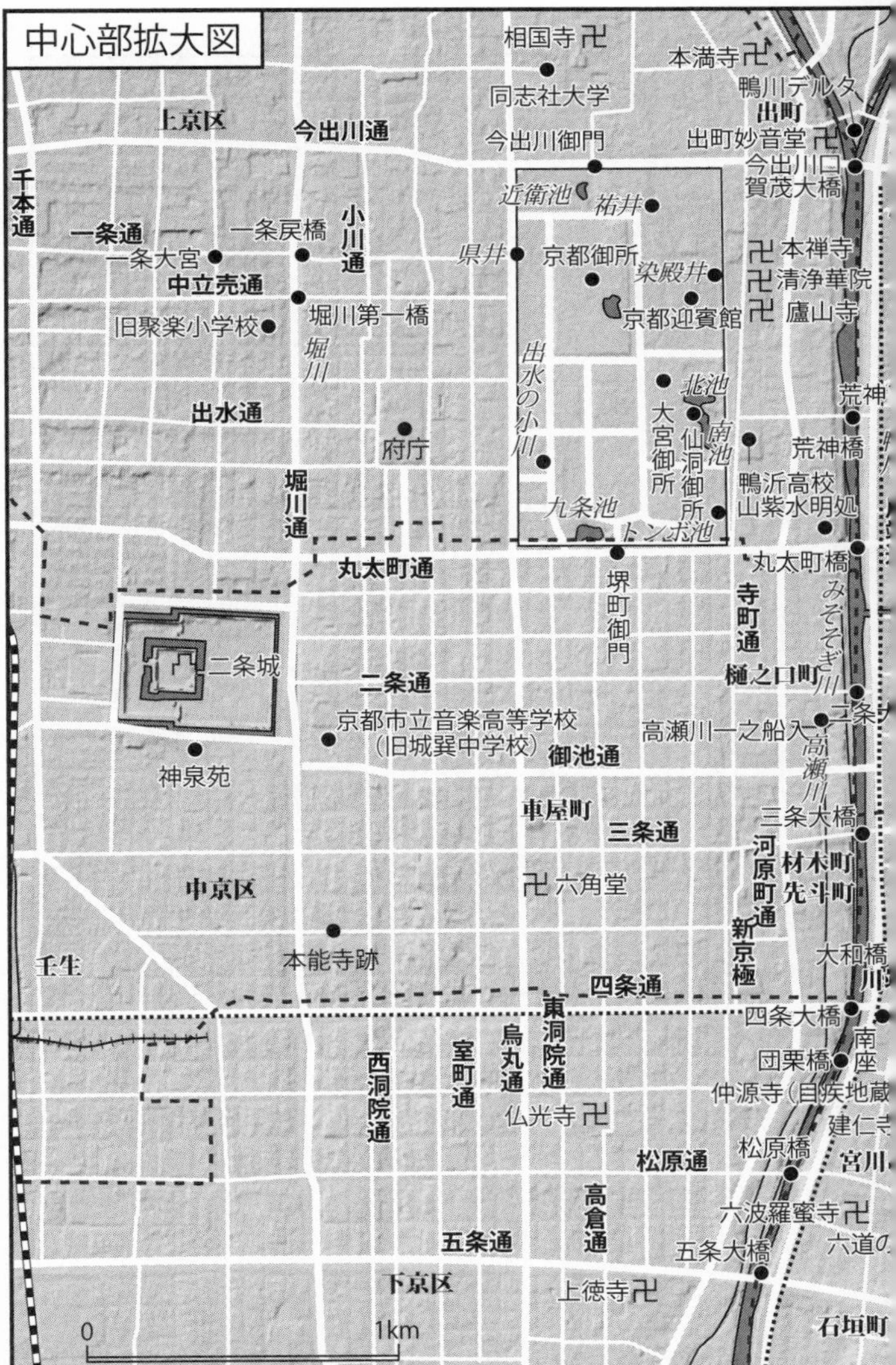

中心部拡大図
相国寺
本満寺
同志社大学
鴨川デルタ
出町
上京区
今出川通
今出川御門
出町妙音堂
今出川口
賀茂大橋
千本通
近衛池
祐井
一条通
一条戻橋
小川通
一条大宮
県井
京都御所
本禅寺
清浄華院
染殿井
中立売通
廬山寺
堀川第一橋
京都迎賓館
旧聚楽小学校
堀川
出水の小川
北池
荒神口
出水通
大宮御所
仙洞御所
南池
府庁
荒神橋
堀川通
鴨沂高校
九条池
山紫水明処
トンボ池
丸太町通
丸太町橋
堺町御門
みそそぎ川
寺町通
二条城
樋之口町
二条通
二条
京都市立音楽高等学校
（旧城巽中学校）
高瀬川一之船入
御池通
神泉苑
高瀬川
車屋町
三条大橋
三条通
河原町通
木屋町
先斗町
中京区
六角堂
新京極
本能寺跡
大和橋
壬生
四条通
四条大橋
東洞院通
烏丸通
室町通
西洞院通
南座
団栗橋
仲源寺（目疾地蔵）
仏光寺
建仁寺
松原橋
宮川町
松原通
高倉通
六波羅蜜寺
六道の
五条通
五条大橋
下京区
上徳寺
石垣町
0
1km

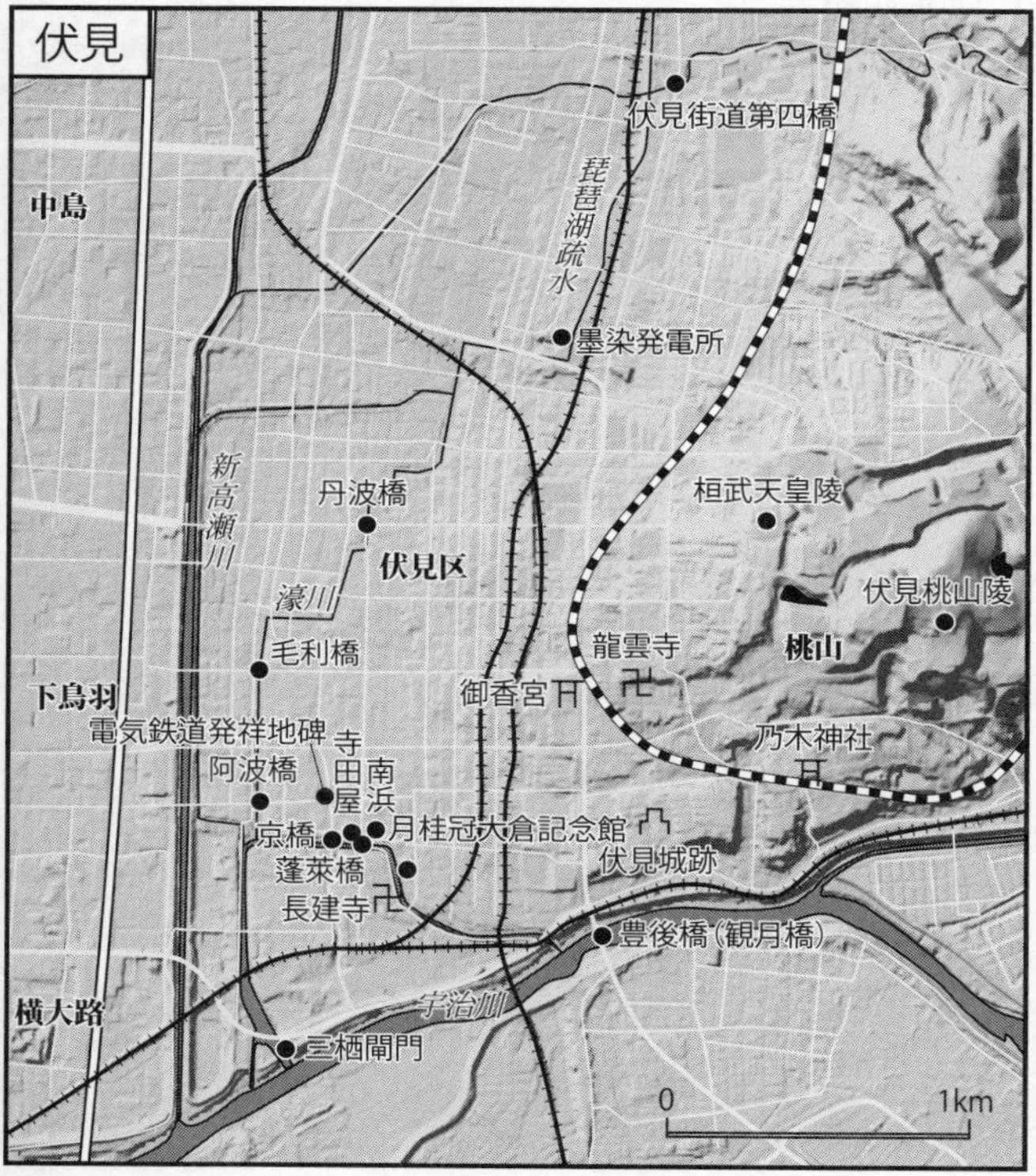

伏見
伏見街道第四橋
琵琶湖疏水
中島
墨染発電所
新高瀬川
丹波橋
伏見区
桓武天皇陵
濠川
伏見桃山陵
毛利橋
龍雲寺
桃山
下鳥羽
御香宮
電気鉄道発祥地碑
寺田屋
南浜
乃木神社
阿波橋
京橋
月桂冠大倉記念館
伏見城跡
蓬莱橋
長建寺
豊後橋（観月橋）
宇治川
横大路
三栖閘門
0
1km

第一章　東山——歴史と景観に彩られた山紫水明の地

京都三山とは

「春はあけぼの。やうやう白くなりゆく山際《やまぎわ》少し明かりて、紫だちたる雲の細くたなびきたる」。中学生の頃に何度も諳《そら》んじさせられたこの一節は今でも忘れることはない。清少納言《せいしょうなごん》（九六六頃～一〇二五頃）の『枕草子《まくらのそうし》』（第一段）である。

春の朝、夜明け前に街中からも見える山際とは東山のことであろう。山際に紫がかった雲がたなびいているのは、早起きする人なら当たり前のように目にする光景である。さらに第十三段では「峰は（中略）阿弥陀《あみだ》の峰（が良い）」と東山の阿弥陀ヶ峰《あみだがみね》をほめている。

「秋は夕暮れ。夕日の差して山の端《は》いと近うなりたるに、烏《からす》の寝所へ行くとて、三つ四つ、二つ三つなど飛び急ぐさへあはれなり」（第一段）

秋も深まれば空気も澄んできて山が近くに見えてくる。この山の端は嵯峨野《さがの》の化野《あだしの》あたりの西山の山々を見ていたのであろうか。

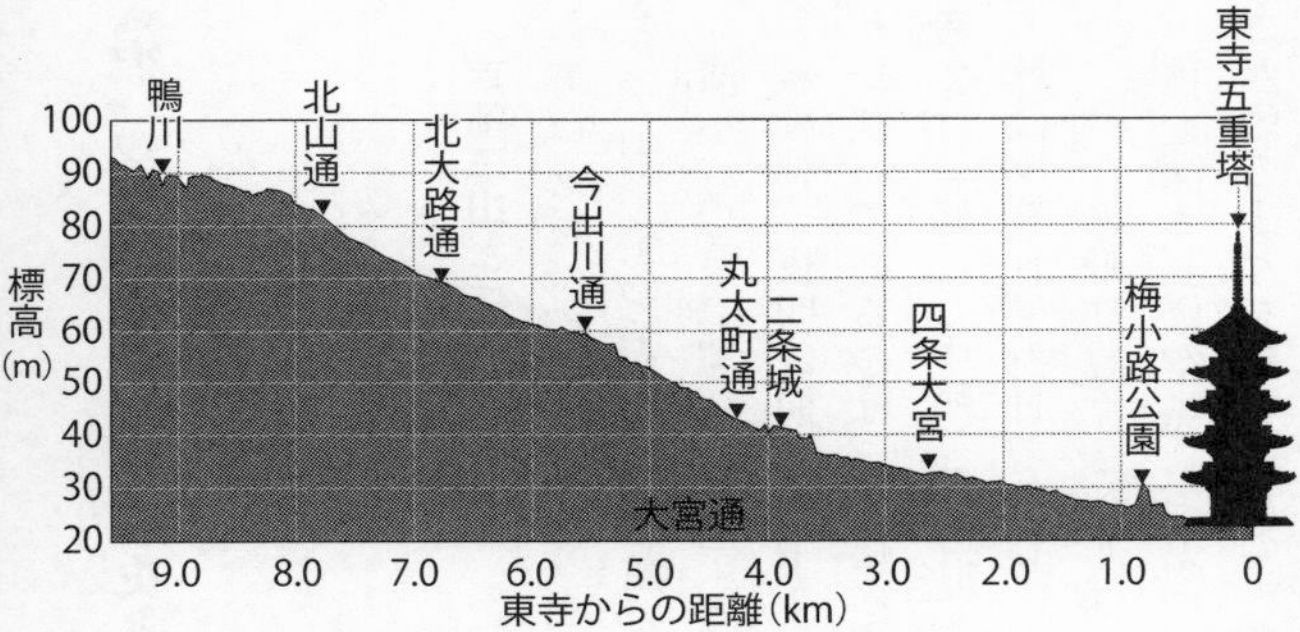

大宮通沿いの南北断面図

「冬はつとめて。雪の降りたるは言ふべきにもあらず、霜のいと白きも、またさらでもいと寒きに、火など急ぎおこして、炭持て渡るも、いとつきづきし」（同）

「京の底冷え」という言葉があるほど京都の寒さは厳しい。碁盤の目の京都では、北に行くことを「上がる」というが、通りを上がるごとに標高は上がり、気温が下がる（市街地北端の北山通《きたやまどおり》の標高はおよそ八〇メートルで市街地南部の東寺《とうじ》の五重の塔の頂部とほぼ同じ高さである）。

冬、比叡《ひえい》おろしや愛宕《あたご》おろしと呼ばれる寒風が北山《きたやま》連峰から南に吹き降りてくる。街中でも京都市の北部では晩秋頃から「北山時雨《しぐれ》」と呼ばれる雨が降る。最近では温暖化で雪もめっきり減ってしまったが、丸太町通《まるたまちどおり》、今出川通《いまでがわどおり》、北大路通《きたおおじどおり》と上がるごとに雪の量も多くなってくる。京都で生活する人ならみな知っている普通の現象である。

ここで出てくる炭は洛北大原《らくほくおおはら》あたりで生産された小野炭《おのずみ》であろうか。

このように、『枕草子』の一節からも京都の風景が目に浮かんでくる。しかし、時代とともに京都の風景も変わり、近代的なビルやマンションが立ち並ぶなか、清少納言が見た時代のものは、川の流れや山並みだけが残っているのかもしれない。東山、北山、西山は総称して「京都三山《さんざん》」と呼ばれるが、これらの山塊に囲まれた京都では、それらの山河に育《はぐく》まれた伝統や文化が今も息づくとともに、周囲の山村も京都の暮らしを支えてきた。

東山と文化

東山という呼称は東山連峰の山々とその麓《ふもと》の地を指す。区域としての東山は、現在の行政区域である東山区《ひがしやま》に該当し、三条通《さんじょうどおり》の蹴上《けあげ》あたりから東福寺《とうふくじ》あたりまでをいうが、京都の人に東山の範囲を聞くとおおむね北は銀閣寺《ぎんかくじ》の後方の大文字山《だいもんじやま》、知恩院《ちおんいん》の背後の山から始まり将軍塚《しょうぐんづか》、清水山《きよみずやま》を経て、伏見の稲荷山《いなりやま》あたりまでと答えるのではないだろうか。幕末に発行された京都案内書のひとつ『花洛名勝図会《からくめいしょうずえ》』（一八六四年）でも、東山の範囲を如意ヶ岳《にょいがたけ》から伏見稲荷山あたりと述べている。

この東山には、知恩院、清水寺《きよみずでら》、南禅寺《なんぜんじ》、東福寺など我が国仏教各宗派の大本山や曼殊院《まんしゅいん》、青蓮院《しょうれんいん》、林丘寺《りんきゅうじ》などの門跡《もんぜき》寺院、平安神宮《へいあんじんぐう》などの神社が集まっている。なかには世界遺産（比叡山延暦寺《ひえいざんえんりゃくじ》、慈照寺《じしょうじ》〔銀閣寺〕、清水寺）に指定されたものもある。

歴史をざっと見ても、平安以降の仏教の聖地比叡山、東山文化の銀閣寺、盆行事の大文字山

の送り火、平家《へいけ》討伐の談合をしたとされる鹿ヶ谷《ししがたに》、歌舞伎の演目で石川五右衛門《いしかわごえもん》が「絶景かな」と見得《みえ》をきる南禅寺三門《さんもん》、豊臣秀《とよとみひで》吉《よし》を葬る阿弥陀ヶ峰、葬送の地鳥辺野《とりべの》（鳥辺山《とりべやま》）、全国稲荷社の総本宮伏見稲荷、南に行くと醍醐《だいご》の花見で有名な醍醐寺《だいごじ》、さらに『方丈記《ほうじょうき》』の鴨長明《かものちょうめい》が隠棲《いんせい》した日野《ひの》など、数えきれないくらいの名所旧跡が、山のあるところに連なっている。

千年の都として幾多の歴史の舞台に上がる東山は、その山麓《さんろく》において多くの文化や芸術、宗教を育んできたのである。

山に宿る神

古代より山には神が宿り、山そのものが神として信仰の対象とされてきた。奈良にある大神《おおみわ》神社では古代神道のかたちが残り、三輪山《みわやま》を御神体として祀《まつ》り、本殿はなく拝殿から三輪山に向かって参拝する。

山には大きな岩があり、滝があり、草木が生い茂り、動物が生き、自然そのものが信仰の対象とされてきたのである。山の神に対する信仰は日本全国で見受けられ、農山村に行くと山の入口に

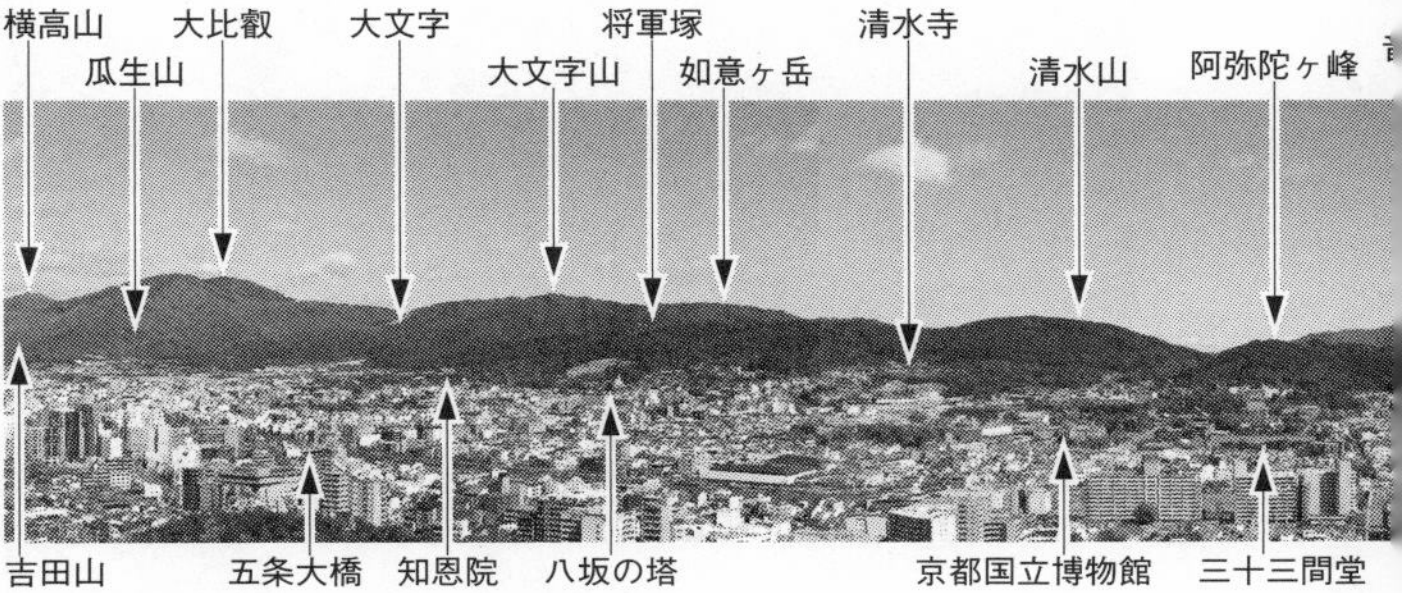

京都タワーから東山を望む

は神社があり、集落のいたるところに祠《ほこら》がある。山仕事の安全やその年の豊作の祈願をする習慣は今も残り、集落を挙げて山の神に祈り、春、山の木に花が咲く頃になると山の神を里に迎え入れる。このような習慣は、アジア全体においても照葉樹林文化に共通のものとして残り、山は様々な恵みをもたらしてくれると同時に畏怖《いふ》されるものとして信仰の対象とされている。

　京都でも平安遷都よりも前から、山への信仰が見られた。比叡山、愛宕山《あたごやま》、松尾山《まつのおやま》はその代表的なものであり、その後、山そのものを信仰の対象とする古代神道に仏教が結びついたこと（本地垂迹説《ほんじすいじゃくせつ》）により、神仏習合の社《やしろ》が築かれてきた。京都周辺には、いくつもの修験道《しゅげんどう》の行場がある。千日回《せんにちかい》峰行《ほうぎょう》で有名な比叡山、北大峯《きたおおみね》と呼ばれる大悲山《だいひざん》、醍醐寺の醍醐山《だいごさん》などである。山岳信仰と仏教の密教が結びついた修験道は厳しい自然と向き合うことによって験力《げんりき》を養う。

　いっぽう、神社においては、古代豪族であった賀茂《かも》氏に由来を持つ上賀茂《かみがも》神社では神奈備《かんなび》信仰（岩や山などを神の依《よ》り

御蔭神社の御蔭神事（みあれしんじ）　2022年は雨天であったため雨儀（雨の儀式）であった（写真・西村廣司）

代《しろ》として信仰すること）として拝殿の北にある神山《こうやま》を崇拝する。五月十五日の賀茂祭《かもさい》（葵祭《あおいまつり》）に先立ち御《み》阿礼《あれ》行事として山より神を迎える神事があり、下鴨《しもがも》神社においても同様に比叡山の麓にある御生山《みあれやま》まで神を迎える御蔭祭《みかげまつり》が行われる。八坂《やさか》神社の祭礼である祇園祭の山鉾《やまぼこ》の山には松が飾られる。常盤《ときわ》の木である松には神が宿るとされるが、松はもともと山に生える。山は神が鎮座する神聖な場所であり、修行の場であり産土神《うぶすながみ》なのである。

　このように自然を崇拝する古代神道と「山川草木悉《さんせんそうもくしっ》皆成仏《かいじょうぶつ》」の仏教思想が結びついたことにより、自然信仰をもとにする日本独自の宗教観が長い歴史のなかで発展してきた。しかし、明治以後の近代化政策により寺と神社は歴史的な変革の流れのなかで切り離されることになり、東山の姿は変わることになるのである。

東山三十六峯之圖

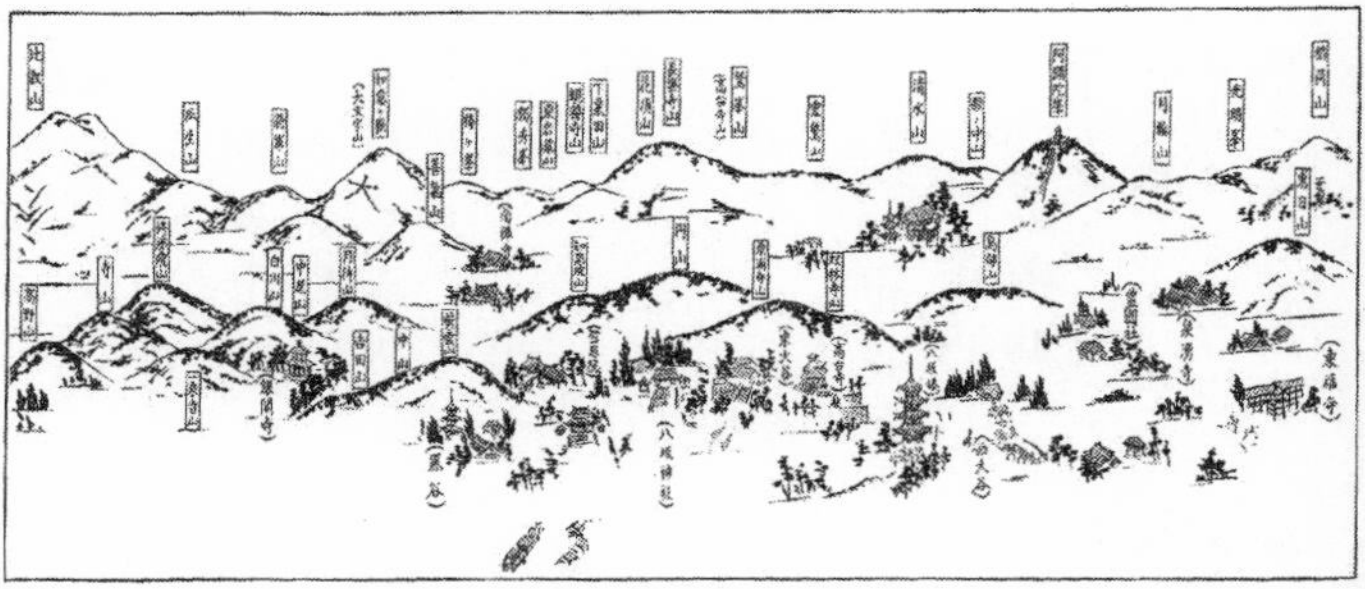

東山三十六峰（『東山国有林風致計画』大阪営林局編、1936年）

東山のなだらかな稜線《りょうせん》は「ふとん着て寝たる姿や東山」（服部嵐雪《はっとりらんせつ》。一六五四～一七〇七）と詠まれ、東山連峰を表すものとして、「東山三十六峰」という呼称は、あまりにも有名である。この名は観光ガイドブックでもよく目にするが、さてどの山がこれにあたるかを知っている人は少ないのではなかろうか。

三十六峰のそれぞれの峰がどの山に該当するのかという定説はない。『東山三十六峰京都案内記』（京都新聞社、一九五七年）においても、三十六峰がどの峰を指しているのか確定していないとしながらも、文献や調査、観光的な観点から推定し、北から比叡山を第一峰とし、三十六峰目を東山最南の伏見の稲荷山にしている。

その後、『東山三十六峰を歩く――面白《おもしろ》の花の都や』（京都新聞社、一九九五年）においてもこれを継承している。

江戸時代後期の京の案内書『雍州府志《ようしゅうふし》』（一六八六年）の山川門においては、愛宕《おたぎ》郡から紀伊《きい》郡にかかる東山について比叡山から稲荷山など名峰を記述しているが、いわゆる三十

東山三十六峰

第一峰：比叡山
第二峰：御生山
第三峰：赤山
第四峰：修学院山
第五峰：葉山
第六峰：一乗寺山
第七峰：茶山
第八峰：瓜生山
第九峰：北白川山
第十峰：月待山
第十一峰：如意ヶ岳
第十二峰：吉田山
第十三峰：紫雲山
第十四峰：善気山
第十五峰：椿ヶ峰
第十六峰：若王子山
第十七峰：南禅寺山
第十八峰：大日山
第十九峰：神明山
第二十峰：粟田山
第二十一峰：華頂山
第二十二峰：円山
第二十三峰：長楽寺山
第二十四峰：双林寺山
第二十五峰：東大谷山
第二十六峰：高台寺山
第二十七峰：霊山
第二十八峰：鳥辺山
第二十九峰：清水山
第三十峰：清閑寺山
第三十一峰：阿弥陀ヶ峰
第三十二峰：今熊野山
第三十三峰：泉山
第三十四峰：恵日山（慧日山）
第三十五峰：光明峰
第三十六峰：稲荷山

六峰とは必ずしも合わない。同じように当時の案内書である『京羽二重《きょうはぶたえ》』（一六八五年）や『名所都鳥《めいしょみやこどり》』（一六九〇年）においても、名所として峰、山、岡の部門において三十六峰の峰々を個々には紹介しているが、それぞれを三十六峰のひとつと確定して案内しているものではない。

それでは三十六峰とはいつ頃名付けられたものなのか。

平安時代後期の漢詩集『本朝無題《ほんちょうむだい》詩《し》』のなかの、大江佐国《おおえのすけくに》の「長楽寺《ちょうらくじ》眺望」と題する東山の長楽寺を詠んだ詩の中に「三十六峰錦繡《きんしゅう》林」の一節があり、これが文献に現れる最初といわれる。

江戸後期の国学者であった頼山陽は

『雍州府志』の山川門に記される名峰

〈愛宕郡〉
比叡山
高野山（御生山）
修学院山
赤山
一乗寺山
白川山（当山、情延山）
瓜生山
浄土寺山
慈照寺山
善気山
吉田山
中山
紫雲山
如意ヶ嶽（岳）
椿峯
独秀峯
東岩倉山
観勝寺山
下粟田山
華頂山
知恩院山
円山
長楽寺山
東漸寺山
双林寺山
鷲峯山
霊鷲山（霊山）
清水山
音羽山
清閑寺山
歌の中山
鳥部山（豊国山、阿弥陀ケ峯）

〈紀伊郡〉
恵日山
光明峯
新熊野山
稲荷山
深草山

東山をこよなく愛し、東山を望める鴨川畔に住み、多くの文人や芸術家らと交流を深めている。特に交友の深かった文人画の大家、田能村竹田《たのむらちくでん》（一七七七〜一八三五）の山水画「水西草堂図」には東山の峰々と鴨川が山紫水明のごとく描かれている。江戸後期の文人が描く山水画は、風景を非写実的に描き込むが、この絵は現在の円山《まるやま》公園、安養《あんよう》寺《じ》や長楽寺あたりかもしれない。山陽の墓は遺言により息子三樹三郎《みきさぶろう》とともに第二十三峰長楽寺山麓にある。

平安京は唐《とう》の都を模した都であり、三十六峰も中国河南《かなん》省の嵩山《すうざん》（少林《しょうりん》寺《じ》）の六十峰を模したともいわれている。また、山陽自らも三十六峰外史と号を名乗っていることから、当時の人気作家が好んで使用した三十六峰の呼称が一般化したのかもしれない。

「近江《おうみ》八景」のように某《なにがし》何景というものを古い絵図などで見ることができるが、名所と数字を合わせることにより、今のように観光地化を進めてきたのかもしれない。三十六という数字は、名数として一般的で人気があり、兵法三十六計、富嶽《ふがく》三十六景や三十六歌仙などがある。

東山三十六峰には、比叡山や吉田山《よしだやま》、大文字の送り火の如意ヶ岳などの独立した山のようにわかりやすい峰もあるが、「ふとんきて寝たる」と形容されるように山並みが連なることから、必ずしも独立した山だけでなく、山号や名所旧跡にも「峰」を三十六の数字に当てはめていったものではないかと推測する。

現在では京都一周トレイルと呼ばれる山歩きのコースのうち、東山コースが三十六峰を歩くルートと重なるところもあり、気軽に山歩きを楽しめるようになっている。実際に山に入ると峰の名を示す地図や標柱があまりなく、峰がどの場所なのかわからないことがある。必ずしも峰としてはっきりしていないのも、名所旧跡と背後の山を三十六峰に合わせたためかもしれない。

京の霊峰

北の第一峰、比叡山から最終の第三十六峰の伏見稲荷大社の稲荷山まで、東山三十六峰は、いずれの峰も信仰との結びつきが強い。代表的な山を北から順に歩いてみることにする。

三方に山を持つ京都盆地の周囲は標高七〇〇メートル前後の山が連なるが、そのなかでは比叡山は高さ大きさともにひときわ目立つ存在である。標高八四八メートルの大比叡《おおびえ》は滋賀県との境界にあり、西は京都盆地、東は琵琶湖に面している。独立峰として比叡山は京都市街のあらゆる場所から望むことができる。頂上からの見晴らしは良く、京都盆地から大阪平野までを見下ろせるから、高度経済成長にともない比叡山は開発され、ドライブウェイが一九五八年（昭和三十三年）に完成し、頂上には比叡山遊園地が行楽地兼避暑地として、麓の八瀬《やせ》遊園地とともに大いに賑わったが、二〇〇〇年（平成十二年）に比叡山遊園地は閉園され、現在では植物園がある。

京都府立植物園から望む比叡山　1924年（大正13年）開園の府立植物園の洋風庭園は東山連峰を借景とした画期的なものだった

比叡山は最澄《さいちょう》が入山する平安時代以前から、大津市の日吉社《ひえしゃ》の古代山岳信仰の場であった。『古事記《こじき》』には「大山咋神《おおやまくいのかみ》、亦《また》の名は山末之大《やますえのおお》主神《ぬしのかみ》、日枝《ひえ》の山に座す」と記される。

伝教大師《でんぎょうだいし》最澄（七六六／七六七～八二二）が

比叡山に入山して三年後の七八八年（延暦《えんりゃく》七年）一乗《いちじょう》止《し》観院《かんいん》を建立し、その後、比叡山寺と改名されたのが延暦寺の前身となる。奈良の寺院勢力が南都と呼ばれるのに対し、北嶺《ほくれい》とも呼ばれる。弘法《こうぼう》大師空海《くうかい》が真言《しんごん》密教を高野山《こうやさん》で開いたのに対して、最澄は天台《てんだい》密教の根拠地を比叡山に置いた。都の北東の鬼門に位置し、国家の鎮守道場として重視され、平安時代には「山」といえば、比叡山のことを指すほどであった。

比叡山延暦寺は「三塔」と呼ばれる東塔《とうとう》、西塔《さいとう》、横川《よかわ》の三つの区域からなり、山頂より東は滋賀県側に位置し、冬の北西からの強い寒風を凌《しの》ぐ位置に伽藍《がらん》を配している。

最澄没後は、山内において教学にも内紛が絶えなかった。叡山三聖のひとり円仁《えんにん》を中心とする山門派《さんもんは》と円珍《えんちん》の寺門派《じもんは》の対立で、円珍は山を降り大津坂本《さかもと》に三井寺《みいでら》を再興するなど混乱した時期もあるが、広大な寺領を持つ延暦寺は貴族、武士とのつながりを持つことにより政治・経済的にも力を持つことになる。その自衛手段として僧侶が武装した僧兵が現れる。白河《しらかわ》上皇（一〇五三～一一二九）は山法師こと延暦寺の僧兵を「三不如意」のひとつに挙げるが、都に下りてきては日吉社の神輿《みこし》を担いで強訴《ごうそ》を繰り返すなど、上皇を悩ませる存在であった。

平安時代以降も、比叡山の内部での派閥争いなどが絶えなかったことや、仏教が上流階級のものになっていることへの自己批判的な立場から、鎌倉時代になると多くの名僧を輩出している。衆生救済を目指し浄土宗《じょうどしゅう》を開いた法然《ほうねん》をはじめ、曹洞宗《そうとうしゅう》の道元《どうげん》、臨済宗《りんざいしゅう》の栄西《えいさい》、浄土《じょうど》真宗《しんしゅう》の親鸞《しんらん》、日蓮宗《にちれんしゅう》の日蓮《にちれん》など、比叡山を降りた開祖は今日の日本の仏教宗派の大きな派系をつくり出していることから、日本仏教の総本山といえるかもしれない。

絶大な力を持ちつづけた比叡山ではあるが、戦国時代になると比叡山に避難していた朝倉《あさくら》氏と近江浅井《あざい》氏が組んだことにより、一五七一年（元亀《げんき》二年）には織田信長《おだのぶなが》の焼き討ちを受けることになる。このときに山中の堂宇のほとんどが焼失してしまった。その後、豊臣秀吉や徳川《とくがわ》幕府の庇護《ひご》により東塔にある根本中堂《こんぽんちゅうどう》などが再建されている。なお、根本中堂の最澄以来の「不滅の法灯」は現在も灯《とも》されつづけ、千日回峰行など天台宗の山岳信仰の場として今も息づいている。一九九四年には世界文化遺産に登録されている。

比叡山の山林

延暦寺は最盛期に山中峠《やまなかとうげ》を南限とし、八瀬、大原から比良《ひら》山麓までを境内地としているが、明治維新後の上知令《あげちれい》により仏堂、僧坊のある境内を除いては国の所管になり、堂宇の修繕や薪炭にも事欠くなど惨憺《さんたん》たる事態になったという。

一八七八年（明治十一年）、勅命を受け大蔵卿《おおくらきょう》大隈重信《おおくましげのぶ》が衰退した比叡山の状況を視察した結果、聖域にあたる旧境内地については無償で貸与されることになったが、境内地を取り囲む旧領域の山林については国有林としてそのまま残された。その後、国への請願運動により一九〇八年に九割近くが下げ戻され、延暦寺自身が山林経営をすることになるが、無償貸与されていた境内地を含め、延暦寺の旧山林が正式に国から返還されるのは一九五一年（昭和二十六年）である。

延暦寺の領域の九七パーセントを森林が占める。寺の所有する山林面積は約一六〇〇ヘクタールになり、その大部分は滋賀県側にある。深い山道を歩くとよく手入れされたスギ・ヒノキの山林が広がり、直径一メートルを超える大杉が各所に残っている。根本中堂を中心として弁慶水《べんけいすい》周辺や飯室谷《いいむろだに》などの境内には樹齢三〇〇年以上の大杉が生え、山岳仏教の霊場として荘厳な雰囲気を醸し出している。

戦前戦後には境外林を中心に寺の経営が山林からの林業収入に依存した時期もあるが、現在では琵琶湖の水源林や風致林として環境保全を重視した管理がなされるとともに、将来の伽藍修繕の用材確保に向けた森林管理を行っている。

如意ヶ岳の大文字

京都では祇園祭の山鉾の巡幸が始まると梅雨が明け、五山《ござん》の送り火が終わると暑くて長い夏の終わりを感じる。

東山第三十一峰阿弥陀ヶ峰の山麓に広がる鳥辺野は古来、葬送の地とされ、六道珍皇寺《ろくどうちんのうじ》の門前あたりにある「六道《ろくどう》の辻《つじ》」は現世とあの世の結界の場所である。六道とは、地獄道、餓鬼道、畜生道、阿修羅道《あしゅらどう》、人道、天道のことで、因果応報により死後に行く冥界《めいかい》を輪廻《りんね》する仏教の教えである。

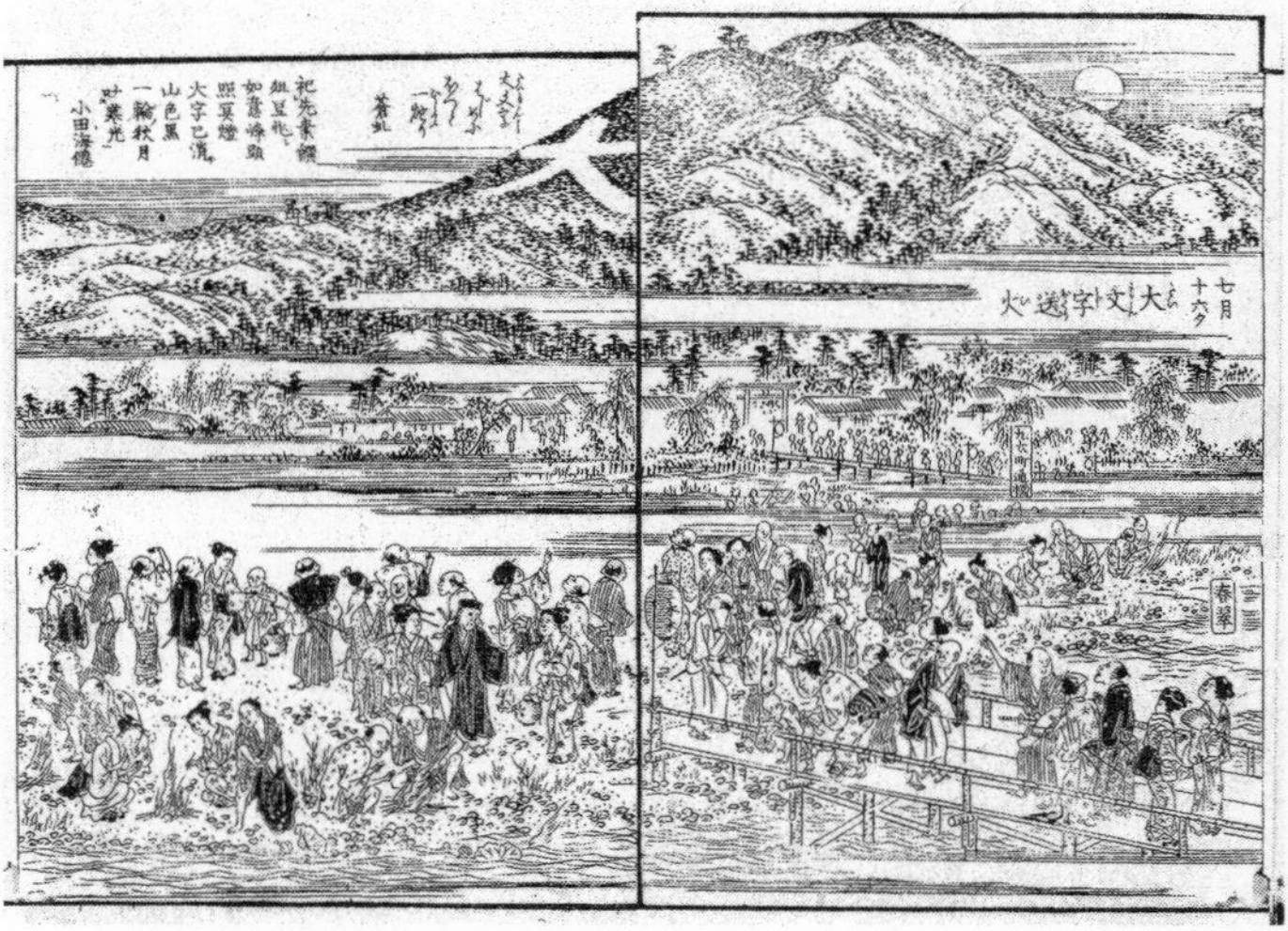

大文字送り火　送り火は先祖供養であるとともに夏の風物詩であった（『花洛名勝図絵』）（国際日本文化研究センター蔵）

盂蘭盆会《うらぼんえ》の行事として、京都では、お盆入りに六道珍皇寺の「迎え鐘」をつき、祖先の霊を高野槙《こうやまき》に乗せてお迎えに行く「六道参り」の風習がある。そして盆の終わりに京都五山の送り火でお精霊《しょらい》さん（先祖の霊）を再びあの世へ送る。

送り火は東山第十一峰の如意ヶ岳の「大文字送り火」、松ヶ崎《まつがさき》の「松ヶ崎妙法《みょうほう》送り火」、精霊船に見立てたといわれる西賀茂《にしがも》の「船形万燈籠《ふながたまんとうろう》送り火」、金閣寺《きんかくじ》近く大北《おおきた》山《やま》（左大文字山）の「左大文字送り火」、愛宕社《あたごしゃ》の鳥居を形取った嵯峨鳥居本《さがとりいもと》の「鳥《とり》居形松明《いがたたいまつ》送り火」がある。送り火の起源や文字の意味については諸説あるが、今では盆の宗教行事としてだけでなく夏の風物詩としての位置づけが大きい。

如意ヶ岳の大文字の歴史については、弘

船岡山から妙・法・比叡山・大文字を望む

法大師が始めたとか、室町幕府の足利義満《あしかがよしみつ》が始めたなどの説があるが、盂蘭盆会の松明《たいまつ》行事がその起源とされる。松明行事は、京都周辺の山村の各地で、松明を投げ上げる松上げ行事や虫送りなどとして今でも行われている。送り火については、江戸前期の公卿《くぎょう》舟橋《ふなはし》秀賢《ひでかた》の『慶長日件録《けいちょうにっけんろく》』に一六〇三年（慶長八年）「七月十六日晩、冷泉亭《れいぜいてい》へ行く、山々焼灯、見物に東河原（鴨川）へ出る」と送り火の記載があり、江戸時代初期には夏の風物詩としての行事が行われている。

大の字の起源についても諸説あり、はっきりしたものはないが、六波羅蜜寺《ろくはらみつじ》の精霊迎えの行事で行われる万燈会では、大の字の人形《ひとがた》の燭台《しょくだい》に一六の灯明が点火される。大の字は真言密教の五大思想（地・水・火・風・空）に基づき、すべてのものの根源を意味する。空也《くうや》上人が九六三年（応和《おうわ》三年）、五大字の大万燈会を営んだのが始まりで、大文字の送り火の原型ともいわれる。本堂内陣では土器盃《さかずき》に灯した灯明を一〇八個並べることから、人の煩悩を焼きつくすことへの願いもあるようである。

夏の夜を焦がす松の炎

大文字送り火の大きさであるが、松の割木を積み上げた七五ヵ所の火床は、長さ一三〇メートルの「一」と高さ一〇〇メートルの「人」からなる。字画が交わる金尾《かなわ》と呼ばれる火床には大師堂《だいしどう》という祠があり、点火を前に真言宗《しんごんしゅう》の僧侶の読経が行われる。

点火には昼間に一般の方から受け付けた先祖供養や願い事が書かれた護摩木を用いる。火床に使う木はこの山で生育したアカマツを割木にしている。松を使う理由としては、油分を多く含む松でないと、強くて持続する火力が出ないからである。かつては大量にあったアカマツも松くい虫被害による減少やその後の植生遷移によって雑木が増えたことにより、送り火の燃料も不足しているということである。

大文字に火が灯されると反時計周りに、妙法、船形、左大文字、鳥居形の順番に点火される。五〇〇年以上もの長い歴史を地元の住民によって続けられている送り火は、明治維新の近代化政策により、送り火は宗教的活動として休止していた時期もあったが、明治中期に再び行われるようになった。なお、明治以前には「い」の字や「竿《さお》に鈴」などあわせて十山で行われていたが、財政難などの理由から次々となくなって、戦後、現在の五山の送り火のみが行われるようになった。京都の四大行事と呼ばれる葵祭、祇園祭、時代祭《じだいまつり》、送り火のうち、送り火は唯一山中において行われる行事であって、送り火が続いているのは、地元の人々によって山が整備され、アカマツが大切に守られているからである。

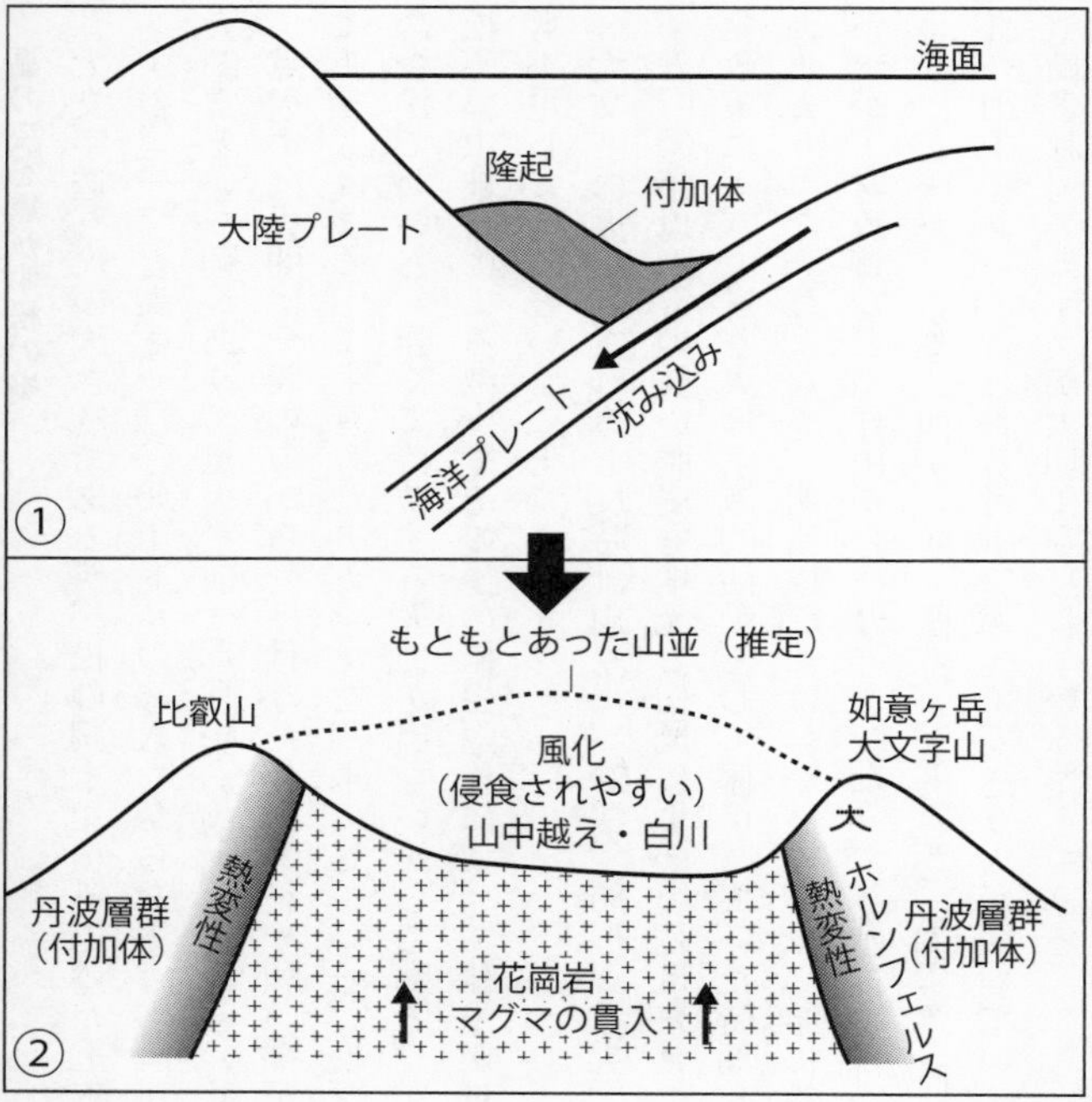

東山のなりたち

東山の山林と災害の歴史

比叡山から連なる東山連峰約一三キロメートルの区間は、丹波《たんば》層群と呼ばれる三億年前から一億五〇〇〇年前に海底にあった地盤が隆起したものを起源とする。大陸側からの砂や泥などの堆積《たいせき》物と海洋プレート上にあったチャートなどの堆積物は、プレートが沈み込むときに大陸側に剥《は》ぎ取られるように付け加わるため、付加体と呼ばれる地層ができあがっていく。海底の堆積物であったチャートと呼ばれる硬い岩盤と、その風化により削られた地質や粘土層などとの連続が、結果的に東山の地形を作り上げている。

独立した峰である比叡山と大文字送り火の如意ヶ岳は、この堆積した地層に高熱の花崗岩《かこうがん》マグマが貫入した硬質の岩盤からなる。そのため硬い岩盤部分が残るいっぽうでマグマによる熱変性によって弱くなった地盤の風化により、二つの峰に分かれたとされる。二つの峰の間は山《やま》中越《なかご》えという滋賀県に越える峠道となって、古くから近江との行き来に利用されている。

比叡山山系ではマグマが冷えてできた花崗岩とその風化物である白川砂《しらかわすな》の流出により、山麓に扇状地形を形成しているが、流出し堆積した砂は白く見えることから白川《しらかわ》の地名の由来になっている。堆積した扇状地の大きさからすると相当な山塊があったことが推察できる。

雲母坂《きららざか》とは修学院《しゅうがくいん》から比叡山への山道で、古くは比叡山の僧が京に下りるときの通い道や千日回峰行での行者道でもあった。「きらら」とは雲母《うんも》のことで、黒く輝くことからこの名前がつくが、花崗岩の構成成分として風化花崗岩の砂に混じっている。この砂から雲母が流れ抜けたものが、京都では白川砂であり、白川の扇状地の土壌を形成している。白川砂は京都の庭園で最も使われており、代表的なものとして、龍安寺《りょうあんじ》や銀閣寺などがある。

花崗岩が風化した地質は、固まりにくい性質のため脆弱《ぜいじゃく》で、豪雨があると土砂災害を起こしやすく、いったん荒れてしまうと崩壊が止まらなくなる性質がある。雲母坂のそばの音羽川《おとわがわ》では一九七二年（昭和四十七年）の豪雨により土石流が発生し、二七〇世帯の住宅が流されるなどたびたび土砂災害が発生している。

この地域では流出する砂との闘いは古い。三宅八幡《みやけはちまん》の東にある御蔭《みかげ》神社は下鴨神社の社外摂社であるが、下鴨神社の御蔭祭の祭礼が行われる由緒ある社である。歴史的には平安時代以前から、下鴨神社の祭神が降臨した地とされたため、崇《あが》められ、上賀茂神社の神山と同様に御生《みあれ》山《やま》が鎮座する。この東山三十六峰の第二峰は御蔭山とも呼ばれ、御蔭神社の背後、比叡山の西の麓にある神聖な雰囲気が漂う小高い山である。社伝によると、もとの社殿は現在の北東の場所にあったが、江戸時代に大雨や地震の災害によりたびたび流されたため、高台にある現在の場所に遷社したとされる。

森林には樹木の根が張り、表土の流出を防止する機能を持つが、実際には、木の根はせいぜい深さ一メートルぐらいまでしか張っていない。そのため、大雨が続き地盤が緩むと樹木の倒伏や土砂崩壊を起こし、さらには土石流となって表土だけではなく岩や樹木ごと流れ、下流域に大きな被害をおよぼすことになる。比叡山から白川にかけた一帯は、今でも治山・砂防工事がなされているなど、比叡山の山麓は非常に弱い地質・土壌の上に森林が形成されているのである。

粟田山から円山へ

東海道《とうかいどう》の始まりの三条通から蹴上に行く途中に粟田《あわた》神社があり、背後に第二十峰の粟田山がある。この地域はかつて京焼《きょうやき》の中心地で江戸時代前期から粟田焼《あわたやき》の窯元が集まった。平安時代の名刀工三条《さんじょう》小《こ》鍛冶《かじ》宗近《むねちか》も粟田神社の近くに住んでいたという。粟田祭では神輿に先立ち剣鉾《けんぼこ》が露払いをするが、剣鉾には邪気を払う役割があるとされる。剣鉾とは長い棒の先につけた剣を人が担うもので、祇園祭の山車《だし》のような鉾とはイメージは異なるが、京都の祭りでは剣鉾が巡行するところが多い。八六九年（貞観《じょうがん》十一年）、疫病の退散を願って神泉苑《しんせんえん》で行われた祇園《ぎおん》御霊会《ごりょうえ》では、当時の国の数である六六本の剣鉾が建てられたが、これは祇園祭山鉾巡行の古い形態であるとされる。

将軍塚から京都市街を望む

　粟田神社の脇道に京都トレイルへの入口があり、山道を二十分ほど歩けば粟田山にたどり着く。粟田山といっても山頂のようなものはない。さらに二十分ほど歩けば東山山頂公園にたどり着く。展望台からは京都市街を眼下に見ることができ、西山も一望できる。公園の北側には青蓮院青龍殿《せいりゅうでん》の敷地があり、そのなかに将軍塚がある。将軍塚は平安遷都後、桓武天皇が土偶人に鉄の甲冑《かっちゅう》をかぶせて西向きに土中に埋め、都の守護神としたとされ、京都に急変があればこの塚が震動すると『京羽二重』に記されている。

第二十一峰華頂山《かちょうざん》は将軍塚あたりにあり、浄土宗総本山知恩院の山号にもなっている。三十六峰の山名と同じ山号を持つ社寺として、このほか善気山法然院《ぜんきさんほうねんいん》（第十四峰）、慈円山《じえんざん》（円山《えんざん》）安養寺（第二十二峰）、恵日山《えにちさん》（慧日山）東福寺（第三十四峰）などがある。もともと神仏習合が普通であった社寺は山そのものを信仰の対象としてきたことから、山にちなんだ山号があるのは当たり前かもしれない。

将軍塚から知恩院方面に下ると、途中、高台寺山《こうだいじやま》（第二十六峰）、東大谷山《ひがしおおたにやま》（第二十五峰）、長楽寺山（第二十三峰）あたりを通過する。高台寺山から下がると菊渓《きくたに》という谷がある。大きな谷ではないが、かつてはこの谷の名にちなんだ名を持つキクタニギク（正式和名）という野菊がこの地に自生していた。菊渓を左に見て山道を下がると安養寺がある。第二十二峰円山は慈円山安養寺の本堂あたりと推定される。

粟田神社から第二十九峰清水山にかけての山は、約二キロメートルの間に有名社寺がひしめく背後にあたり、かつては社寺所有山林であった。松を主体として山桜や紅葉の名所としても古い絵図などに見るが、現在では風致上重要な森林として国が管理し、東山の景観の維持に大きな役割を果たしている。

南の霊峰

東山連峰の南端、第三十六峰稲荷山にある伏見稲荷大社は、松尾《まつのお》大社や賀茂社とともに、その起源を古代神道の聖域に求められる。

伏見稲荷の創建は平安時代よりもさかのぼる。飛鳥《あすか》時代、京都の有力な豪族のひとつで太秦《うずまさ》の広隆寺《こうりゅうじ》（国宝第一号に登録された弥勒菩薩《みろくぼさつ》で有名）を建立した秦《はた》氏が山城《やましろ》のこの地を治めていた頃である。

初午の日の朝、験の杉が授与される（写真・伏見稲荷大社）

『山城国風土記《ふどき》』には稲荷山の有名な逸文がある。秦《はたの》伊呂具《いろぐ》は裕福になり稲を積み上げ、餅《もち》を的とし矢を射たところ、餅は白い鳥となって山に飛び去り、そこに稲がなったため社名にしたとある。子孫が、（餅を的にしたことを）悔いて木を持ち帰って植えたところ、家が栄えたという。それ以後、稲荷は農業の神として信仰が広がり、さらには商売繁盛の神として、現世利益の信仰を集める。稲荷は伏見稲荷大社を総本宮として全国におよそ三万社以上あるといわれ、会社の社屋などにある社などを含めるとさらに増えるであろう。

伏見稲荷大社の本殿裏から稲荷山への参道には朱色の鳥居が隙間《すきま》なく立っているため、千本鳥居と呼ばれる。

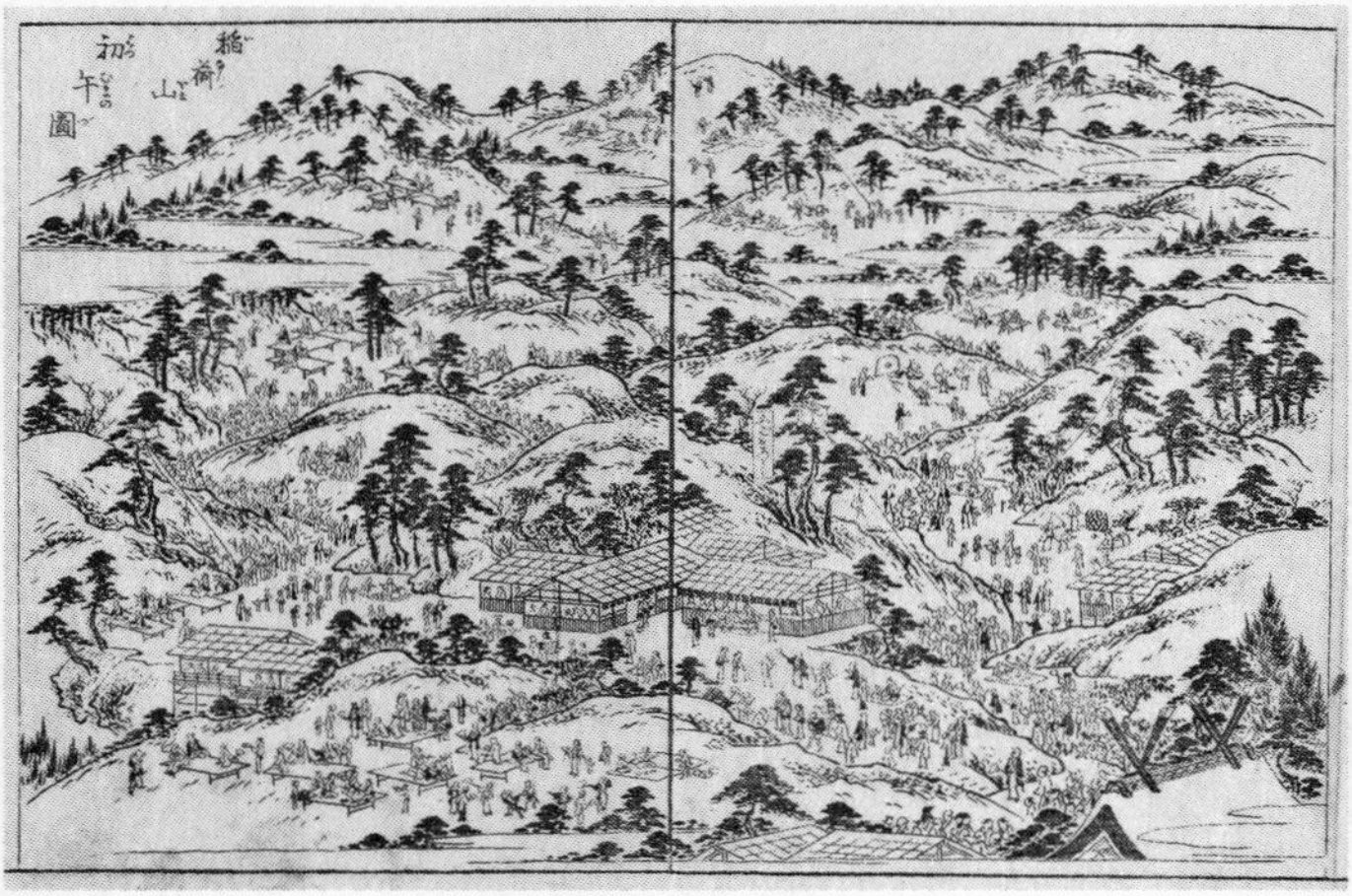

稲荷山初午図（『拾遺都名所図会』）（国際日本文化研究センター蔵）

鳥居がトンネルのように連続する風景は、外国人観光客にとっては不思議な景色に見えるようで、人気のスポットになっている。

初午《はつうま》の日に持ち帰った稲荷山の杉の枝が根づけば、その年は良いことがあるという。「験《しるし》の杉」の枝を求めて稲荷山に参る話は、『枕草子』『蜻蛉《かげろう》日記《にっき》』などに登場している。『枕草子』（一五三段）「うらやましげなるもの」のなかで初午のお参りに来た清少納言が「わりなら苦しきを念じ登る（苦しく登っている）」と書くように標高二三三メートルの稲荷山はちょっとした登山になる。

杉は日本特産の高木樹木で、松同様、常盤《ときわ》の木として神が宿り、日本各地の神社に御神木として祀られている。稲の穂と杉の枝が似ているからであろう。稲荷山においても神木は杉で、水を好む杉は稲荷山の谷に多く生える。境内には傘杉社《かさすぎしゃ》、一本杉社、三本杉社など、杉にちなむ社もある。

稲荷信仰の山

稲荷山は一ノ峰、二ノ峰、三ノ峰からなり、尾根筋の岩場や滝などの浸《し》み出した水のある場所などにお塚と呼ばれる無数の祠が置かれている。

全国の稲荷講の人たちにより様々な神が祀られており、白いキツネと赤い鳥居がいたるところに並ぶ空間は、京都の社寺のなかでも異風な雰囲気に包まれている。参道の鳥居の脇にはヒメシャラ（ツバキ科）という京都では珍しい樹木を見かける。ナツツバキ（沙羅《さら》の木）の仲間で、この植物は四国、九州に自生し、初夏の頃に小さな白い五弁の花を咲かせる。また、ヒトツバタゴ（別名ナンジャモンジャ。モクセイ科）も九州などの沿岸にある暖地性樹木である。もともと京都に自生するものではないが、全国の信者が献木として植えたものと思われる。稲荷山では杉がよく奉納され植栽されているが、このような珍しい木があるのも全国から熱心な信者が集まる伏見稲荷ならではかもしれない。

『拾遺都名所図会《しゅういみやこめいしょずえ》』（一七八七年）の稲荷山の初午の図には、大勢の人で賑わう稲荷山の姿が描かれている。現在のような千本鳥居はなく、山中に床几や敷物を敷いて飲食をしたり、弓矢に興ずる人々、畚下《ふごお》ろしといわれる今でいえばワイヤーを滑り降りるジップラインのようなもので遊ぶ人々の姿などが見られる。稲荷山が庶民に信仰されていたことがよくわかる図である。

現在でも三ツ辻、四ツ辻と呼ばれる参道が交差している場所にはお茶屋が集まっている。四ツ辻からは京都市南部から西山・大山崎《おおやまざき》方面を望める。この足元には稲荷山の地質を構成しているチャートの岩盤が突き出したところがある。

四ツ辻から右に進むと再び鳥居の道が続き、稲荷山頂上の一ノ峰までは十数分で上がれる。頂上まで登りきると、ここからは下りの道になり、薄暗い林が続く。夏でも涼しいのは谷筋に山水が浸み出しているからであろう。林内を歩くと再び杉の木立が続き、岩や滝があるところにはいたるところに鳥居が建立されており、お塚が祀られている。講を中心として、稲荷山そのものがはるか昔から信仰の対象とされていることを肌で感じることができる。本殿だけの参拝では経験できない、なんとも神秘的な感覚を受ける山歩きである。

桃山、かつては政治的中心地

安土桃山《あづちももやま》時代という時代区分の名が示すように、桃山という丘陵地には豊臣秀吉の伏見城《ふしみじょう》があったとされ、発掘調査により、遺構が明らかにされている。南方を大池《おおいけ》(今の巨椋池《おぐらいけ》干拓地)と宇治川《うじがわ》の流れに面した伏見城は、別名を指月城《しげつじょう》といわれるように月見の名所であった。豊臣秀吉が宇治川、木津川《きづがわ》、桂川の三川が合流する淀《よど》とともに京都—大坂をつなぐ要衝としてこの伏見に築城し、この時期の政治的首都として栄えた。一五九八年(慶長三年)、この場所で秀吉は亡くなる。五大老のひとり徳川家康《いえやす》は伏見城で政務を行うが、三代将軍家光《いえみつ》のときに一国一城令により伏見城は取り壊されている。

桃山の地名の由来は、伏見城廃城後の跡地に桃を植えたとされることである。『拾遺都名所図会』には桃山龍雲寺《りゅううんじ》の周りに数千株の桃花ありと説明がある。『都花月名所《みやこかげつめいしょ》』の「桃」には城山伏水《しろやまふしみ》を「豊臣王の古城粛条たることなく。満山の桃林やよいの盛《さかり》には爛漫《らんまん》たる紅色をあらわす。まことに扶桑《ふそう》第一の桃林なるべし」とある。

桃山御陵の参道には、ショウナンボクが大きく育っている

南面する桃山の丘陵地は温暖で日当たりが良いため、古くから京都・大坂向けの花卉《かき》生産が盛んで、桃などの生花を届けていた。現在では宅地化の進行で桃を生産しているところを見ることは少ない。

一九一二年（明治四十五年）七月に明治天皇が東京で崩御すると、遺体は京都まで運ばれ、明治天皇の遺志により京都の山川が望める伏見桃山が陵墓に選ばれた。この地の北西には平安京を開いた桓武天皇の陵墓もある。桃山の山際を行くと昼間でも薄暗い参道に出る。そこが桃山御陵の入口で、そこからが宮内庁の管理地になる。直線の階段が一気に陵墓敷地までつながっていて、登りきると平坦《へいたん》な陵域が広がる景色の良いところとなる。

御陵を西南に下がったところには、明治天皇の葬儀の日に夫人とともに殉死した乃木希典《のぎまれすけ》将軍を祀る乃木《のぎ》神社がある。

桃山御陵は一九一二年（大正元年）に造営されたが、この時代は日清《にっしん》戦争に勝利し台湾《たいわん》を日本の統治下に収めた後である。御陵周辺にはその当時の情勢を物語る木がある。ショウナンボク（肖楠木）というヒノキ科の樹木で台湾固有種である。一九一八年に台湾総督府から台湾の珍しい樹木類が献上され、この地に植栽された。この木は株元から広がった枝ぶりが非常に美しい姿をしていて、現在では陵墓参道の並木として大きく成長している。木を通してこの頃の日本と台湾の関係を見ることができるのである。

伏見は古くは伏水とも書かれることが多い。乃木神社をさらに西に下ると御香宮《ごこうぐう》（御香宮《ごこうのみや》神社）がある。境内には伏水の御香水《ごこうすい》が湧《わ》く井戸があり、日本の名水百選にも選ばれている。伏見が酒どころとして有名なのは、稲荷山から桃山にかけてのなだらかな地層から湧き出る豊富な地下水が日本酒づくりに最適の場所であるとともに、当時三川が合流する要衝として栄え、経済、流通の地であったためである。

鳥羽《とば》伏見の戦いでは、御香宮と道を挟んで南側にある伏見奉行所の幕府軍と御香宮に陣を構えた新政府軍の間で激しい戦いがあった。今では想像もできないが、安土桃山時代から明治に至る歴史がこの場所には詰まっているのである。

上醍醐、下醍醐から日野への道

醍醐は古い行政区画でいうと宇治《うじ》郡に属し、東山の最南である伏見の稲荷山の東南にあり、山科《やましな》盆地の山科川《やましながわ》を挟んで向かい側に位置する。

醍醐寺は弘法大師の孫弟子にあたる聖宝《しょうぼう》（理源大師《りげんだいし》）が平安初期の八七四年（貞観十六年）に開山した真言宗醍醐派の密教寺院である。醍醐寺は上醍醐《かみだいご》と下醍醐《しもだいご》からなり、九〇七年（延《えん》喜《ぎ》七年）醍醐天皇（八八五～九三〇）の勅願寺となって大いに発展した。

京都千年の歴史のなか、戦乱や火災がたびたび起こり、京都といえども平安時代の建築物はほぼ残っていない。応仁《おうにん》の乱などにより都の多くの建物が焼失したとされるなか、九五一年（天暦《てんりゃく》五年）建造の五重塔は唯一当時のまま残り、京都最古の国宝建造物である。その後、衰退した醍醐寺は秀吉の援助により復興がなされる。三宝院《さんぼういん》の唐門（国宝。勅使門とも呼ばれる）には桐《きり》の紋章が入り、秀吉との関係性を見ることができる。

醍醐といえば、醍醐の花見と思うほど有名であるが、秀吉は畿内各地から桜七〇〇本を集め一五九八年（慶長三年）三月十五日に盛大な花見を行っている。北政所《きたのまんどころ》、淀君《よどぎみ》、息子秀頼《ひでより》、諸大名とその夫人らをもてなしたといわれる槍山《やりやま》は上醍醐への途中にあるが、今では鬱蒼《うっそう》とした山になっていて当時の面影はない。醍醐寺と伏見城は指呼の間にあり、大花見を催す場所としては納得がいく。なお、秀吉は花見のあと発病しその年の八月に亡くなる。

下醍醐から上醍醐への道は急な山道を一時間ほど上がらなければいけない。醍醐寺も醍醐山

（標高四五〇メートル）を中心とする山岳修験道の寺院であって、上醍醐にはシイやカシの森が残るほか、醍醐寺国有林や日野へ続く修験の道にはアカマツ林やかつての薪炭林が続く。

醍醐寺は現在でも花見のスポットとして京都随一の名所である。多くの国宝や重要文化財を有するため、一九九四年（平成六年）に世界文化遺産に登録されている。

東山の植生

京都周辺の山々は、都人の生活の必需品である薪《まき》や柴《しば》を採集する場であった。昔話で出てくる「お爺《じい》さんは山へ柴刈《しばか》りに」である。

京都の人口は、江戸時代にはおよそ三〇万人とされているが、生活必需品としての燃料の需要は大きく、供給側としての都周辺の里山の資源は枯渇し、山は相当痩《や》せた状態になっていたと思われる。つまり、落ち葉を含め森林の利用、収奪が続いたため、落ち葉や枝葉が堆積することなく土壌は常に貧栄養な状態で、裸山に近い状態が戦前まで続いた。

現在では京都盆地から見渡す限りの山は緑に覆われているが、古い絵図には東山の情景は、現在見るような鬱蒼とした緑に覆われたものではなく、陽性高木の松が点々と生える明るい裸地の風景が描かれている。このことは、アカマツ林に発生するマツタケには好条件で、室町時代から江戸時代の宮中内裏の女官日誌『御湯殿上日記《おゆどののうえのにっき》』天和《てんな》三年（一六八三年）八月の記録には、「しゆかく院（修学院）の松たけまいる」など各地から貢納された松茸《まつたけ》が記されており、当時の山の様子が窺《うかが》える。

土壌中に埋没している花粉を調べる「花粉分析」により、当時の主要植生がどのようなものだったかを知ることができる。

京都盆地周辺では、一万五〇〇〇年以上前の縄文時代以前は寒冷で乾燥した氷期でモミ、ツガなどマツ科の針葉樹類が繁茂し、一万年前には温暖になりコナラ属など落葉広葉樹が繁茂していた。そののち七〇〇〇年前までは寒冷になりニレ科の落葉広葉樹が発達し、七〇〇〇年前から一〇〇〇年前になると温暖な気候になり常緑広葉樹やスギ、ヒノキなど針葉樹が発達する。平安時代以降は人間活動の影響によりアカマツ、ナラ類が増加し、室町時代以降はアカマツが優勢種となる。

このことは、長い年月のスパンでの暖かさや冬の寒さの変化が植生に影響を与え、植生を高度や緯度の方向に移動させることを意味する。また、人間の活動は植生に直接影響し、平安時代頃から薪炭や木材として採取したことで、山のマツが優占種となる植生へ変化したことを物語る。この時代の植生は、人間がガスや石油など新たな燃料を手に入れる頃まで長く続くことになる。

かつて農村の生命線であった薪や落ち葉採りにより森林の利用は過剰気味になり、山は裸山に近い状態が続いたため、「社寺境内木竹伐採心得」（一八八五年）をはじめ山林伐採の禁止令や通達が次々と発令されている。この背景として京都は歴史的にも洪水を繰り返し、その原因として森林土壌の流亡により保水力が低下していたことが挙げられる。一八九七年（明治三十年）には砂防法や森林法が制定されていることも、当時の山がいかに荒廃した状態であったかを物語っている。さらに戦前戦後は軍事物資や復興のための資材用木材の大量消費が続き、戦後の燃料革命によるプロパンガスが普及する昭和三十年代初めまで採集が繰り返され、京都の山はアカマツ林に代表されるハゲ山の景観をつくり出した。

石油やプロパンガス、電気が普及し化学肥料が出回ると、山での落ち葉採りや柴刈りの姿は消えてしまうことになった。山には養分が蓄えられる一方で、昔のように人手が入らなくなった山では、植生遷移という自然の法則により、森林を構成する高木の樹種が陽樹（マツ、コナラなど）から樹下でも育つ陰樹（シイ、カシなど）に移り変わっていく。暖温帯である京都においては、最終段階であるシイやカシを中心とする常緑広葉樹主体の山に変化し、東山の景観も変わってしまったのである。

上知された社寺林

京都一周トレイルに沿って東山三十六峰を歩くと、よく目につくのが国有林の看板である。東山地域には高台寺国有林、安祥寺《あんしょうじ》国有林、清水山国有林、銀閣寺国有林などの国有林があり、京都大阪森林管理事務所が管理を行っている。この地に国有林があるのは有力社寺が関係している。

明治新政府により明治初期に版籍奉還、廃藩置県、神仏分離令による廃仏毀釈《はいぶつきしゃく》や地租改正法、地券制度の施行など、日本の近代化政策が進められた。

特に社寺の多い京都では影響が大きく、古くより神仏習合が多かった神社では神仏分離令により、牛頭天王《ごずてんのう》や権現といったものを祀《まつ》る神宮寺《じんぐうじ》などの神社との切り離しや修験宗の廃止、仏像、仏具の取り壊しなどを強いられたため、仏教だけでなく、神社も大きなダメージを受けている。

それに追い討ちをかけるように一八七一年（明治四年）に上知令が出され、旧幕府や各藩が所有する山、藩有林や神社、仏教各宗派が所有する山林や土地の国有化が進められた。江戸幕府の庇護《ひご》下にあった大本山寺院が多い京都では、山林についても広大な面積を有していたため、経済的基盤を失うことになった。上知は山林だけでなく、市中にある寺院の土地についても対象とされ、多くは学校や公園などの公共施設となったり地元に払い下げられたりした。例えば円山公園は等楽寺や祇園感神院《ぎおんかんしんいん》、長楽寺の所有であったが、上知により官有地となり公園として整備された。円山公園の初代しだれ桜も、もとは祇園感神院にあったものが移植され公園のシンボルとなった。祇園の花街や新京極《しんきょうごく》など寺院の所有地が地元に譲渡されて、新しい街として発展した反面、多くの土地を失うことにより寺院経営の面にも経済的影響は大きく、かなりの寺院が凋落《ちょうらく》し、僧侶の還俗《げんぞく》や廃寺になったものも少なくない。

旧社寺林の国有林化

上知令により官有林化された旧社寺林については、社寺からの返還要望や訴えが増加した。そのため一八九九年（明治三十二年）、新たに保管林制度ができ、官と社寺が主要林産物を折半するなどの条件をつけることにより、社寺に森林管理が戻されることになった。

京都は他県に比べて国有林が少ない。日本の森林面積約二五万平方キロメートルのうち、林野庁所管の国有林は約七万六〇〇〇平方キロメートルで、森林のおよそ三〇パーセントが国有林になる。京都の国有林面積は約四六平方キロメートルで、割合としては国有林総面積の〇・〇六パーセントにすぎない。そのうち東山、北山、西山の国有林面積は約一四平方キロメートルで京都府内の国有林面積の三割を占める。山城国では藩所有の山林が少なかったことや、早くから社寺や個人による森林管理が始められていたことが理由として考えられる。

そのため、全国の保管林の面積のうち約一割は京都にあったとされ、いかに社寺林が多かったかがよくわかる。

さらに戦後は社寺保管林制度の廃止により、一定条件の土地については、貸し付けた森林の返還を無償で申請できる制度があったが、東山では景観風致を重視する政策や台風被害からの復興の評価等により、そのまま国が直接管理を行う国有林として残されることになった。

一九三四年（昭和九年）の室戸《むろと》台風により、東山の森林は甚大な被害を受けた。早期の復旧を目指してスギ、ヒノキに加えシイ・カシ類の植栽が行われていたが、燃料革命以後は薪炭や落ち葉採りなどの利用がなされなくなったため、土壌の富栄養化によりアカマツ林が衰退したことに加え、松くい虫被害により、植生遷移が進み、コナラなどの落葉広葉樹からシイ・カシ類などの常緑広葉樹の森へとその姿は変化してきた。

東山にはたくさんの観光客が訪れるが、社寺の背後に見える緑の多くが国有林であることをどれだけの人が知っているだろうか。社寺の背後に広がる山林は、信仰の対象としてだけでなく、庭園の借景や社寺の風景と溶け合って京都の情緒を感じさせる風致的な役割が大きい。

東山の国有林は風致保安林や歴史的風土特別保存地区などに指定され、森林の開発等から守られることになった。現在では東山の山並みを手軽に回れる京都一周トレイル東山コースは、東山の歴史文化を味わう多くのハイカーが利用するなど、市民が親しむ緑空間としてなくてはならないものになっている。

東山のこれから

戦後の東山の国有林はシイ・カシ類などの常緑広葉樹が広がるとともに、二〇〇五年（平成十七年）頃から、害虫の被害拡大により落葉性ナラ類の大木がことごとく枯れ、その枯れ木は台風による根元ごとの倒伏や土砂流出の危険性など様々な問題をひき起こしている。

さらに、自然の植生遷移によるシイ・カシ類の優勢と樹木間の競争による樹冠部の上昇により樹木の重心が高くなったことに加え、近年の異常気象による台風等による倒伏と土砂流出などの二次災害の危険性の増加が懸念されている。

いっぽうで、近年、国有林を管理する森林管理事務所と社寺や市民の共同により、四季の景観を感じられるような森林への再生整備が行われている。

かつて東山頂上から高台寺に下りる山中の菊渓は花の名所として知られていた。この地においてキクタニギクを栽培するプロジェクトも、京都市や市民の手で行われている。比叡山境内林においては、将来に必要とされる文化財の修復用にヒノキなどを育てる森林整備の取り組みが行われている。

東山は神の依り代であり信仰の山として社寺仏閣と溶け合い、文化・歴史が一体となった景観をつくってきた。平安時代から、松を主体としながら桜や紅葉が美しかった東山の景色も、人との関わりのなかで大きく変わろうとしている。

第二章　北山――都を支えた農山村と自然

北山の文化

平安時代の内裏は、現在の御所より西方にあり、平安京の南北の中心線である羅城門《らじょうもん》から朱雀門《すざくもん》を通る朱雀大路《すざくおおじ》は今の千本通《せんぼんどおり》にあたる。北山とは内裏から見た北方に位置する山々を指す。『源氏物語《げんじものがたり》』の「若紫《わかむらさき》」帖《じょう》に光源氏《ひかるげんじ》が紫《むらさき》の上《うえ》に出会った場所として、「北山の何がしの寺」と出てくるように、平安時代にはすでに北山の呼称が使われている。左大文字山の麓の鹿苑寺《ろくおんじ》（金閣寺）は足利義満が築いた別荘で北山殿《きたやまどの》と呼ばれ、室町時代前期の北山文化の中心地であった。

鹿苑寺の西にある衣笠山《きぬがさやま》については、『都花月名所』の看雪《ゆきみ》の項に、宇多《うだ》天皇（八六七〜九三一）が炎暑を避け、深雪の眺めをつくるために山の峰から麓まで白い絹を掛けて雪景色をつくったと記されている。このことから衣掛山《きぬがけやま》の別名を持つ。衣笠山の南側を通る、きぬかけの路《みち》沿いには金閣寺、龍安寺、仁和寺《にんなじ》など京都を代表する寺院がある。また、賀茂川《かもがわ》の上流の神山

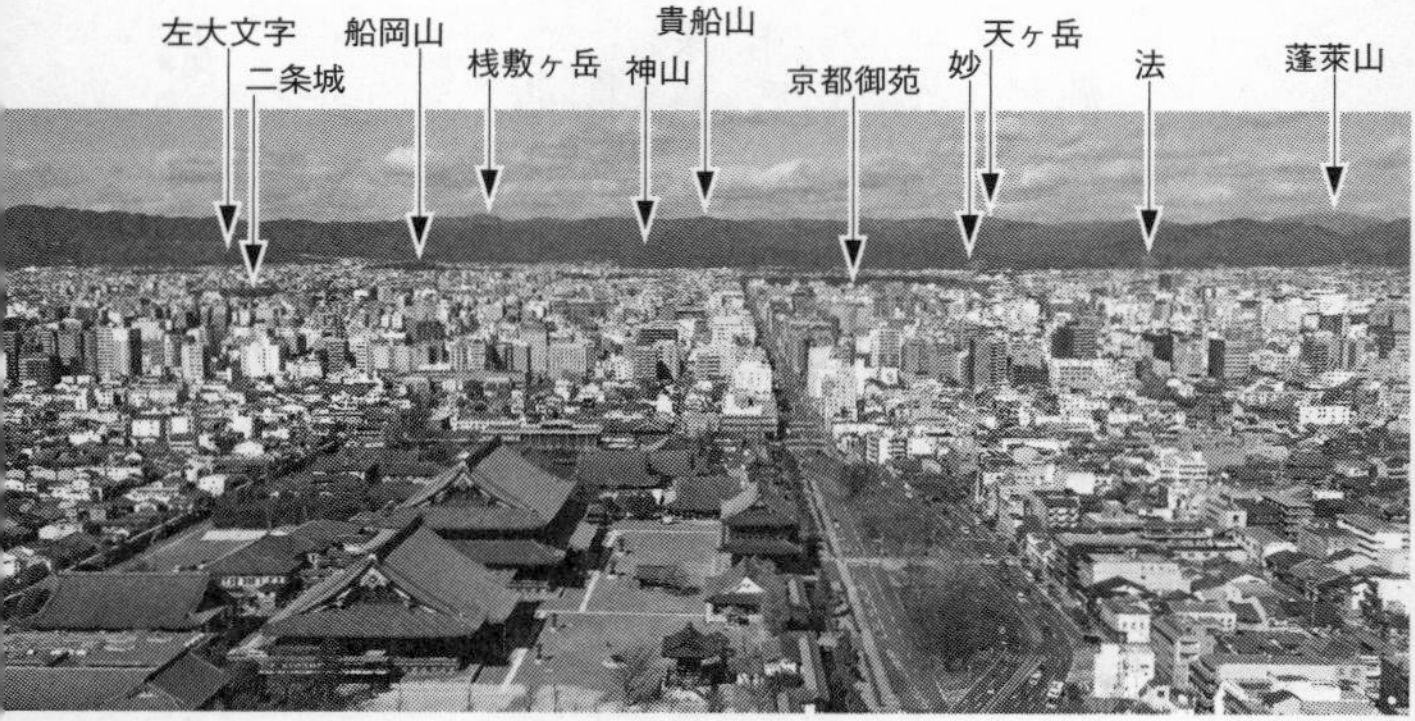

京都タワーから北山を望む

は上賀茂神社の御神体として鎮座する。洛北北山の麓には世界文化遺産が続き、東山、嵐山《あらしやま》などと並ぶ京都の観光名所のひとつである。

しかし、広い意味では北山は洛北の山深い北山山地を指し、そこには都を支えてきた農山村の雰囲気と自然が今も残る。

洛北の山々と植生

京都府には標高一〇〇〇メートルを超える山はなく、京都市左京《さきょう》区と滋賀県大津市にまたがる皆子山《みなごやま》（九七一メートル）が京都府内最高峰である。京都タワーから北山の方面を眺めると七〇〇から九〇〇メートル級の山々が水平に連なって見える。これらの山地は丹波層群（第一章参照）といわれる地殻変動により隆起した地盤が、浸食作用によって起伏の少ない準平原を丹波高地の南側につくったものである。この地層に花崗岩や泥岩《でいがん》などが混じり合い、地殻のマグマと接触し固く熱変性したホルンフェルスが北山山地の地層の一部で見られる。この地層からは京の七石といわれ、京都の庭石としてよく使われる鞍馬石《くらまいし》、加茂川石《かもがわいし》や貴船石《きぶねいし》などが産出される。

北山地域は、秋から冬にかけては日本海側の気候の影響を受けた湿った空気がもたらされることから、寒気が強まると北山には雪が降り、街中においても今出川通や北大路通あたりから北山に近くなる区域では前線が北山時雨《しぐれ》と呼ばれる雨を降らせる。

北山山地の稜線を、東は比叡山から西の愛宕山までの区間に区切って見ると、上流から大きく三本の川が流れ、それぞれの流域に山村が点在している。ひとつ目は比叡山西側の高野川《たかのがわ》流域の大原から八瀬の小盆地、二つ目は花脊《はなせ》峠と芹生《せりょう》峠を頂上として下がる鞍馬《くらま》や貴船《きぶね》と、桟敷《さじき》ヶ岳《がだけ》（八九六メートル）を頂上とする雲ヶ畑《くもがはた》の鴨川流域の山地、最後に大森《おおもり》、中川《なかがわ》、杉阪《すぎさか》など小野《おの》地区の清滝川《きよたきがわ》の流域である。そして北山山地のさらに北には花脊地域を源流とする桂川が反時計回りに流れ、黒田《くろだ》、山国《やまぐに》、周山《しゅうざん》などの京都市右京《うきょう》区京北《けいほく》（古くは丹波《たんば》国に属する）の地域を形成している。

第一章で述べた東山が旧社寺有林である国有林を中心としてシイ・カシ類が優勢である森林が見られるのに対し、北山の山々は平安時代頃より禁裏御料林（皇室が所管する山林）として発展してきたため、林業が盛んな地域である。そのため、スギを中心とした針葉樹林と薪炭林用の雑木類が成長した二次林の植生や、奥地にはブナ、ミズナラ、トチノキ、カツラ、ツガなど暖温帯から冷温帯の豊かな自然植生が見られる。

以下、北山の流域と文化や自然をそれぞれ見ていくことにする。

京都洛北の地域

比叡山から伸びる比良山系の西側の麓の高野川に沿って八瀬、大原の山里がある。

八瀬は古く矢背とも書き、壬申《じんしん》の乱（六七二年）で背中に矢を受けた大海人皇子《おおあまのおうじ》（のちの天《てん》武《む》天皇）が傷を癒《い》やすために竈風呂《かまぶろ》に入ったところ、傷が治ったという伝承がある。竈風呂とは今でいうサウナ風呂で、『雍州府志』に「土窟《どくつ》の中に黒木をくべて、男女温気の病の者裸になって土窟に入る。三、四ヵ月の間来ては入る者多い。肌皮膚が潤い筋骨を和し摂州《せっしゅう》有馬《ありま》の温湯に相並ぶ」とあり、その効能が知られ、かつては一二の竈があった。

南北朝時代には足利尊氏《たかうじ》の反乱によって比叡山に逃れた後醍醐《ごだいご》天皇を八瀬の人々が助けたことから、以後、八瀬の地は免租されたといわれ、皇室との関わりも深い。八瀬の人々は八瀬童《や せ どう》子《じ》と呼ばれ、火急の時は御所警護の任務にあたるほか、駕輿丁《かよちょう》として天皇の輿《こし》を担ぐ役割が与えられた。

八瀬を北に行くと大原の里がある。古くは小野と呼ばれた地である。

日かずふる雪げにまさる炭竈《すみがま》の煙もさびしおほはらの里
（式子《しきし》内親王、『新古今和歌集《しんこきんわかしゅう》』）

炭竈の里（『拾遺都名所図会』）（国際日本文化研究センター蔵）

（何日も降りつづく雪に負けないほど炭窯の
煙が立ち上る大原の里は寂しいことだ）

大原三千院《さんぜんいん》の東に小野山《おのやま》があり、炭や炭窯を詠んだ歌は多い。小野という地名は大原のほかにも小野郷《おのごう》（北《きた》区）、山科の小野（山科《やましな》区）があり、小野郷や滋賀県大津市《おおつ》には小野道風《おののとうふう》神社があるなど、古代豪族の小野氏との関係を示す地名が多く残り、古代に小野氏が洛北の地を治めていたことを示唆する。

「黒木。多くは洛北、矢背（八瀬）・大原・鞍馬より出づ。山に入り木を伐《き》り、土窟を山中に作り」と『雍州府志』にある。ここでいう黒木とは竈木ともいわれたもので、今では見ることはない。これは山から伐り出した雑木を長さ三〇センチほどにして、山のなかの穴窯に並べて蒸し焼きにして乾かし、炭のように黒くなった木のことだと思われる。売る側は生木を運ぶより軽く、使う側は火つきが良かったのであろう、江戸時代以前には都の燃料として普及していたようである。

大原、八瀬の地は、比叡山三千坊といわれるほど盛大な勢力を持つ比叡山延暦寺の強い影響を受けており、三千院や勝林院《しょうりんいん》など天台宗の寺院がある。この地は、公家《くげ》や社寺の所領地が多かったが、黒木のほかにも『雍州府志』に「薪・柴ならびに炭、毎日、村婦頭上に載せ、村夫肩背に負い、また牛馬にこれ載せ京師に来り売る」とあるように、薪炭などはある程度自由に販売が認められていた。

小野炭の産地で木炭の生産が盛んであった大原などの北山周辺では、昭和三十年代まで焼かれていたと思われる炭窯の跡を現在でも山中でよく見かける。

都とのつながり

北山周辺の村々は、古くから皇室や公家、寺院の所領地であったため、都との関わりを示す歴史と文化が色濃く残っている。そのため、都とこれらの山村を結ぶ道は地域の産物が流通する街道として網の目のようにつながり、丹波、丹後《たんご》、若狭《わかさ》、近江などからも様々な産物が幾多の山道を通って運ばれてきた。

大原、八瀬を通る若狭街道もそのひとつで、かつては鯖《さば》を代表とする若狭の海産物などを運ぶための主要な道路であった。近年、これらの若狭と通じる道は鯖街道と呼ばれ親しまれているが、塩で締めた鯖が都に着く頃には良い塩加減になっていた。京都の人は鯖ずしが好きで、祭礼のときに必ず食べる習慣がある。海から遠く、生の魚が手に入らないことから工夫された食文化のひとつである。

上賀茂の農家の女性の姿で作業をする植物園の職員
（写真・藤井典子）

食材が運ばれただけでなく、八瀬の柴売り、大原《おはら》女《め》と呼ばれる女性は頭の上に柴や黒木などを乗せて京の町まで売り歩いた。この姿は、大原寂光院《じゃっこういん》に隠棲した建礼門院《けんれいもんいん》（一一五五～一二一三）の侍女阿《あ》波内侍《わのないし》が生計の足しに町まで売りに出かけた姿を真《ま》似《ね》たものといわれている。

女性が町まで売りに来る姿は大原だけに限らず、白川女《しらかわめ》や桂女《かつらめ》などの行商もおり、それぞれの仕事着や売るもの、売り声も微妙に違った。京都周辺の山村から花や野菜を売りにくる姿は「振り売り」といわれ、リヤカーを引いた女性の姿はつい最近まで見ることができた。

筆者が在籍している京都府立植物園では二〇〇〇年（平成十二年）頃までは、園内の管理をしていた女性は絣《かすり》着《ぎ》に手甲脚絆《てっこうきゃはん》、姉さんかぶり姿の山村の京女の風情で作業をされていた。今ではその姿を見ることができないが、海外からの入園者には特に人気があり、記念写真に応じたりしていたことを思い出す。現在、大原女や桂女などの姿を一度に見ることができるのは、時代祭の行列だけである。

鞍馬と貴船を散策する

鴨川は雲ヶ畑を源流域とし、花脊峠付近を源流とする鞍馬川《くらまがわ》、芹生峠付近を源流とする貴船川、天ヶ岳《あまがだけ》を源流とする静原川《しずはらがわ》が合わさり京都の中心地を流れる。鴨川（賀茂川）上流に位置する貴船は京都御所の水源地とされ、清い水でなければならないという。貴船《きふね》神社は平安京遷都後、水（雨）を司《つかさど》る神を祀るが、社伝によれば玉依姫《たまよりひめ》が黄船に乗って淀川《よどがわ》から鴨川を経て祠を建てたのが始まりだとされる。

貴船は、もとは木生根や気生根とも表され、貴船山を守護する地主神であったといわれるが、鬱蒼とした樹木や岩など山のすべてのものに神が宿ったような森厳なる雰囲気を保っている。京都市内の気温より二～三度は低く、貴船川沿いには清流の涼を求める客をもてなす料亭の川床《かわどこ》が軒を連ねる。

貴船神社の奥宮には御神木のカツラとスギの大木がある。どちらも水を好む樹木である。カツラは奥山の清流に自生するため、御神木になることは珍しく、水の神を祀る神社ならではである。カツラは桂と書くが、意味は香出《かづ》で、落葉した葉からは独特の甘い香りを出す。葵祭では上賀茂神社・下鴨神社の紋章となっているカモアオイ（フタバアオイ）の葉を衣装に飾りつけるが、ハート型の葉がカモアオイとよく似ている桂の葉もともに用いる。

清楚に咲く貴船菊

貴船を代表する植物にキブネギク（貴船菊）がある。別名をシュウメイギク（秋明菊）というが、京都の人は貴船菊と呼ぶ。十月にもなると、貴船に並ぶ料亭の石垣などから咲いている八重咲きの姿がたいへん美しい。古くから栽培され貴船に多くあったことからこの名がつくが、中国原産の植物である。中国では一重の花が基本種であるが、貴船菊の花は珍しく八重咲きで、梅や茶の木の伝来とともに京都にやってきたのかもしれない。

薬用植物のダイオウ（大黄）と同じタデ科の仲間でキブネダイオウという多年草も貴船川に自生する希少種で、中国のものと同種であるとの指摘もあるが、日本では京都と岡山県の一部にしか自生地がない。筆者も学生時代の実習には何度か貴船の谷に来たが、ここは日本海要素の植物と太平洋要素のものが交じりあう場所のため自然度が高く、多様な植物の宝庫であった。

陸の港といわれた鞍馬

鞍馬寺《くらまでら》は奈良時代の七七〇年（宝亀《ほうき》元年）、鑑真和尚《がんじんわじょう》の高弟鑑禎《がんてい》上人による開基とされる。都の北方守護にあたる毘沙門天《びしゃもんてん》を祀り、古くから貴族の信仰があつく鞍馬参詣《さんけい》が続いた。仁王門《におうもん》から清少納言が「近うて遠きもの」という九十九折《つづらおり》坂を登りきると本堂がある。さらに奥の院へ向かうと昼間でも薄暗い杉の大木が生え、木の根が這《は》う鬱蒼とした森があり、牛若丸《うしわかまる》が幼少期に鞍馬寺に預けられたさいに、天狗《てんぐ》に武術を教わったとされる跡が残る。

現在、鞍馬は鞍馬寺と由岐《ゆき》神社の門前町として観光客で賑わうが、かつては木炭の問屋街で、花脊や久多《くた》方面の生産地から鞍馬に集められた炭は、馬借や人力により街道を下って、京都の都市部の木屋町へ供給されたのである。「専ら薪と炭を売る。これを樵木《こりき》町という。また木屋町と称し諸国よりこれを漕《こ》いで運ぶ」と『雍州府志』にあり、木屋町には各地の薪や炭が集められた。

電気もガスもない時代には薪炭は生活必需品で、鞍馬は舟のつかない陸の港と呼ばれ、明治時代には一〇〇軒以上も問屋がひしめくほど賑わった。木炭の生産量は一九五七年（昭和三十二年）をピークに減少し、山村の貴重な収入源であった炭焼きは衰退の一途を辿《たど》ることになる。

峰定寺と樹高日本一のスギ

「山城の北は大悲山をもって限とす」と『雍州府志』にあるように、大悲山のある花脊は山城国の北限で桂川の源流域にあたる。

大悲山峰定寺《ぶじょうじ》は、平安時代末期の創建で鳥羽上皇《とばじょうこう》(一一〇三~五六)勅願の修験道の道場として開設された。大悲山(標高七四一メートル)は山全体が修行の場として岩場が多く、吉野《よしの》の大峰山《おおみねやま》に対して北大峯とも呼ばれる。寺内の崖《がけ》から張り出した本堂の舞台は一三五〇年(貞和《じょうわ》六年)の建物で、清水寺の舞台の手本とされたといわれる。

峰定寺に近い大悲山国有林には、花脊の三本杉といわれる日本一の樹高を誇る御神木がある。三本杉とは、三本の幹が根元からすぐ上で合着しているからで、平安時代に植えられ樹齢一〇〇〇年以上といわれており、長年の風雪に耐えた古木の風格がある。江戸時代中期にはすでに御神木として記録されていて、峰定寺への

三本杉は、江戸時代中期にはすでに御神木だったと伝わる

伏条台杉は杉のイメージとは違い、下枝が大きく張り出す

参詣の目印になった。

全国的に見てもスギの古木が御神木になっているものは多いが、花脊三本杉の樹高は圧倒的に高く、二〇一七年（平成二十九年）の調査では樹高六二・三メートルで高さ日本一と判明した。このような大木が残った理由としては、北にそびえる大悲山が大きな壁になり、三本杉の周辺も山々に囲まれているため、落雷や大風を避けられたことが理由であろう。

さらに花脊と右京区京北の片波川《かたなみがわ》流域には伏《ふく》条台杉《じょうだいすぎ》と呼ばれる巨大な天然スギの群生地がある。

北山の山中にはアシウスギ（芦生杉）という多雪地域に適応した天然のスギが多く残る。その特徴はひとつの株から多くの幹を出すため台杉と呼ばれることで、通常のスギのイメージとは大きく異なる。さらに伏条とは、多雪地域で生育するため、雪の重みでたわんだ枝が地面につき、枝が伏せた場所から根を出して成長することをいい、年数とともに根元から多くの幹が集まったような形状になる。

大きなものは幹回り一五メートルを超え、屋久島《やくしま》の縄文杉《じょうもんすぎ》（幹回り一六・四メートル）と大きく変わらない。

平安時代から宮殿造営や修繕に用いる禁裏用材の生産地として、京都市右京区京北の山国地域（京都市京北から花脊にかけての地域）は御杣御料地《みそまごりょうち》として定められ、天然のスギを切り出してきたが、伏条台杉の幹の脇《わき》から枝を出す性質を利用して、ひとつの株から何度も幹を伐採してきたものと考えられる。

スギは長命な樹種であり、屋久島に樹齢二〇〇〇年を超える古いスギがあるように、北山にも天然スギの巨木が広葉樹の森林のなかに点在している。片波川源流の伏条台杉は京都府自然環境保全地区として守られている。

安曇川とシコブチ信仰

花脊の東北にあたる久多は京都市内から琵琶湖に流れる安曇川《あどがわ》流域の上流域に位置し、江戸時代には近江の朽木《くつき》藩に属していたこともある。古くから林業と炭焼きを主な産業としてきた地域である。

安曇川流域の森林は、奈良時代には平城京《へいじょうきょう》や大仏殿造営のため、朝廷に調庸《ちょうよう》の木材を供給するために指定された杣山《そまやま》が置かれ、伊賀《いが》や近江の田上山《たなかみやま》（現大津市）とともに木材供給の要所として発展した。安曇川の上流の久多川《くたがわ》の森林で伐られた木材は筏《いかだ》により流下され比良山麓の梅《うめ》ノ木《き》から琵琶湖畔の高島《たかしま》の山作所《やまつくりどころ》（製材所）まで送られた。

安曇川流域には筏の神様を祀る思古淵《しこぶち》（思子淵、志古淵とも）神社が京都、滋賀に残っている。また久多のほかに大原の大見《おおみ》にも民間信仰としてシコブチ信仰があり、シコブチさんとして親しまれている。

地元に残るシコブチ伝説は、筏乗りのシコブチさんに悪さをした河童《かっぱ》の話で、筏乗りの息子を水に引き込んだ河童を捕まえてシコブチさんが説教をし、二度と悪さをしないと誓わせる話である。河童伝説は全国各地に残っているが、悪さをした河童といさめる人との掛け合いの話が多く、河童が水の神とされることもある。

久多は古くから下流の近江の葛川《かつらがわ》との間で山林に関わる境界争いがたびたび起こったが、シコブチ信仰においては流域共通の文化を持つ。筏乗りは命懸けの仕事であり、シコブチさんは筏の安全と地域の主神として安曇川流域の思古淵神社に祀られている。

シコブチさんをお祀りする、久多にある志古淵神社

筆者は以前にドイツのシュヴァルツヴァルト（黒い森と呼ばれる地域）にある民俗博物館で展示してある筏の模型を見たが、日本のものとほぼ同じ形で、国が違っても山で暮らす人の道具と仕事に違いがないことを知った。

安曇川を流す筏流しは、トラック輸送が中心となる昭和三十年代まで行われていた。

惟喬親王と洛北の山々

都に最も近い北山の山里には惟喬《これたか》親王（八四四〜八九七）の伝説が多く残る。惟喬親王は平安時代初めの文徳《もんとく》天皇（八二七〜八五八）の第一皇子であり、本来であれば皇太子になるはずであったが、異母弟の惟仁《これひと》親王（八五〇〜八八〇）が誕生し、のちに清和《せいわ》天皇になった。惟仁親王の母は強大な力を持つ藤原《ふじわら》氏の出で、惟喬親王の実母は紀《き》氏の出身であったからである。失意の惟喬親王はその後、雲ヶ畑など北山の山地に隠棲したと伝えられる。

雲ヶ畑の惟喬神社にかかる雌宮の扁額

鴨川の源流域で御所の上流にあたる雲ヶ畑は、清流を保つために土葬が行われず、隣の清滝川流域まで死体を運び埋葬したため、今も持越《もちこし》峠の名が残る。雲ヶ畑を含む

惟喬親王の墓は大原の里にひっそりたたずむ

小野郷の地は主殿寮《とのもりょう》の小野山供御人《おののやまくごにん》と称して、地租が免除される代わりに、薪炭や菖蒲《しょうぶ》などの貢納や禁裏警固役などの諸役が課せられるなど、皇室との関係も深く、このことも惟喬伝説に関係しているのかもしれない。

雲ヶ畑の栈敷ヶ岳の名は、後継争いに敗れた惟喬親王が都を偲《しの》んで栈敷を設けたことにちなむ。頂上付近は平坦になっていて、今は木が生い茂っているが、惟喬親王と惟仁親王の二人がここで相撲を取ったという伝説まである。惟喬親王はこのあたりに住んだとされている。この場所は丹波国との境にあたり、祖父谷《そぶだに》峠を越えると丹波山国庄に出る要所であるが、田畑の少ない谷あいの里で、炭焼きや木工などの生業が盛んであった。このことも、のちに親王が木地師《きじし》の祖といわれるゆえんかもしれない。

当地には惟喬親王を祀る惟喬神社があり、本殿には「雌《めんどりの》宮《やしろ》」という扁額《へんがく》が掛かっている。社の説明板によれば、ある日親王がここで遊猟をされていたときに愛していた雌の鷹《たか》がこの地で死んでしまい、この場所に埋葬したと伝わる。

大原も親王が隠棲したところのひとつで、亀甲谷《きおんだに》は近江への峠道であるが、その山道の入口には惟喬親王の墓がひっそりとたたずみ、今も墓石の周りは柵《さく》に囲まれて宮内庁により管理されている。

惟喬親王の伝承は近江にもある。小椋谷《おぐら》（滋賀県東近江市《ひがしおうみ》永源寺町《えいげんじちょう》）は、かつては木地師の活動拠点であったが、この地において惟喬親王が轆轤《ろくろ》の技術を伝えたといわれ、現在でも全国に散らばる木地師集団の宗祖として崇拝されている。

雲ヶ畑、小野、大原などの北山周辺の山村には、惟喬親王にまつわる伝承が多く残り、悲運の親王への追悼とともに、山の民に親しまれているのである。

平城京から平安京へ

七八四年（延暦三年）、奈良の平城京から長岡京《ながおかきょう》に都が移された。

奈良時代には藤原京《ふじわらきょう》、平城京、恭仁京《くにきょう》などたびたび遷都や大仏建立など大規模な寺院建築の造営が行われ、畿内各地の杣山から木材の供給が大量に行われた。

大和《やまと》盆地の大和川《やまとがわ》流域の山野はすでに森林資源の減少が進み、水運が発達し木材資源が豊富な伊賀国などの杣山から運ばれることになる。丹波（京都）、田上（滋賀）、伊賀（三重）など畿内のほか、中国・四国や信濃《しなの》の木曽《きそ》地方などに杣山があった。畿内で伐り出された木材は、大堰川《おおいがわ》（桂川。京都）、瀬田川《せたがわ》（宇治川。滋賀）、木津川《きづがわ》（三重、京都）を筏で流送され、山背《やましろ》（山城）国泉津《いずみのつ》の港に運ばれ、さらに陸路により平城京に運ばれた。

泉津が木津《きづ》と名称が変わるほど、木津川を利用する木材の需要は増加したが、それにつれて森林の資源は枯渇し、乱伐により流域の山林はハゲ山状態になってしまう。現在でも木津川河川敷には大量の土砂が堆積しているが、その多くは花崗岩の風化した川砂であり、上流の森林が荒廃したため大量の土砂が供給されたことを物語っている。山城地域では洪水を防ぐために木津川に堤防が築かれたが、堆積した土砂により川床が上がっていったために、木津川に流れ込む支流の川は「天井川」と呼ばれる、家の屋根より高い流路にできあがり、現在でも国道やJRが天井川の下を潜っている。

森林や砂防を学ぶ者にとって、滋賀県大津市にある田上山は、一度は聞いたことのある山の名である。奈良時代の寺院造営にともない、田上山の杣山から良質のヒノキ用材が琵琶湖の水運を利用して供給された。田上山周辺の山々は花崗岩という非常にもろく崩れやすい地質のため、地表の土が安定せず植物の根が張るのが困難であり、土砂の崩壊と木材の伐採の繰り返しにより、ハゲ山の状態と洪水が続いた。田上山は一二〇〇年以上前の木材伐採による影響が残る山として、現在でも土砂崩れにより地面が茶色く剝《む》き出ているところがあるが、近代の治山による復旧で緑が増えてきている。

このように、奈良時代には遷都や寺院の建立、焼失が繰り返された結果、木材の供給は過剰になり、各地の杣山の木材資源の枯渇が進んだ。平城京の大和盆地周辺の山林はすでに伐りつくされるとともに、水運の不便さ、水害に悩まされたことから新しい杣山が求められていた。

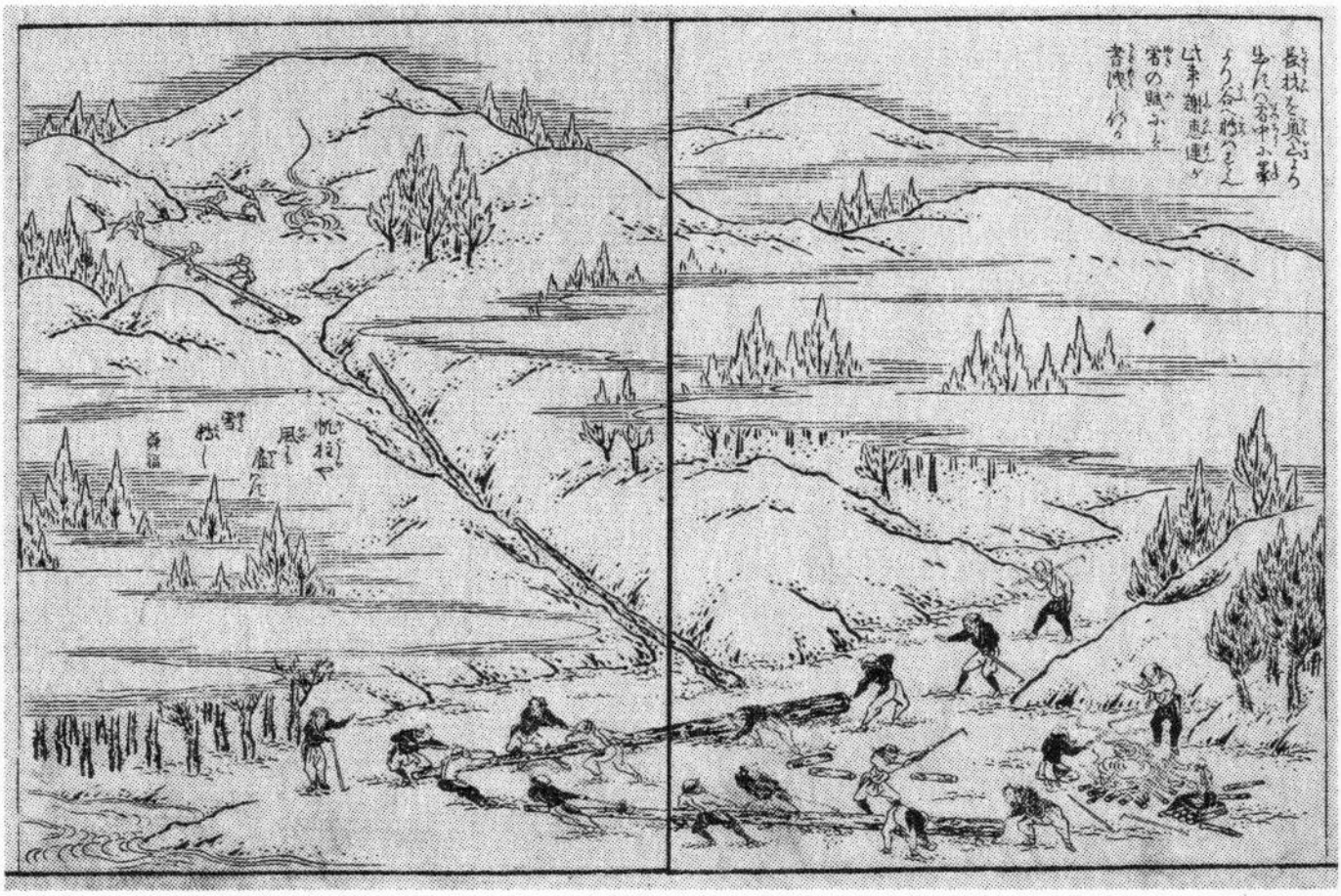

雪の上をトビという道具を使って木材を引きずり出している（「北山の樵」『拾遺都名所図絵　巻三』1787年）（国際日本文化研究センター蔵）

都の造営と山国林業の発展

桓武天皇は七九四年（延暦十三年）に平安京遷都の詔を発する。山背《やましろ》とは、平城京の向こう、つまり山の背であった地であるが、その地に平安京が定められ、その北方に位置する北山は都の北方防御の地であるとともに、山の代（木材）を供給する重要な役割を果たすことになる。

都の造営には大量の木材が必要とされたため、森林資源が豊富な山国地域を御杣御料地として指定し、杣人《そまびと》と呼ばれる山の役人を現地に派遣している。

中世から江戸時代前期頃まで木材の採取は、アシウスギのような複数の幹が株立ちする天然のスギを伐採する方法であった。しかし、たび重なる都市部の火災や戦乱により木材が大量に伐り出されることによって、時代が下がるにつれ良質の森林資源が減少することになる。加えて太閤《たいこう》検地以降に発達した山林の私有林化や都市部の木材需要の高まりから、商用の林業が増加し、伐採された場所のうち搬出しやすい場所やスギの適地に、アシウスギを原種とするスギの苗木を植栽する方法が徐々に始まる。これが植栽から伐採まで五〇年を一期とする近世の山国林業の始まりで、都の木材需要の三分の一を山国杣が担っていたのである。

皇室とのつながり

山国から御所に運ばれるのは木材だけでなく、粽《ちまき》、菊、かちん（餅）、山芋、鮎《あゆ》などの産物も宮中に運ばれている。室町時代から江戸時代の宮中内裏の女官日誌には、「山ぐによりまき（粽）いつものごとくまいり」（『御湯殿上日記』、文明《ぶんめい》十三年〔一四八一年〕五月）など定期的な貢納の記録がある。鮎については「山ぐにより御あゆ一をり（折）まいる。女中たちへ御くばりあり」（同、明応《めいおう》八年〔一四九九年〕七月）とある。夏に鮎を、新鮮な状態で山道を運ぶのはたいへんだったことであろう。

山国の杣山から伐り出された木材は大堰川の集積場まで運び出され、筏に組まれ、大きさを揃《そろ》えられたうえで、再び亀岡《かめおか》の保津《ほづ》、山本《やまもと》の浜で、全長約五〇メートルの一二連の筏に組み直され、急流の保津《ほづ》峡《きょう》を嵐山に向かって流されることになる。

木材や千束と呼ばれる丹波薪のほとんどが大堰川を筏により運ばれたのに対して、天皇即位のたびに行われる大嘗祭《だいじょうさい》に使われる木材は陸路を人力により運ばれた。これは主殿となる悠《ゆ》紀《き》・主《す》基《き》殿《でん》の御用材は清浄でなければならないためで、一八六九年（明治二年）に禁裏御料林が廃止されたのちも続いた。

男は丸太を肩に担ぎ、女は頭の上に載せて鷹峯の問屋までの道を運んだ　明治後期（写真・京都北山丸太生産協同組合）

京都三大祭りのひとつに十月二十二日に行われる時代祭がある。この祭りは東京に遷都して衰退していく京都に新しい事業をという願いから一八九五年に始まった祭りで、平安神宮と御所の間を行列する絵巻物のような祭りである。その行列の先頭に立って錦《にしき》の御旗《みはた》を掲げるのが勤皇山国隊《きんのうやまぐにたい》である。勤皇山国隊は幕末の鳥羽伏見の戦などに官軍として参戦した山国地域の尊王の民間兵であり、山国と皇室のつながりは平安時代から幕末を経て今に至るのである。

北山林業の歴史

都の造営と御料杣地として発展した山国林業とは別に、磨き丸太と呼ばれる独自の木材を生産し発展したのが、中川地域を中心とする北山林業地である。

樹齢400年以上の北山台杉（北区中川）

日本の有名な林業地には、北山林業のほか、長野県の木曽、奈良県の吉野などが知られるが、林業は山野に自生する林木を採取してきたものが、天然資源の減少と奥地化や近世以降の木材需要の高まりにより、結果的に人工的な植栽が始まったものである。

中世以降、茶の湯の文化の発展により、都を中心とした数寄屋《すきや》建築などの建築様式の変化が北山地域における林業の発展につながったものと考えられる。

北山林業で生産される磨き丸太は床柱と垂木《たるき》（屋根の庇《ひさし》を支えている細い丸太）用が中心であり、原木から樹皮を剥がした丸太を角材に製材せずに使う独特のものである。磨き丸太は、床柱用など化粧された用材として生産されたものであるため、丸太は表面が美しくなくてはならない。そのため生産された丸太は、トラック輸送が始まるまでは、傷がつかないよう、筏流しではなく、山道を人力によって運ばれた。

世界に類のない林業地

北山磨き丸太の生産は優良な品種の枝を採取し、挿し木という、枝を畑に挿す方法によって増やした苗の生産から始まる。この方法は優良な母樹の性質をそのまま受け継ぐことができ、まっすぐで成長の良い性質を持った苗木を育てることで、丸太の品質を保つことができるものである。

北山特有の仕立て方のもうひとつが、台杉《だいすぎ》仕立てと呼ばれる方法である。これは台杉の株の根元付近から出る、とり木と呼ばれる枝から多数の芽が出る性質を利用して、成長する芽を小丸太に育てるもので、垂木の太さになったものから順に幹を採取する方法である。

北山林業では植栽する苗木の本数を多くすることにより、苗木同士が早くから競争して成長しまっすぐな幹に育つ。ある程度、苗が成長すると枝を専用の鎌で落とす、枝打ちという作業を繰り返すことにより、丸太の表面には節の跡が現れることはない。

伐採された丸太は加工業者に引き渡され、樹皮を

丸太を磨くのは女性の仕事で、菩提の滝の砂を使って手で磨いた　明治後期（写真・京都北山丸太生産協同組合）

剥がした後は地元の菩提《ぼだい》の滝の砂により磨かれ白く美しい床柱ができあがるのである。北山磨き丸太は曲がりや窪《くぼ》みがあると価値が下がるため、苗木生産から育林まで熟練した技術が必要であり、最終的に丸太の肌つやまで重視するという世界的に見ても稀《まれ》な林業である。

小説『古都』の舞台

床柱にする丸太は、植林から三〇～四〇年後になると伐採されるため、一般の林業地よりも収穫までの期間が短い。また、いっせいに大きな面積の植林を行う林業地でもないため、山には様々の年数の林がモザイク状に配置されている。幹の上部まで枝打ちされた樹形はきれいに揃い、人工林が風致的に美しい風景は他では見られない。清滝川に沿って走る周山街道からは、北山独特の森林景観を見ることができる。

この北山が舞台となったのが川端康成《かわばたやすなり》の小説『古都《こと》』である。双子の姉妹が別々に成長する姿が描かれている。映画「古都」は過去に三回も制作され、初代主演の岩下志麻《いわしたしま》、二代目山口《やまぐち》百恵《ももえ》、三代目松雪泰子《まつゆきやすこ》が演じており、テレビドラマにおいても何度もリメークされている。

この小説は京都の商家の娘と北山林業地の双子の娘が織りなす話で、京都の街並みや歳時記とともに北山林業地の風景を見ることができる。

映画のなかで見る丸太を磨く作業は、かつては寒い時期に行う女性の仕事であり、車のなかった時代、頭の上に二本の丸太を載せて街まで運んだのも女性であった。

北山の森林と文化

このように、北山には禁裏御料地や公家の領地としての関わりとともに、都人の衣食住を支えてきた農山村としての歴史がある。また都の水源地として清らかな水を生み出してきた。大堰川の水運により発展したのが山国杣で、一二〇〇年の間、都の造営を支えてきた。北山林業は、京都の高雄《たかお》から中川地域において生産される磨き丸太を中心に発展した林業である。京都の木を代表するスギは日本固有種として、「木スグ（直）也《なり》。故にスギという」と貝原益軒《かいばらえきけん》の『大和本草《やまとほんぞう》』（一七〇九年）にあるように、優れた建築材として太古の昔から利用されてきた。

京都市内の中心部からでも車で一時間もあれば北山を散策することができる。歴史、文化と自然の両方を身近に感じられるのが北山の魅力である。

第三章　西山――信仰と竹林の道

信仰の山野

西山は京都盆地の北西に独立する愛宕山から南方に大堰川（桂川）を挟んで、嵐山、松尾山から天王山《てんのうざん》を南端とする一連の山並みを指す。この地は嵐山や嵯峨野など京都を代表する観光地を中心として、山裾《やますそ》には竹林を中心とした丘陵が広がる。

京都盆地の南方から眺める三山には、東西に独立する大きな山が二つある。ひとつは東山の比叡山、もうひとつは西側にそびえる愛宕山（標高九二四メートル）である。

比叡山の南に東山連峰、愛宕山から南側に西山連峰が連なる。東西に独立した二つの山の間には、北山連峰が水平に連なって、シンメトリーな地形になり、三方の連峰が京都盆地を形成している。

桓武天皇が、「此の国の山河襟帯にして自然に城をなす」と発した平安京。その造営にあたっては、東西南北の方向を司る神、青龍《せいりゅう》（東）・白虎《びゃっこ》（西）・朱雀《すざく》（南）・玄武《げんぶ》（北）の四神相

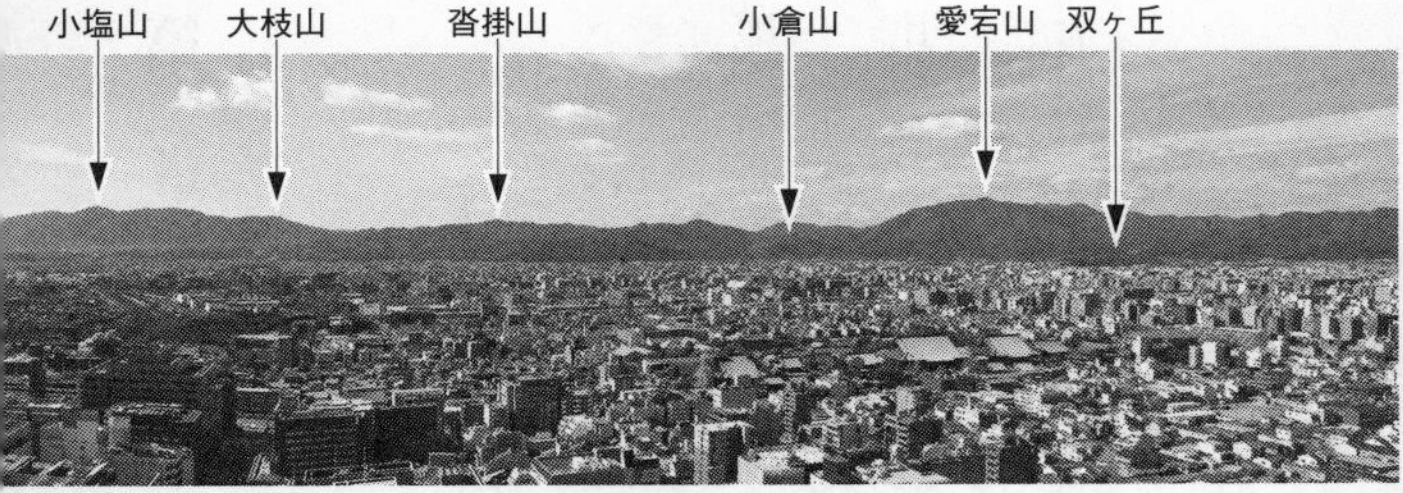

応による風水思想をもとに中心地に設計されたといわれる。

ＪＲ山陰《さんいん》本線（嵯峨野線）は京都駅を出発点として西に向かうが、高いビルがない京都市内の高架線を通るため、これらの東山、北山、西山の山並みを眺めることができる。

列車は嵯峨《さが》嵐山《あらしやま》駅を過ぎ、山と渓谷地域に入ると、景色が一変する。連続するトンネルの合間から保津川（桂川）渓谷を山水画のように見ることができる。

この渓谷の下流は小倉山《おぐらやま》から嵐山、嵯峨野に至り、保津川に注ぐ北側の清滝川上流には神護寺《じんごじ》、高山寺《こうざんじ》などの古刹《こさつ》がある。

京都の人にとっては、嵐山の法輪寺《ほうりんじ》虚空蔵菩薩《こくぞうぼさつ》の十三詣《じゅうさんまいり》や愛宕《あたご》神社の千日詣《せんにちまいり》（正式には千日通夜祭《せんにちつうやさい》という）などはごく身近な信仰の行事である。ほかにも酒造の神である松尾大社や眼の病に霊験があるとされる楊谷寺《ようこくじ》の独鈷水《おこうずい》など、西山には信仰の場としての社寺が山に沿うように点在している。

また、西山は桂川、宇治川、木津川の三川が合流する地に近く、水運に恵まれた地であったため、平安期以前から開発が進むいっぽうで、かつて海の入江だった西山の丘陵地には今でも竹林が広がる、歴史と

京都タワーから西山を望む

自然が豊かな場所である。

長岡京から平安京遷都

七九四年（延暦十三年）、桓武天皇は平安京遷都を行うが、その一〇年前には平城京から西山の麓の長岡京に遷都している。長岡京の内裏の位置は現在の向日市《むこう》鶏冠井《かいで》町《ちょう》付近にあり、長岡京の京城域の大きさは平城京や平安京と同等であったとされる。

長岡京と平安京の造営には、京都盆地南部を本貫地として治めていた古代豪族の秦氏との関係が大きいといわれ、長岡京周辺には秦氏の関係する社寺が多い。

秦氏の氏寺である太秦の広隆寺は、創建が平安遷都以前にさかのぼる。伏見稲荷と同時代の創建の松尾大社は大山咋神と市杵島《いちきしま》姫命《ひめのみこと》を祀る秦氏の氏神社で、本殿後背の松尾山を神の依り代とした。今も残る磐座《いわくら》とされる大きな岩に古代の神道の型を見ることができる。

高い土木技術を持ち、葛野大堰《かどのおおい》の建設をはじめ京都盆地を開発した秦氏の存在は、桓武天皇の遷都の後ろ盾として大きな力になった。

琵琶湖や瀬戸内海と結ばれ、水運の便の良い長岡京から直線距離でわずか一〇キロメートルの距離にある平安京に遷都した理由については、水害の多発や廃太子された早良《さわら》親王の怨霊《おんりょう》を恐れたなど諸説あるが、長岡京はわずか一〇年で廃都になり平安京に遷都することになる。平安京へ遷都した後の長岡京付近は、その後は廃れ、竹林や田畑へと鄙《ひな》びるが、もともと交通の要所であるため、京都のなかでも近年、工場や住宅地などの開発が進んだ地域になっている。

武運と火伏せの愛宕山信仰

西山の独立峰、愛宕山のことを京都の人は単に山の名前だけでなく、山頂に鎮座する愛宕神社を含めて「愛宕さん」と呼んでいる。創建は古く、平安時代以前にさかのぼる。愛宕神社は神仏習合の社で、大宝《たいほう》年間（七〇一〜七〇四）に役小角《えんのおづの》（おづぬ）に従った泰澄《たいちょう》が白雲寺《はくうんじ》を開山したのが始まりとされ、愛宕権現とも呼ばれる修験道の修行場である。

また愛宕神社は武芸の神としても有名で、白雲寺の勝軍《しょうぐん》地蔵は、軍を勝利に導く守護神として、明智光秀《あけちみつひで》など多くの武将から信仰を集めた。

「時は今　雨が下しる　皐月《さつき》かな」と、明智光秀が主君信長を討つ直前に愛宕山に参ったときに詠んだ歌は有名である。伊達政宗《だてまさむね》の重臣片倉小十郎重綱《かたくらこじゅうろうしげつな》（景綱《かげつな》の子）も愛宕信仰者のひとりで、愛宕神社には重綱が大坂夏の陣で奉納した愛宕太郎坊《あたごたろうぼう》の絵馬が復元され、掲げられている。

愛宕権現は家内安全や火伏せの神様として民間信仰を集め、「お伊勢《いせ》さんは七度、熊野《くまの》に三度、愛宕さんは月参り」といわれるほどである。愛宕聖《あたごひじり》と呼ばれる修験者により、愛宕信仰が全国各地に広まった影響もあり、全国においても愛宕社と呼ばれる神社は八〇〇社以上、愛宕山と呼ばれる山は一二五山あるといわれる。

平安京では応仁・文明の乱などの戦乱や大火事が何度も起きており、江戸時代だけでも宝永の大火など四回の大火を記録している。そのため古都とはいえ、市街地では、建造物の多くが近世以降のものになっている。幾多の戦火から免れた千本釈迦堂《せんぼんしゃかどう》の本堂（国宝：鎌倉時代）が奇跡的に残るが、京都御所の紫宸殿《ししんでん》でさえも江戸時代の建造物であり、京町家の多くも江戸・

愛宕神社の扁額

京都周辺の旧村でよく見かける愛宕灯籠

愛宕社の札

明治時代以降のものである。

京都の街では火事は恐れられ、一度起こると都の規模が変わるほどの大きな被害になり、復旧には多大な費用と木材などの用材が必要になった。そうしたことからも、火事を起こさないように火伏せの神様への信仰はあついものとなったのである。

民間信仰の中心は今でも講と呼ばれる仲間で受け継がれており、伊勢講、観音講など様々な講がある。愛宕信仰の講組織も各地に残り、京都市内だけでなく丹波、丹後をはじめ全国各地に広がる。

西山地域を中心とした集落の辻々に愛宕灯籠《とうろう》が置かれているのをよく目にするのは、愛宕講が広く存在しているからであろう。

講仲間では当番が「火廼要慎《ひのようじん》」や「愛宕大神守護所」と書いたお札を愛宕さんに貰《もら》いに行き、仲間に配ることが多い。筆者は山城地域に住んでおり愛宕講に入っているが、四十八人の仲間が年に二回、二人で愛宕さんへの代参をする決まりで、十二年に一回当番が回ってくる。当番のものは朝早くから山に詣り、お札はその日のうちに講仲間に配ることになっている。また「火の用心」の字が透かされた手持ち灯籠を日番で各家庭に回す風習が残るのも、家内安全と火事から地域を守るためである。

愛宕さんに登るにはいくつかルートがあるが、清滝《きよたき》から登るルートが表参道として一般的である。とはいえ清滝からのルートは往復で五時間ほどはかかり、ちょっとした登山になるので、足もとはしっかりしたものが必要である。また頂上は気温が低いため、特に冬季には十分な装備が必要になる。

毎年七月三十一日から八月一日に行われる千日詣は夜通しで愛宕山に参る年中行事で、この日、参拝すると千日分を参拝したことになることから、多くの人が愛宕神社を目指して山を登る。この日は、登る人と下る人が行き交うさいに、「おのぼりやす」「おくだりやす」と京言葉で挨拶《あいさつ》することから、誰もが京都の風物詩を味わうことができる。

愛宕詣は結構きつい山登りではあるが、お参りの途中に小さな子どもを連れた親子連れをよく目にする。子どもが三歳までにお参りすれば一生火事に遭わないといわれているからで、京都の人に愛宕山詣が浸透していることが実感できる。

落語の「愛宕山」は京都の旦那と大坂の太鼓持ちの話であるが、芸者を引き連れて愛宕山に登り、谷に向けてかわらけ投げに興じたのちに旦那はかわらけの代わりに小判を投げる話である。話で出てくるかわらけ投げの場所は今ではわからないが、お茶屋の跡は今も残る。一九二八年（昭和三年）には、登山口の清滝から参詣のためのケーブルカーが敷設されるとともに、ホテルや遊園地、スキー場などのリゾート施設が開設され賑わっていたという。ケーブルカーは戦時中の資材供出により、一九四四年に廃止されている。

各地に残る火伏せ行事と仙翁花

月参りといわれるほど京都には愛宕信仰が広まっているが、火伏せにまつわる祭事は盆行事として現在でも各所に残る。第二章で述べた雲ヶ畑には松上げという行事があるが、これは平安時代、惟喬親王を慰めるための行事が起源とされる。この行事は明治時代に復活し、火伏せと五穀豊穣《ほうじょう》を願う、愛宕信仰の献火行事として行われている。この日、松明で作られた火文字が二つ、山の中腹で灯されるが、文字は年により異なり、灯されるまでその年の文字は秘密となっている。また、花脊や久多などの北山の集落で行われている松上げは、火がついた松明を灯籠木《とろぎ》と呼ばれる木につけ、笠籠にまるで玉入れのように競って投げ入れる火の祭事で、火伏せの神事と関係があるといわれる。

愛宕山の入口である鳥居本《とりいもと》の曼荼羅山《まんだらやま》は五山の送り火のひとつである鳥居型があるところで「鳥居」は愛宕神社の鳥居を表しているとされる。

奥嵯峨野の化野は東山の鳥辺野と並び古来、風葬地とされていたところで、化野念仏寺《あだしのねんぶつじ》から鳥居本にかけては風情のある土産屋が並び、重要伝統的建造物群保存地区に指定されている。この地には火にまつわる花伝説が残る。化野念仏寺付近には「嵯峨鳥居本仙翁町《せんのうちょう》」という地名があるが、かつて仙翁寺《せんのうじ》という寺があったといわれ、その寺にはセンノウという花があった。

夏に真っ赤な花をつけるセンノウ

センノウは中国伝来の植物で、かつて中国から渡ってきた「仙翁」という仙人が薬草をお寺で栽培していたなど諸説あるが、はっきりした伝来の時期などは、今でも謎になっている。『大和本草』において、センノウは名を剪秋羅《せんのう》とし、「嵯峨の仙翁寺より出たるゆえ名づく」とある。続く「フシ」の項では、「剪春羅《がんぴ》（中国原産でナデシコ科のガンピ（岩菲《がんぴ》））、剪秋羅（同じくセンノウ）とは別種なり」とあり、「和品（日本のもの）」となっていることから日本の野山に自生するフシグロセンノウ（節黒仙翁）のことと思われる。

『枕草子』の草の花の段で「草の花は撫子《なでしこ》、唐《から》のはさらなり」とある。撫子とは秋の七草のひとつであるカワラナデシコ（別名をヤマトナデシコ）であり、唐のものはセキチク（石竹、別名を唐撫子という。『大和本草』というナデシコ科の花と推察されることから、当時、すでに中国から様々な植物が移入されていたものと思われる。

さらに同段の「かにひの花、色は濃からねど、藤（フシ）の花といとよく似て、春秋と咲くがをかしきなり」とある。「かにひ」と「藤」の解釈については諸説あるが、草本の花に限定すれば、フシはフシグロセンノウであり、春と夏に咲く「かにひ」の春咲きはガンピ（剪春羅）であり、秋咲き（旧暦で現在の夏にあたる）のものは、センノウ（剪秋羅）にあたるのかもしれない。

なお、『和漢三才図会《わかんさんさいずえ》』（一七一二年）では、センノウは剪紅羅とされているが「剪」とは花の切れ込みのことを表している。

京都においてセンノウは七夕の花として珍重され、贈答花としてかなり普及していた植物であったようだ。たいへん美しい花であるにもかかわらず、途絶えてしまったのは、種子を作らない性質があるためで、この花も仙翁寺とともにいつのまにか行方がわからなくなった。

京都では姿を消してしまったセンノウであるが、島根でひっそりと栽培されていることがわかり、現在では各地で栽培されるようになった。

室町前期の臨済宗の僧、愚中周及《ぐちゅうしゅうきゅう》（一三二三〜一四〇九）の『丱余集《こうよしゅう》』のセンノウの詩に「仙翁噴火返花魂　直予朝陽争化元……」（仙翁が火を噴いて、花魂となって蘇《よみがえ》り、灼熱《しゃくねつ》の太陽とその炎をきそう）とあるように、真っ赤な花弁が炎を連想させる花である。筆者は愛宕山詣の帰り道に鳥居本の化野のお地蔵さんにセンノウの花が供えられているのを見て、感動したことを思い出す。

金閣寺のある衣笠《きぬがさ》から世界遺産仁和寺の前を通り、福王子《ふくおうじ》交差点から西に向かう国道一六二号は周山街道と呼ばれ、右京区京北《けいほく》地区や丹波方面への重要な交通路になっている。梅ヶ畑《うめがはた》あたりから道は急勾配《こうばい》になり、現在でも大型のバスではすれ違うのがやっとの急カーブが連続し、御経坂《みきょうざか》峠の紅葉のトンネルを抜けると高山寺につながる。

清滝川に沿って三尾《さんび》と呼ばれる京都屈指の紅葉の名勝地がある。三尾とは栂尾《とがのお》、槙尾《まきのお》、高雄（尾）のことで、栂尾山《とがのおさん》高山寺、槙尾山《まきのおさん》西明寺《さいみょうじ》、高雄山《たかおさん》神護寺の山中寺院が続く。

高山寺の歴史は奈良時代の七七四年（宝亀五年）にさかのぼり、光仁《こうにん》天皇勅願の古刹である。高山寺が所有する国宝「鳥獣人物戯画」といえば、教科書などで誰もが一度は目にしたことがあるであろう。甲乙丙丁の四巻からなる絵巻の甲巻には、ウサギや蛙《かえる》が戯れている様子などがユーモラスに表現されている。

同寺中興の祖である明恵《みょうえ》上人（一一七三～一二三二）は、鎌倉新仏教が広まるなか、南都六宗のひとつである華厳宗《けごんしゅう》興隆の道場として寺を再興している。

明恵上人樹上坐禅《ざぜん》像（鎌倉時代：国宝）では、境内の裏山にあたる楞伽山《りょうがせん》の岩肌に生える赤松の株の上で坐禅をする明恵上人が描かれている。松林を通る風の音が聞こえてきそうな作品で、よく見ると樹上にはリスが走り、鳥が舞っている。

境内にある石水院《せきすいいん》は鎌倉時代の建築物で国宝に指定されていて、明恵上人の頃の遺構であり、後鳥羽《ごとば》上皇より学問所として賜ったとされる。建物からの景色も見事であるが、荒削りの板張

（上）明恵上人愛玩犬　厳しい修行と戒律とは対照的な愛くるしい黒犬（写真・高山寺）
（右）明恵上人樹上座禅像　明恵上人の周りには鳥やリスの姿が見える（写真・高山寺）

の天井は鎌倉時代の風格を感じさせる。石水院には国宝の絵巻などの複製も展示してあるが、明恵上人愛玩《あいがん》の子犬像は特に愛くるしい。「鳥獣人物戯画」や樹上のリスなどの姿からは、厳しさとは別に山での修行を好んだ上人の思いを感じられる。

金堂周辺は二〇一八年（平成三十年）の台風による倒木被害から復旧したばかりであり、古木の切り株が礎石のように残っている。住職の話によると境内にあった杉を中心に三〇〇本ほどの杉の古木が折れたとのことである。樹齢約三〇〇年から五〇〇年はあったとのことから、江戸時代前期頃にはすでに生えていたことであろう。

寺号である栂尾山の名前のとおり、境内には栂《つが》が植わっている。書院の前にも立派な栂がある。もともと周辺の山には栂が多く自生していたとのことである。

高山寺には日本最古の茶園がある。お茶といえば宇治茶が有名であるが、鎌倉時代の僧栄西が中国から持ち帰った種子を明恵上人が譲り受け、当地で栽培したのが始まりとされ、高山寺では今も茶畑で管理されている。茶園の入口には、「日本最古の茶園」の碑が建っている。

茶は仏教での喫茶の風習により広まり、厳しい修行のさい、眠気をお茶の作用によって覚ます薬として珍重されたようである。

栄西が記した鎌倉時代の薬事記である『喫茶養生記《きっさようじょうき》』には、「茶は養生の仙薬なり。延齢の妙術なり、山谷之《これ》を生ずればその地神霊なり。人倫之を採ればその人長命なり」と茶の効能を説いている。のちに茶の栽培は、宇治に伝わり、茶の湯の流行や徳川幕府の庇護により国内茶葉の主要生産地になる。緑茶のひとつである煎茶《せんちゃ》は、江戸時代になって現在の宇治田原町《うじたわらちょう》の永谷宗円《ながたにそうえん》により手揉《ても》みによる独自の製造法が開発された。なかでも玉露《ぎょくろ》は、茶畑に日覆《ひおお》いを掛けて栽培されることにより、特有の甘みや香りを味わえる国内最高級の品である。

高山寺の南西に清滝川に沿って歩けば、西明寺へ渡る朱色の指月橋《しげつきょう》があり、渓谷と紅葉の景色は見事であり、夏場は避暑地として賑わう。

さらに川沿いを行くと神護寺の入口にあたる。神護寺は平安遷都に奔走した和気清麻呂《わけのきよまろ》の菩提寺《ぼだいじ》として知られるが、のちに空海により東寺とともに真言密教の道場として平安仏教の中心的な役割を担うことになる。

神護寺もまた紅葉の名所として最も美しい場所のひとつである。京都の紅葉を彩る樹木の主役はタカオカエデ（イロハモミジ）で、名前は高雄に由来し、この地域に多く自生したことによる。

山紫水明の嵐山

嵐山は京都のなかでも最も人気のある観光スポットのひとつで、桜や紅葉の名所として平安時代より貴族の大堰川の舟遊びや遊興の地として人気があり、歴代天皇や貴族が幾度も訪れている。

嵐山の渡月橋《とげつきょう》から大堰川の左岸をさかのぼると亀山《かめやま》公園に続いて小倉山がある。嵐山と向かい合う、こんもりした山（標高二九六メートル）で、古くは桜や紅葉の名所として、清少納言も「山は小倉山」と称讃《しょうさん》している。小倉山の麓には貴族の別荘が並び、藤原定家《ふじわらのさだいえ》は小倉山荘において小倉百人一首を編纂《へんさん》したとされる。

小倉山を詠んだ歌は多い。

小倉山嵐の風の寒ければもみぢの錦きぬ人ぞなき（藤原公任《きんとう》）
（小倉山や嵐山から吹く寒い風によって紅葉がふりそそいで錦の衣を着ていない人はいないことだよ）

嵐山は遊興地であるとともに木材の集積地であった（絵葉書、1933～44年）

小倉山峰のもみぢ葉心あらば今ひとたびのみゆき待たなむ（藤原忠平《ただひら》）
（小倉山の峰の紅葉よ。もしお前に心があるのなら、もう一度天皇の御幸《みゆき》があるまで散らずに待ってほしい）

「もみぢ」とは楓《かえで》だけではなく、桜など秋に色付く木々全般を指しており、よく錦にたとえられる。

嵐山の風景が美しい理由は、大堰川の流れと渡月橋に加え、眼前に何の障害もなく嵐山が押し迫ってくるところにあり、まさに山紫水明の言葉が似合う。タカオカエデは水を好むため、川の近くの湿度が高い斜面に自生する。山の斜面に自生するヤマザクラも嵐山の地形に合って生育には良い。

嵐山は第二章で述べたように、山国地域から筏で流されてきた木材の集積地でもあった。角倉了以《すみのくらりょうい》による保津峡開削により筏による木材の流通量が大きく増加したことで、大堰川の堰《せき》は貯木場として利用され、都で消費される木材の三分の一はここに集まった。明治から大正時代の古い絵葉書や絵図には松と桜の景勝地とともに、必ずといってよいほど嵐山をバックに材木や筏が写されている。

嵐山は明治維新までは天龍寺《てんりゅうじ》の社寺林であったが、上知され、今では風致保安林として国が管理している。

京都の紅葉が美しい理由

日本には北海道、東北、信州など紅葉が美しいところは数多くあるが、京都の紅葉とは雰囲気が随分違う。東日本の紅葉はダイナミックで山全体が多種多様な樹木で赤や黄色に染まり、草までが紅葉する。それに対して京都の紅葉は繊細であるといわれるのは、京都の紅葉名所には、必ず川があり山があり、また神社仏閣の庭があるためである。これらの紅葉のバックにはスギなどの常緑の樹木が茂り、それとのコントラストも美しいのが京都の紅葉の特徴で、杉や松などと混在するタカオカエデの紅葉は日本画のような風景である。

京都の神社仏閣の紅葉が美しいのは、庭師の手によって管理されているのも理由のひとつである。近年のように温暖化により昼夜の寒暖の差が小さく、夏場の乾燥が強いと葉が縮んで傷んでしまい、紅葉はよくならないが、手入れされた庭では水分の管理がなされているので葉の傷みが少ない。また、京都ではタカオカエデなど紅葉の美しい樹木を愛《め》でるため、名所や庭園に好んで植えてきた歴史があるのもその理由であろう。

紅葉が美しくなる条件としては、①気温の低下と寒暖の差、②紫外線（標高が高いほど空気が澄んでおり紫外線が強い）、③木の個性（個体差）、④湿度（適度な湿度）などが考えられるが、清滝渓谷から立ち上がる高雄の地はすべての条件を満たしている。

紅葉は見る時間帯によって違って見えてくる。おすすめの時間は朝と夕方で、朝は鮮やかな紅葉に、夕方は優しい紅葉に見えるのである。また、紅葉は葉を見るのではなく、葉を通過する光を見ているのである。西山は朝日を受け、夕方には優しい夕暮れに包まれるため、紅葉の名所が多い。いずれにしても一年の有終の美とされる紅葉は見る人に感動を与える。『徒然草《つれづれぐさ》』（第百三十九段）では、「卯月《うづき》ばかりの若楓、すべて、よろづの花・紅葉にもまさりてめでたきものなり」と述べている。タカオカエデは、青紅葉と呼ばれる新緑も美しいことから、春には青紅葉を観賞することもおすすめしたい。

大枝山から大原野への道

嵐山から南側につながる西山連峰には大阪との府境が通っており、大枝山《おおえやま》、小塩山《おしおやま》、ポンポン山、天王山などの峰で構成されている。西山の山々は標高こそ六〇〇メートル級の尾根が連なるが、山裾から見る西山は、屏風《びょうぶ》を広げたように急峻《きゅうしゅん》な山で、山麓は大原野《おおはらの》と呼ばれるなだらかな丘陵地が広がっている。そのため、この地は平安時代から貴族の遊猟の地でもあった。

大江山生野《おおえやまいくの》の道の遠ければまだふみもみず天橋立《あまのはしだて》（小式部内侍《こしきぶのないし》）

（大江山から丹波の生野への道はあまりにも遠くて、まだ天橋立の地を踏んだこともありませんし、母からの手紙も見てはいません）

山城国から丹波国への道のひとつである山陰街道（現在の国道九号線）は沓掛山《くつかけやま》と大枝山の鞍部《あんぶ》にあたる老ノ坂《おいのさか》と呼ばれる峠道を通っている。歌に詠まれた大江山は山陰街道にある大枝山といわれ、丹波へ向かうには山陰街道の左手にある大枝山を見ながら老ノ坂を抜けることになる。ここを越えると亀岡《かめおか》市で古くは丹波国になり、丹波亀山《かめやま》城を居城とする明智光秀もこの坂を越えて本能寺《ほんのうじ》に向かった。

酒呑童子《しゅてんどうじ》の鬼伝説でよく知られるのは大江山である。大江山は室町時代の『御伽草子《おとぎぞうし》』などでも描かれ、京都府福知山《ふくちやま》市大江町《おおえちょう》の大江山などが伝説の場所として有名であるが、老ノ坂の大枝山についても鬼にまつわる旧跡や伝承がある。都からたびたび娘をさらっていく話がいかにも京城から外れるこの場所にふさわしいため、このような伝説が生まれたのかもしれない。

大枝山の麓には首塚大明神《くびづかだいみょうじん》が祀られており、社伝によれば丹後の大江山で酒呑童子を討ちとった源頼光《みなもとのよりみつ》一行は、鬼の首を持って帰ったが、都に不浄な首を運ぶことは憚《はばか》られ、この地に埋めたといわれる。

長岡京遷都により奈良の春日《かすが》大社から遠ざかることから、藤原氏は京都大原野に春日大社を

老ノ坂にある国境碑　ここは都と丹波の境であった

大枝山の麓にある首塚大明神

祀ることになった。大原野の南春日町《みなみかすがちょう》には奈良の春日大社から勧請した大原野神社がある。境内には猿沢《さるさわ》の池を模した鯉沢《こいさわ》の池があり、社殿は朱色の春日造《かすがづくり》で京都市内の神社にはない雰囲気が漂う。

大原や小塩の山も今日こそは神代のことも思ひ出づらめ（『古今和歌集《こきんわかしゅう》』、在原業平《ありわらのなりひら》）
（大原野の小塩山も今日の御参詣にあたっては神代のことも思い出していることでしょう）

清和天皇の女御《にょうご》で二条の后と称された藤原高子《たかいこ》が崇拝する大原野神社に参詣したときに在原業平が詠んだ歌で、高子と恋のうわさがあった業平自身もこの地に住んでいる。

ここにかく日野《ひの》の杉むら埋《うず》む雪小塩の松に今日やまがへる（紫式部《むらさきしきぶ》）
（この越前《えちぜん》の日野山《ひのさん》の杉むらを埋める雪は都の小塩山の松に今日は見まちがえることです）

これは紫式部が大原野神社の西方に鎮座する小塩山（標高六四二メートル）を詠んだ歌で、国守である父藤原為時《ためとき》の赴任地の越前に紫式部が滞在していたとき、当地の日野山を小塩山に見立てて京都を偲んだものである。

小塩山には淳和《じゅんな》天皇陵がある。淳和天皇（七八六〜八四〇）は現在の向日市において火葬され、遺言により遺骨を小塩山に散骨されたといわれる。小塩山は大原野神社から坂道を西に向かって進むとしだいに山道となり、石作《いしづくり》の集落を過ぎたのち、中腹にある金蔵寺《こんぞうじ》をさらに上に進んだところにある。

金蔵寺は奈良時代の七一八年（養老《ようろう》二年）創建で、平安遷都のさい、都の四方を守る方向に経筒を埋めたが、西はこの金蔵寺に埋めたので、桓武天皇から西岩倉山《にしいわくらさん》の号を賜っている。明治初年の神仏分離令により、愛宕山の白雲寺にあった勝軍地蔵が移され、祀られている。

西山三山

西山は陽《ひ》が沈む方向にあたる。平安時代には、末法思想により西方浄土への信仰が盛んになった。西方に位置する西山周辺の山々にも寺院が創建され、皇族から民衆まで信仰を集めた。

また、平安時代の源信《げんしん》による浄土思想が鎌倉時代になると法然により広められ、浄土宗を開いた法然の遺体は比叡山の影響を避けて東山から西山の粟生《あお》の地に運ばれた。ここで西山浄土宗《せいざんじょうどしゅう》が開かれることになり、西山の光明寺《こうみょうじ》はその本山で西山には同宗の寺院が多い。

嵐山から大阪府との境目にあたる天王山までの山地には山林寺院が点在し、見どころも多い。なかでも、西山三山が有名である。西山三山とは西山善峯寺《よしみねでら》、光明寺、柳谷観音《やなぎだにかんのん》の楊谷寺《ようこくじ》のことを呼ぶ。善峯寺は西山のなかで最も人気のある寺院のひとつで、桜、アジサイ、紅葉など年中見どころがあるとともに、京都盆地を見渡せる景観は見事である。平安時代中期の一〇二九年（長元《ちょうげん》二年）源算《げんさん》上人によって開かれ、境内には徳川五代将軍綱吉《つなよし》の生母桂昌院《けいしょういん》（一六二七〜一七〇五）が再建した伽藍が残っている。桂昌院は玉《たま》といい、父親が同寺の薬師如来を信仰していて玉が生まれたという。そのため応仁の乱以後衰退した同寺には桂昌院寄進による建造物が残る。ほかにも金蔵寺や槇尾山西明寺など、西山には桂昌院が再建した寺院が多い。

善峯寺には特筆すべき松がある。経堂の前にひときわ大きな五葉松が這うように植えられており、名を遊龍《ゆうりゅう》の松という。この松は一九三二年（昭和七年）に国の天然記念物に指定されており、樹高こそ二メートルほどであるが、長さが三七メートルもある樹齢六〇〇年の古木である。この松の凄《すご》いところは、枝が根元から西向きに長く伸びており、龍が長く横たわっているように見えるところである。

龍が這うように伸びる善峯寺の遊龍の松

経堂の門構えになっているところからは、太い枝がまるで龍の胴体のようにも見える。一八五七年（安政《あんせい》四年）花山院家厚《かざんいんいえあつ》により遊龍の松と命名されている。つい松に気をとられてしまうが、桂昌院お手植えの樹齢三〇〇年とされるしだれ桜も遊龍の松のすぐそばにある。

京都の竹と筍

西山は、北山山地のように奥に深く入り込む谷はなく、尾根に近いところは急峻《きゅうしゅん》であるが山腹より下部はなだらかな大原野と呼ばれる丘陵地が続いている。京都盆地東側の桃山《ももやま》丘陵と同じく、丘陵の地質は京都盆地が海であった頃のもので、海に堆積した粘土を主体とする地層で大阪層群と呼ばれる。

この地層は気候の変動により海岸線が進退を繰り返し、数百万年前から数万年前にかけて、温暖期に海に堆積した層と寒冷期の山からの堆積物が交互に堆積した層になっている。

西山の山腹より上部は丹波層群（第一章参照）の岩盤や薄い表土の地質であるが、山裾に広がる丘陵地の堆積層は酸性の土壌で、深い粘土質が竹の生育には適しており、西山が竹の産地であるのはこのためである。また、西山には灰方《はいがた》、灰谷《はいたに》、出灰《いずりは》など「灰」のつく地名が残るが、山中の丹波層群から出てくる石灰岩を焼いて石灰として使い、酸性に傾いた農地を中和するために使われたといわれる。

竹の根は地表からの深さ五〇センチほどのところで生育するため、山の裾にあたる土が堆積した箇所では伸び伸びと育つが、逆に岩盤が浅いところでは生育しにくい性質を持つ。モウソウチクは特に繁殖力が強く、大原野の条件が竹林に適していたため広まったと考えられる。

日本最古の物語である『竹取物語《たけとりものがたり》』は平安初期に書かれたとされ、西山はその舞台ではな

大原野の筍掘り　西山の筍は朝の早どりで土をつけたまま出荷される

いかといわれる。都の近くで竹林が多い嵯峨野や大原野が竹取物語の舞台になった可能性は高い。物語のなかでかぐや姫に求婚する男性のなかに「石作《いしつくり》の皇子《みこ》」がいるが、小塩山の麓は古くは石作郷といわれたことも、竹取物語伝説の地とされる理由のひとつになっている。

竹取の翁《おきな》は「野山にまじりて竹を取りつつ、よろづのことに使ひけり」とされることから、この竹は様々なものに加工しやすいマダケ（真竹）かハチク（淡竹）であろう。

竹材としてよく使われるのはマダケで、この竹は日本にもともと生えていたものであるが、食材の筍《たけのこ》として一番多く使われるモウソウチクは中国原産で、日本へは室町時代に九州地方に移入されたのち、江戸時代に京都に移植された。西山の山麓の竹林では、ハチクを含めて三大有用竹といわれるすべてが揃っていることから、竹材業者と筍農家の両方が多く残っているのである。

普通、筍は竹林から採取するイメージがあるが、西山の筍（モウソウチク）は違う。このあたりの農家は竹林といわず畑と呼び、冬場は土入れという作業から始まり、毎年厚さ三センチほどの赤土とワラを竹林にかぶせる作業を行う。筍は土のなかで育ち、春に土から顔を出す前に、「ホリ」と呼ばれる長い刃を持つ独特の形をした鍬《くわ》で土のなかから色白の筍を掘り出す。この作業には熟練が必要で、土のなかにいる筍が成長して土を押し上げて表土が割れている場所を見つけ、筍を傷つけないように掘り上げなければならない。

親竹に残した筍は、本数を調整して太陽の光が地面にあたるようにする。三年目の親竹が最も筍を多く出すが、七年目のピークを過ぎた親竹は伐採する。このように西山を主産地とする山城筍は竹林から採取するのではなく、まさに畑で筍を育てているため、肉質は独特の柔らかさを持ち、京のブランド産品として高級食材に指定されている。

天下分け目の天王山

本能寺で信長を討った光秀は、天王山の麓に陣を構え、西国から早帰りした秀吉軍を迎え撃つが、勝敗はすぐにつくことになる。光秀は自城の大津坂本城に向かう途中、山科あたりの竹《たけ》藪《やぶ》で武者狩りの者に殺されたといわれる。この戦に勝利した秀吉は、すぐにこの天王山の地に山崎《やまざき》城を築城している。天王山は標高二七〇メートルの山で、頂上部は平坦な自然の山城になっており、今は井戸跡や石造物が残るのみである。対岸には石清水八幡宮《いわしみずはちまんぐう》や大阪の街も望むことができる景勝地である。天下統一への大きなきっかけになった場所であるため、大事な勝負がかかる大きな一番を今でも天王山（の戦い）というのはこのことから来ている。

天王山は大山崎の宝積寺《ほうしゃくじ》などのルートから気軽に登ることができる。途中には酒解《さかとけ》神社が鎮座する。天王山の名前は、神仏分離以前はここに天王社があり、牛頭天王が祀られていたことに由来する。

天王山は京都西山の最も南に位置し、西は大阪府（摂津《せっつ》国）を境にし、南には桂川、宇治川、木津川の三川が合流し、淀川と名を変える大山崎の地にある。天王山と川とに挟まれた狭い土地には西国街道《さいごくかいどう》が通り、水陸の交通の要所となった場所である。現在でもこの場所は、東海道本線、東海道新幹線、名神《めいしん》高速道路、阪急《はんきゅう》電鉄が所せましと走り、日本の大動脈のひとつとなっている。また、天王山の麓は伏見と同じく良質な水が出ることから国産のビールやウイスキーの工場がある。

このように、嵐山から天王山にかけての山麓には松尾大社や西芳寺《さいほうじ》（苔寺《こけでら》）、大原野神社、光明寺、妙喜庵《みょうきあん》（待庵《たいあん》）など名所旧跡が連なり、山中には善峯寺、勝持寺《しょうじじ》（花の寺）、楊谷寺（柳谷観音）、乗願寺《じょうがんじ》（西山大仏《にしやまおおぼとけ》）、宝積寺（宝寺《たからでら》）など古刹が点在する。山中からは京都市中心部にかけての景観を望むことができる。田畑や竹林が多く残るこの地域を歩いて回れば、古都の巡礼の旅を感じることができる。このように、東山のような賑やかな観光地とは趣を異にするのも西山の魅力である。

第四章　鴨川——暮らしに応じて役割を変えてきた水辺

京都の中心を流れる川

大学の授業で「京都の川をひとつ挙げるとすれば何か？」と尋ねると、「鴨川」と答える学生が多い。京都が舞台のサスペンスドラマでは、俳優が鴨川沿いを歩く姿が流れる。レポーターが台風情報を伝える場所は四条大橋である。このように鴨川から京都を連想させるのは、今に始まったことではない。『日本外史《にほんがいし》』を記した国学者の頼山陽は、二条大橋の上流に「山紫水明処」と称した庵を結び、晩年を過ごしている。「山紫水明」は頼山陽が、唐の王勃《おうぼつ》の滕王《とうおう》閣序《かくじょ》にある「煙光凝而暮山紫」の「山紫」と杜甫《とほ》の漢詩にある「残夜水明楼」の「水明」を組み合わせた造語で鴨川の美しさを表現した言葉として知られているが、いまや京都だけでなく全国各地の風光明媚《ふうこうめいび》な地を示す言葉として使われている。

頼山陽のみならず、多くの人々に親しまれている鴨川は、京都市北区の栈敷ヶ岳（標高八九六メートル）を水源とし、桂川との合流点までを流れる一級河川である。二一〇平方キロメートルの流域面積を持つ鴨川としての起点は、雲ヶ畑川《くもがはたがわ》と中津川《なかつがわ》が合流する北区雲ヶ畑の出合橋《であいはし》となり、この地点から桂川までの幹線延長は二三キロメートルになる。この鴨川が、山幸橋《さんこうばし》付近で川床《かわどこ》で知られる貴船川を支流に持つ鞍馬川と合流する。江戸期の絵図『賀茂川筋名細絵図《かもがわすじめいさいえず》』（宝永《ほうえい》年間〔一七〇四～一一〕）を見ると、「イハヤ川」と「クラマ川」が合流して鴨川となっている。イハヤ川とは、雲ヶ畑川の支流である岩屋川《いわやがわ》を示している。

川の名称が時代や地域で変わるのは、暮らしに身近であるからであろう。用いられる漢字も同様で、現在では「賀茂川」や「加茂川」は高野川との合流地点から上流で使われ、合流点から下流は「鴨川」を使うことが多い。漢字の使い分けは、「上賀茂神社と下鴨神社に関連している」、「江戸期の絵図の表記に合わせている」などの諸説があるが定まってはいない。

鴨川の河川敷は多くの人々に楽しんでもらえるように都市公園として整備され、年間利用者推計調査では約二六八万人（京都府調査）が散策や気分転換、休憩などを楽しむ都市河川となっている。多くの人々が鴨川を身近に感じるのは、暮らしに応じて人々が川の役割を変化させてきたからであろう。ここでは、暮らしの場、さらには空間としての鴨川を中心に、平安京の造営前から現在に至るまでを辿ってみたい。

川に集う

「川には人々が集う」との言葉をよく耳にする。この言葉を体現しているのが鴨川である。鴨

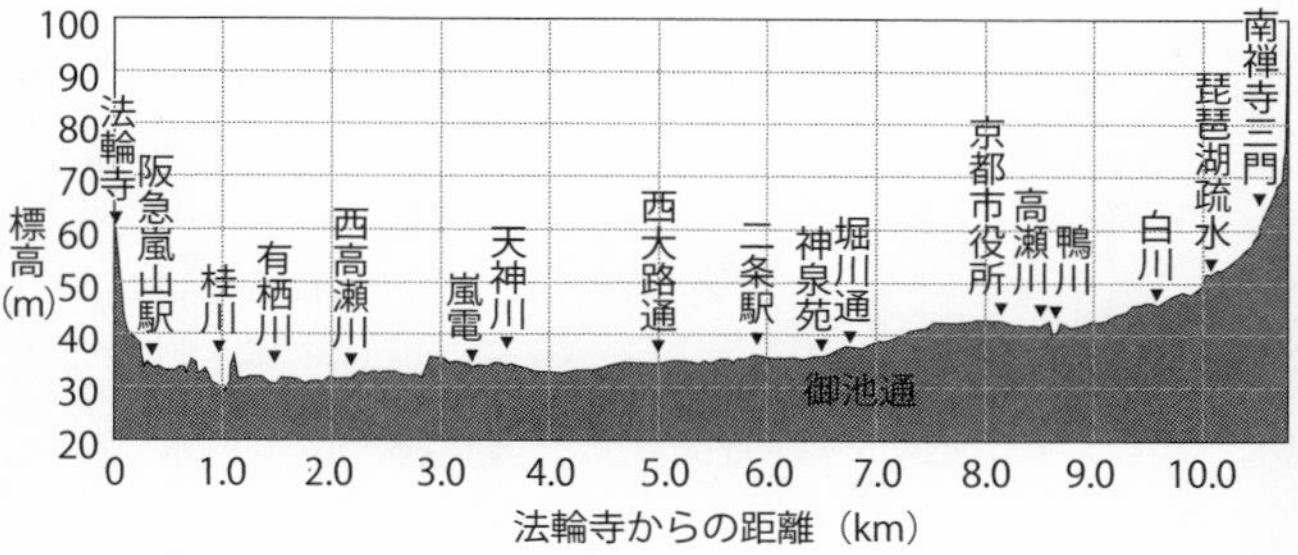

御池通沿いの東西断面図

川に関する最も古い文献は『山城国風土記』逸文である。逸文には、賀茂氏の祖先とされる賀茂建角身命《かもたけつのみのみこと》が「山代国岡田《やましろのくにおかだ》の賀茂に至り、山代川に随《したが》って葛野河《かどのがわ》と賀茂河との合流点から賀茂川を遡行《そこう》し、久我《くが》の国の北の山の基に定《しず》まりましき」とある。

久我国は京都盆地北部の古代地名である。京都市北区紫竹下《しちくしも》竹殿町《たけどのちょう》に位置する久我《くが》神社（式内社）の存在や、山代川、葛野河、賀茂河などの当時の地理にも興味が引かれるが、ここで注視したいのは人と川の関係である。大和《やまと》国の豪族であった賀茂氏が、新たな天地を求めて川をさかのぼっている。これは居住地を選ぶ基準が川のもたらす恵み、すなわち「農耕」にあることを示している。次に重要なことは、葛野河（桂川）ではなく、賀茂川（鴨川）を選んだことである。

この理由は、川の規模感にあると考えられる。大河である桂川は水量が多く農地に水を引くことが難しいのに対して、鴨川は水深も浅く水を扱いやすかったのであろう。最後の「北の山の基に定まりましき」からは、賀茂氏が鴨川の洪水の影響を受けない標高と地形勾配を考慮し、山の麓の上賀茂に居住したことがわかる。京都の地形は、三山（東山、北山、西山）から京都盆地の中央に向けて傾斜しており、東側を流れる鴨川の水は東から西へと溢《あふ》れる。つまり、鴨川の東側は西側よりも安全となり、鴨川の西側は水害に見舞われることが多くなる。川の恵みを得ながら水害を避けようとした賀茂氏が、鴨川の東側にあたる北山の上賀茂の地を選んだのは当然のことといえよう。

賀茂氏が鴨川を重視していたことは、賀茂社（上賀茂神社、下鴨神社）の位置からも知ることができる。上賀茂神社は鴨川の取水口にあたる。下鴨神社は鴨川と高野川の合流部に位置する。現在では、この合流部は「鴨川デルタ」と呼ばれ、川遊びを楽しむ子どもたちの姿を見ることができる。

上賀茂神社の祭神にも注目すると、賀茂別雷大神は賀茂玉依比売命が鴨川で身を清めているときに、上流より流れ来た丹塗《にぬり》の矢を拾って床において生まれた子と伝わっている。これも賀茂氏と川との関係性を示している。水に関係する神を祭りながら、川の恵みを安全な形で活《い》かす暮らし――まさに、賀茂氏の営みには、人と川の住み分けと共存の形が見られる。

平安京の造営

これらの人と川との関係が変化する「第一のイノベーション」が、桓武天皇による七九四年（延暦十三年）の平安京造営である。平安京は右京が中国の都である長安《ちょうあん》を、左京は洛陽《らくよう》を模して計画された。中国の都との違いは、平安京の南側だけに城壁が造られ、他の三面には防御施設を設けなかったことにある。理由として桓武天皇が「山河襟帯にして自然に城をなす」との詔を下したように、鴨川と桂川が堀となり防御の役割を果たすと考えたのであろう。造営に際して、鴨川が付け替えられたとの説もかつてはあったが、現在では地質学での検証から自然地形のままで造営されたとする説が主流となっている。

平安京は京都盆地の中央北側に造られたことから、地形的に鴨川や桂川から溢れ出た水は盆地の中央に集まり、都は水害を免れることはできない。平安遷都（七九四年）から一四〇〇年までの約六〇〇年間に三六三回もの洪水が起こったことが文献から確認されている。当然のごとく、都を守るための堤防が必要となる。鴨川の管理を行う防鴨河使《ぼうかし》が八二四年（天長《てんちょう》元年）に置かれ、八三一年に任期を四年と定めていることが『類聚三代格《るいじゅうさんだいきゃく》』の十二月九日の条からわかる。その後、防鴨河使は八六一年（貞観三年）三月に山城国に所管替えされている。

堤防の管理をする組織もでき、都において洪水への備えは十分であったかと問えば、そうではない。鴨川周辺の水田が鴨川から取水することについて、『三代実録《さんだいじつろく》』の八七一年八月十四日の条に鴨川堤辺で諸々《もろもろ》の耕営する水陸田（公田を除く）を禁止すべしとあり、さらに八九三年（寛平《かんぴょう》五年）に公田も含めて堤辺東西水陸田二二町一九五歩の耕作を禁止し、鴨川沿いの水田で収穫した稲は、堤防を管理する防河所が没収するとある（『類聚三代格』）。これらの記述から、鴨川の堤防は農業用水の取水口から破堤することが多かったと推察される。また、堤防で守られている農地の収穫には、堤防のための特別税が掛けられていたこともわかる。同様の記述として、平安中期の貴族である慶滋保胤《よししげのやすたね》の随筆『池亭記《ちていき》』（九八二年）に「鴨河の西は、ただ崇親院《すうしんいん》の田を耕すことのみを免《ゆる》し、自余は皆 悉《ことごと》くに禁断す」とあり、この規制が一〇〇年以上にわたり続いていたこともわかる。

平安期の堤防については、文献が少なく全容は不明だが、太政大臣《だいじょうだいじん》を辞任し出家した藤原道長《みちなが》（九六六～一〇二七）が一〇二〇年（寛仁《かんにん》四年）頃に荒神口《こうじんぐち》の東京極大路《ひがしきょうごくおおじ》よりも東側、現在の鴨沂《おうき》高校のあたりに法成寺《ほうじょうじ》を建立していることから、荒神口よりも上流については堤防による治水が整ってきたと考えられる。法成寺については、吉田兼好《よしだけんこう》が記した『徒然草』（鎌倉後期）の記述にも見られ、寺が三〇〇年以上も続いていることから、この地が水害に対処できていたと考えられる。

鴨川の東については、白河天皇以降の五代にわたる天皇が岡崎《おかざき》（白川《しらかわ》）の地に天皇の御願寺《ごがんじ》として法勝寺《ほっしょうじ》など五つの寺（のちに待賢門院《たいけんもんいん》が建立した円勝寺《えんしょうじ》を加え六勝寺《りくしょうじ》と称する）を建立している。一〇九五年（嘉保《かほう》二年）頃に白河上皇の院御所（白河泉殿《しらかわのいずみどの》）が現在の夷川《えびすがわ》発電所のあたりに建てられていることから、この頃には鴨川の両岸に堤防が築かれていたと想定される。堤防の詳細な場所は不明であるが、法成寺と白河泉殿の位置から当時の川幅を推定すると、現在の川幅の約五倍の四〇〇～五〇〇メートルにもなる。幾筋もの流れは雨水に応じて流路を変えるだけで、平安期の堤防は常時の鴨川の流れを阻害することはなかったと筆者は考えている。

これほど広い川幅でも『平家物語《へいけものがたり》』（巻一）に記述のある「賀茂河の水、双六《すごろく》の賽《さい》、山法師《やまぼうし》、是《これ》ぞわが心にかなはぬものと、白河院も仰せなりけるとかや」で知られるように、平安京の人々にとって水害は大きな課題であった。白河上皇の院政期における洪水発生件数を見ると、上皇として院政を行った一〇八六年（応徳《おうとく》三年）から一一二九年（大治《だいじ》四年）は、他の時期と比べて高い頻度で洪水が起きており、特に一〇九八年（承徳《じょうとく》二年）には大きな洪水に見舞われている。また、一一〇八年（天仁《てんにん》元年）には鴨川の工事が行われている。

むろん鴨川は水害をもたらすだけの川ではない。前述の『池亭記』にも「夏天納涼の客、已《すで》に小鮎《こあゆ》を漁《すなど》る涯《きし》無く」とあるように、涼みの場であり、鮎などの漁業の場であったことがわかる。なかでも特に重要なのが穢《けが》れを払う水としての役割であろう。

穢れを払う禊の水

穢れを払う手水《ちょうず》の行為については、『日本書紀《にほんしょき》』の欽明《きんめい》天皇（在位五三九～五七一）の条に二匹の狼《おおかみ》の争いをいさめるさいに「馬より下りて口手《くちて》を洗漱《あらいすす》」いだのが初めてとされている。禊については、『日本紀略《にほんきりゃく》』の八一四年（弘仁《こうにん》五年）六月十九日の条にある「禊於鴨川」が、鴨川で嵯峨《さが》天皇が禊《みそぎ》を行ったことを示す最初の記述となる。仁明《にんみょう》天皇も八三三年（天長十年）十月十九日の大嘗会《だいじょうえ》において鴨川で禊を行っており、鴨川は「禊の川」でもあった。

「穢れを払う水」について筆者が最初に思い浮かべるのは「葵祭」の神事「斎王代御禊《さいおうだいぎょけい》の儀」

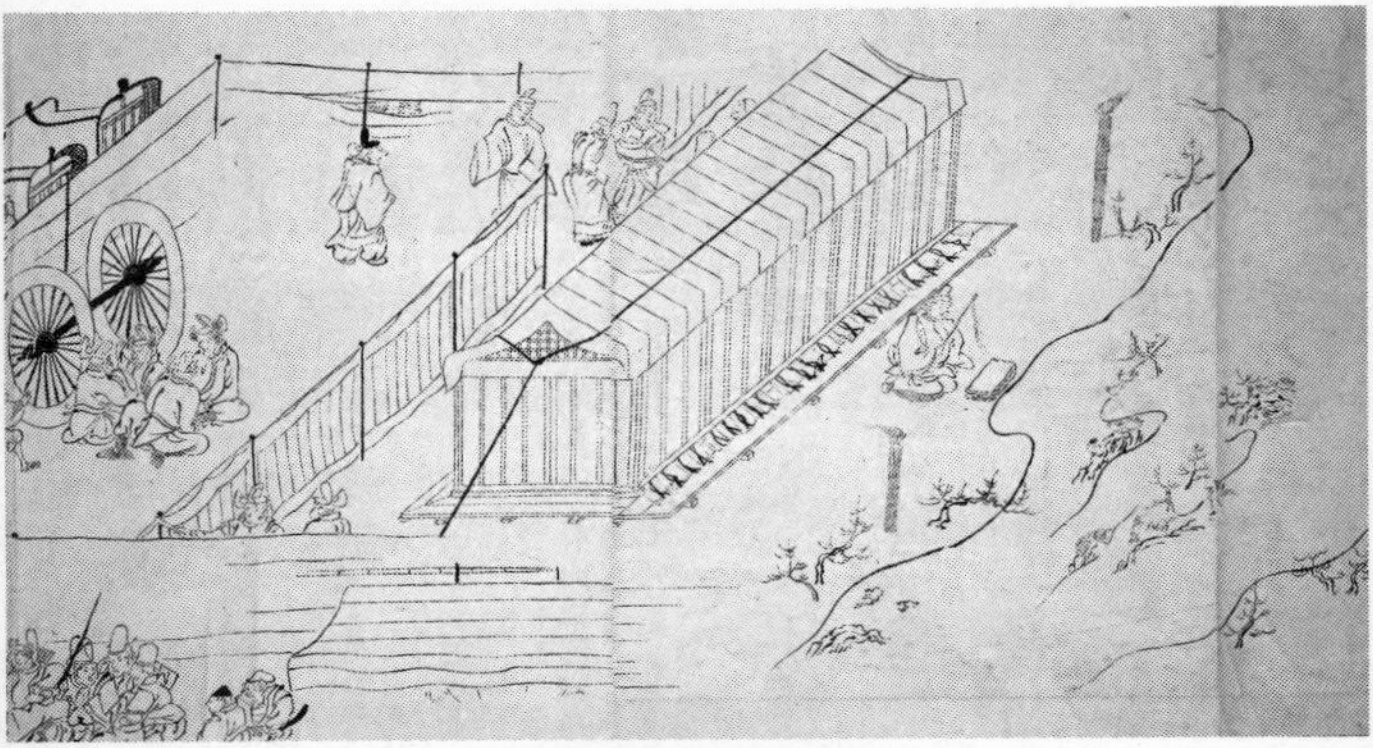

斎王が鴨川で禊を行う様子「賀茂斎院御禊東河儀」（『年中行事絵巻』巻14、平安後期、江戸中期写）（宮内庁書陵部図書寮文庫蔵）

である。平安装束をまとった斎王代が御手洗《みたらし》の水に手を浸し、身を清める所作に雅《みやび》を感じる方も多い。現在は賀茂社境内の御手洗川で行われる御禊であるが、当初は鴨川で行われていた。その様子が平安後期の作とされる『年中行事絵巻《ねんじゅうぎょうじえまき》』に描かれている。絵図を見ると、夕刻の儀式であったのか鴨川で禊を行っている人物の傍《かたわ》らに松明が置かれ、周囲には幕が引かれている。

斎王御禊は、葵祭の当初から行われていたわけではなかった。葵祭の始まりは、『秦氏本系帳《はたしほんけいちょう》』所引の『山城国風土記』逸文に、風雨で百姓が飢えているのは賀茂の神の祟《たた》りなりとの占いがあり、欽明天皇が五六七年に四月の吉日を選んで、猪《いのしし》の頭をかぶり、鈴をつけた馬で駆ける祭礼を行ったところ五穀が実ったこととされる。斎王については、嵯峨《さが》天皇（七八六～八四二）が平城《へいぜい》上皇との争いに勝利したさい、加茂大神への祈願成就の誓いを果たすために、八一〇年に賀茂の祭を中祀《ちゅうし》に準じ、賀茂斎院《かものさいいん》を設けたことに始まる。斎王御禊もこれ以降に始まった。斎王は葵祭の路頭行列の儀で、一条大宮《いちじょうおおみや》・堀川通《ほりかわどおり》の列見《れっけん》の辻《つじ》で祭使の一行と合流して賀茂社へ向かうが、その数日前に斎王は鴨川で禊を行うこととされていた。斎王は平安期においても人気があり、御禊を見物する場所を取り合ったことが『源氏物語』の第九帖「葵《あおい》」にも記されている。

賀茂斎院は後鳥羽上皇と鎌倉幕府が争った承久《じょうきゅう》の乱（一二二一年）以降、経費の関係もあり途絶え、斎王代として再興するのは一九五三年（昭和二十八年）に路頭行列の儀が復活し、一九五六年に斎王代の女人列《にょにんれつ》も加えられるようになってからである。

ほかにも鴨川での禊については、藤原家が二条河原で行うなど、いくつかの和歌にも詠まれている。

霧深き賀茂の河原にまよひしや今日のはじめの祭りなりけむ
（『続古今和歌集《しょくこきんわかしゅう》』、関白前大臣《かんぱく》）
（霧が深い賀茂の河原でお迷いになったことが、今日の賀茂の臨時祭のはじまりだったのだろうか）
そのかみに祈りし末は忘れじを哀れはかけよ賀茂の川浪（『玉葉和歌集《ぎょくよう》』、俊成《しゅんぜい》）
（その昔、お祈りした事の成行きはお忘れではありますまいに、どうぞいとおしいと思うお心

をかけて下さい、賀茂の神よ。賀茂川の波が寄せかけるように)

鴨川のもうひとつの役割が境界である。桓武天皇の詔に「山河襟帯にして自然に城をなす」とあるように、川が帯のように周りを囲んでいるのが京都の地形である。平安京に住む人々にとって川を渡ることは、都を出ることを意味していた。藤原道綱母《みちつなのはは》が『蜻蛉日記《かげろうにっき》』(九七四年前後)で琵琶湖の唐崎《からさき》(現大津市)へ向かう情景を、「賀茂川のほどにて、ほのぼのと明《あ》く」と朝に鴨川を渡ることから書き始めるのは、都から出ることを示したかったのであろう。

また、鴨川は遊芸の舞台にもなっている。一三四九年(貞和五年)に四条橋架橋の資金調達を目的に四条河原で行われた田楽《でんがく》が初見であり、その後も一四一二年(応永《おうえい》十九年)、一四四四年(文安《ぶんあん》元年)に三条河原で猿楽《さるがく》が行われている。ただ、住居を構え暮らしを営む場としては、洪水や治安の関係から適してはいなかったと考えられる。

都の周囲を取り囲む「御土居堀」

鴨川周辺の空間は、桃山期から江戸前期において劇的に変化する。この「第二のイノベーション」が御土居堀《おどいぼり》、高瀬川、寛文新堤と続く三つの整備である。御土居堀は、豊臣秀吉が一五九一年(天正《てんしょう》十九年)に整備した惣構《そうがまえ》である。正月に着工し、五月には完成した姿を秀吉が巡覧するというスピードにも驚かされるが、さらに驚愕《きょうがく》するのはその規模である。御土居堀

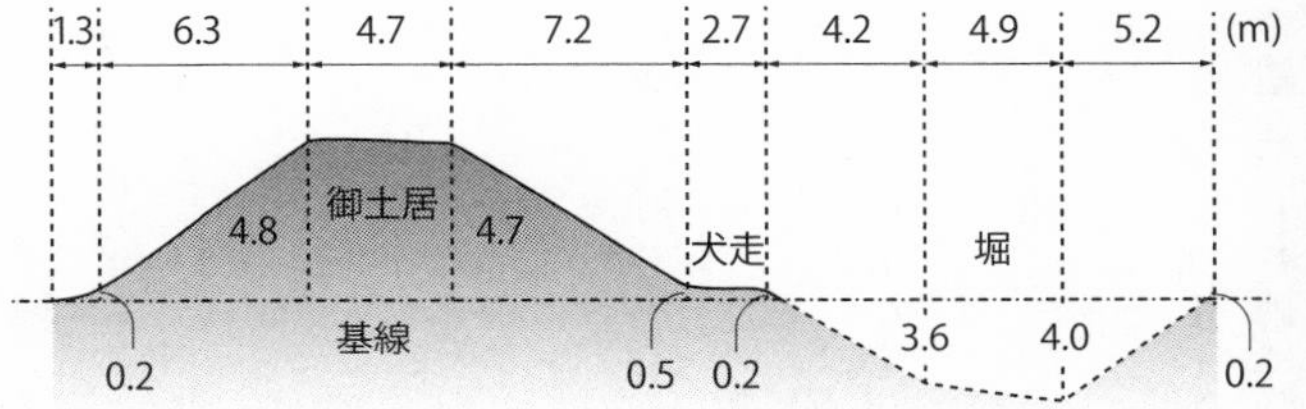

御土居堀の断面図（紫野南花ノ坊町）（『御土居堀ものがたり』より）

が整備された範囲は、西は紙屋川《かみやがわ》、北は鷹峯《たかがみね》、東は鴨川、南は東寺と、東西約三・五キロメートル、南北八・五キロメートル、全長二二・五キロメートルにもなる。一九二〇年（大正九年）に行われた発掘調査（紫野《むらさきの》南花《みなみはな》ノ坊町《ぼうちょう》）から、御土居堀の形状は土塁の基底部が幅約一八メートル、犬走《いぬばしり》約三メートル、高さ約五メートル、堀の部分は幅約一四メートル、深さ約四メートルと巨大であったことが明らかになっている。

近代に入り、開発によって御土居堀が姿を消すことも多く、一九三〇年（昭和五年）に八ヵ所が国の史跡に指定され、さらに一九六五年には北野天満宮《きたのてんまんぐう》境内の御土居堀が追加指定を受けている。この指定によって御土居堀は保護され、テレビ等で紹介されることの多い北区鷹ヶ峯旧土居町《きゅうどいちょう》、ほかに廬山寺《ろざんじ》境内、加茂川《かもがわ》中学校などで当時の面影を見ることができる。

築造の理由については、都を外敵から守るため、洛中《らくちゅう》と洛外《らくがい》を分けるため、鴨川の洪水対策など諸説あるが明確ではない。ただ、御土居堀の位置を見ると、最も水害から守らなければいけない出町《でまち》から上流部の御土居堀だけが、平行した二つの土塁による二重構造となっている。また、御土居堀の御薗橋《みそのばし》の部分は御土居が鴨川沿いに北へと伸びており、洪水に弱い部分を強化している。

このことだけで洪水への対応とは断定はできないが、高さ約五メートルもの土塁が鴨川の上流から見た右側となる右岸（河原町通《かわらまちどおり》の西側）に沿って構築されれば、都の洪水対策に一役かったことは明らかである。筆者はこの御土居堀の位置が、平安期から続く堤防の位置ではないかと密《ひそ》かに考えている。その理由は、従来の堤防で一段高くなっている場所に御土居堀を造ることが簡易でかつ、経済的であるからである。

都の運河「高瀬川」

この頃までは、鴨川と住居区域との区分は明確でなかった。高さが約五メートルもの巨大な御土居堀によって鴨川周辺が都と分断されたことで、鴨川は都の生活空間から遠い場所となった。逆に自由な空間が生まれることで、歌舞伎をはじめとした遊芸を発展させたとも考えられる。

この空間に決定的なインパクトを与えたのが舟運の始まりである。都の動脈ともいえる高瀬川は、一六一四年（慶長十九年）に角倉了以《すみのくらりょうい》・素庵《そあん》親子が造った京都と伏見をつなぐ約一〇・五キロメートルの運河である。運河が掘られた理由は、嵐山の大悲閣千光寺《だいひかくせんこうじ》にある二人の業績を記した碑に詳しい。碑文には、京都の方広寺《ほうこうじ》大仏殿を再建するための木材巨材を河（鴨川）で運ぶ、一六一一年に伏見から二条までの通船（高瀬川開削）の許しを請う、高瀬川の周辺に数千の住民が住むなどと記されている。この碑が示すように、大仏殿の用材は鴨川の川筋を掘り直して舟路を造り、曳舟《ひきふね》で運ばれていた。その様子を江戸前期に描かれた『洛中洛外絵図』（歴博D本）などで見ることできる。しかし、鴨川の舟路は洪水で流されることも多く、安定的に資材を運ぶには適していなかった。そこで、洪水の影響を受けない運河を、了以親子は既存の農業用水路も活用して整備した。

　高瀬川の舟運については、約七メートルの川幅に対して舟幅が一・六～二・八メートルと、すれ違うことが難しいため、上りと下りの時間帯を分けて物資を運ぶ決まりがあった。舟は一三～一五艘《そう》が船団になって、朝六～七時頃に伏見を出て二時間もすると七条近くまで来る。木《き》屋町《やまち》沿いの船入で荷を降ろし、午後には行きの半分ほどの荷を積み込んで伏見へと向かった。最盛期には二〇〇艘以上の高瀬舟が、米、酒、醬油《しょうゆ》、ニシンなどの食品から、畳、鍋、鉄、車の輪など様々な物資を都へ運び、都からは大戸棚、うるしおけ、平瓦《ひらがわら》、扇子紙、松茸、九条芋などの品々が伏見、そして大坂へと運ばれていた。

　高瀬川沿いの二条から五条の間には問屋が立ち並び、御土居堀の鴨川側に物流拠点が形成されることとなった。消費地である都と分断されることで不都合も生じたであろう。当然、前述の御土居堀は取り除かれることになった。一六〇〇年代後半から民間に御土居堀の所有が許され、鴨川沿いの御土居堀が姿を消していくことになる。御土居堀に接する本禅寺《ほんぜんじ》は一六七八年

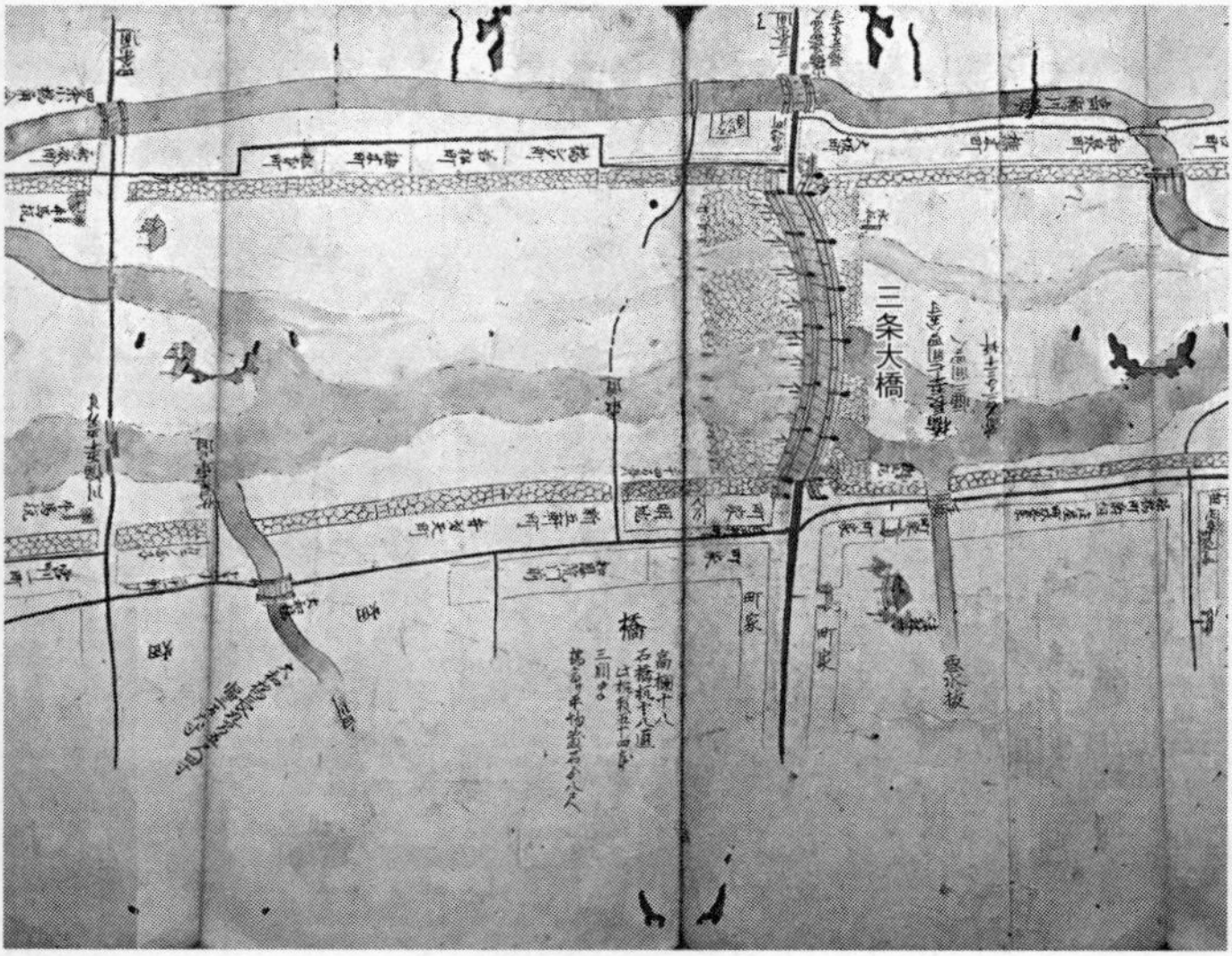

（延宝《えんぽう》六年）、清浄華院《しょうじょうけいいん》は一七〇八年（宝永五年）、本満寺《ほんまんじ》は一七三三年（享保《きょうほう》十八年）に江戸幕府から御土居堀の所有が認められ、二条から松原通《まつばらどおり》の間の一・五キロメートルは一七三二年に打鍼医《だしんい》の御薗意斎《みそのいさい》が購入している。ただし、取り除かれたのは、今出川通から下流の鴨川沿いだけで、その他の御土居堀は明治期まで存続している。

寛文期に整備された新堤

高瀬川によって生まれた物流拠点等を鴨川の洪水から守るために、もうひとつの重要な整備が始まる。幕府によって一六六八年（寛文八年）から一六七一年に行われたとされる護岸整備である。寛文年間に整備されたことから「寛文新堤」と呼ばれてい

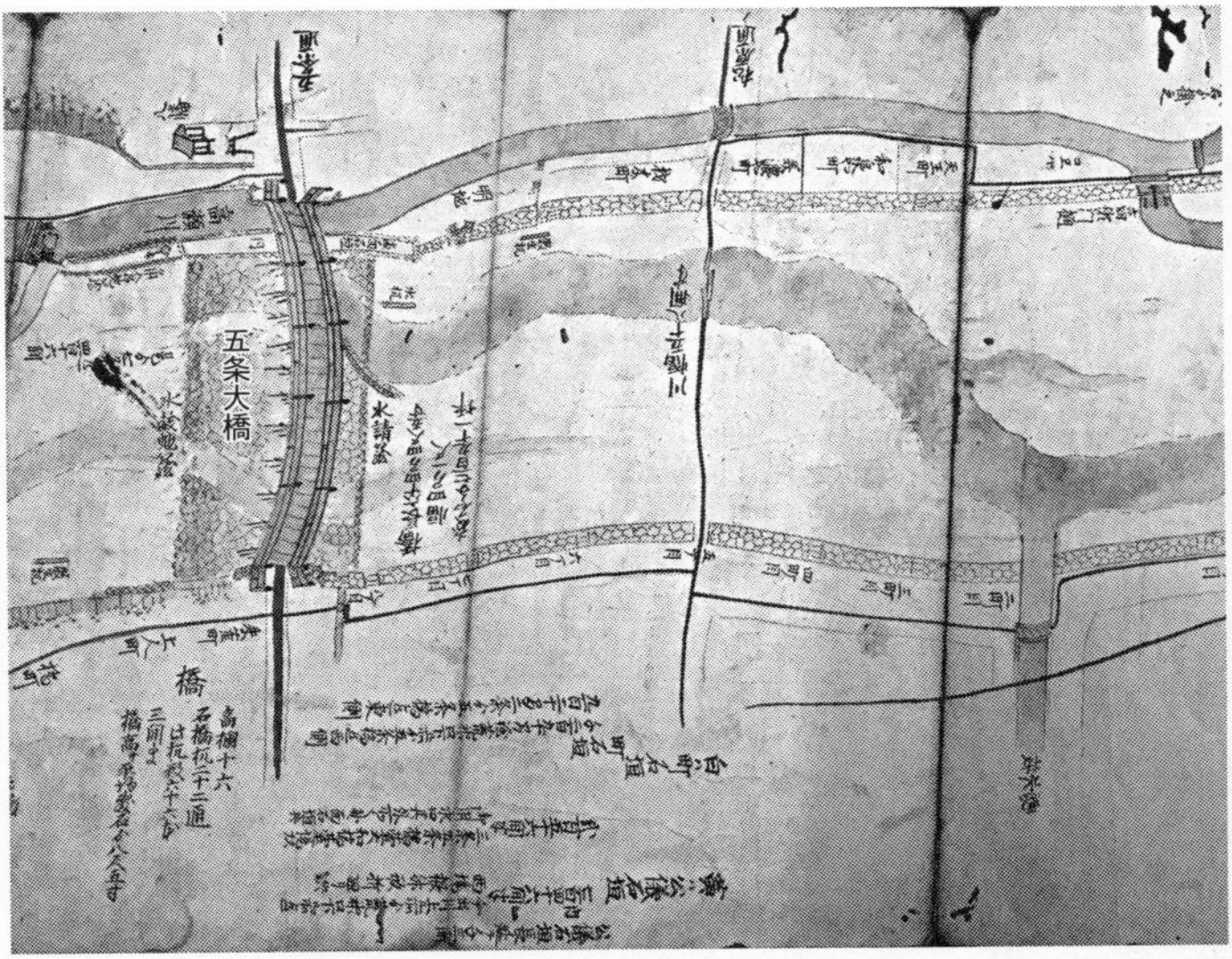

三条～五条付近の寛文新堤（「賀茂川筋名細絵図」1708～11年）
（京都産業大学図書館蔵）

る。寛文新堤の整備は洪水への備えだけでなく、鴨川と住居区域の区分をより明確にすることになった。また、住居地域の拡大と河川敷の縮小によって治安の確保も容易になり、夜間に行われる納涼床《のうりょうゆか》にとっても良好な環境の創出につながっている。さらには、石積護岸の近くまで茶屋が建てられ、低床形式の床も始まるなど、京都の街が鴨川や高瀬川を中心に発展する時代の幕開けとなった。

　寛文新堤については、『川方勤書《かわかたつとめがき》』（宝永年間）（京都産業大学図書館蔵）に「板倉内膳正《いたくらないぜんのかみ》殿御在京之節、三拾八年以前寛文八申《さる》年東西両側堤四千弐百間程宛出来」とあり、鴨川の両岸に約七・六キロメートル（四二〇〇間）の護岸が整備されたことがわかる。この新堤によって、四〇〇〜五〇〇メートルあった鴨川の川幅は約一二〇メートルに狭められた。新堤の形状は、東堤（左岸）の高さが一・八メートル（一間）、天端《てんば》（上端の幅）が三・六メートル（二間）であるのに対して西堤（右岸）の高さは三・六メートル（二間）、天端が一〇・八メートル（六間）と、右岸堤防が左岸堤防の倍の規模であった。新たな西堤の高さが三・六メートルであることは、豊臣秀吉が整備した御土居堀をそのまま東へ二〇〇メートルほど移動させたことと同じになる。この堤防高は洪水に対して効果があったのであろう。

しかし、自然の力は強い。寛文新堤は、一六七四年（延宝二年）と一六七六年の洪水を受けて一六九八年（元禄《げんろく》十一年）に修復されている。修復箇所は、右岸の西堤は蛇籠《じゃかご》や水刎《みずはね》（制水工）等を毎年修復していたことから上流部の八一〇メートル（四五〇間）だけであったが、左岸の東堤は洪水でほとんどが流失したため、約一・九キロメートル（一〇七三間）を再興することとなった。

堤の高さが西堤は東堤より二メートルも高かったために、洪水は東堤を越流し、堤防を壊すこととなった。さらに、西堤は毎年のように修復をしており、洛中を守ることが優先されていたことが、手に取るようにわかる。

これらの寛文新堤の石積護岸については、堤内地の利用に応じて幕府と町人の管理区域を分けている。幕府が梶井《かじい》御門跡《ごもんぜき》や松平豊後守《まつだいらぶんごのかみ》屋敷が立ち並ぶ右岸の今出川口《いまでがわぐち》から荒神口までの約一・三キロメートル（七四六間）と橋梁《きょうりょう》や御用水樋口《ひぐち》等を管理している。町人は樋口町《ひぐちちょう》や材木町《ざいもくちょう》などの右岸の荒神口から五条橋まで約二・一キロメートル（一一九〇間）と左岸の宮川《みやがわ》町《ちょう》や弁財天町《べんざいてんちょう》などの二条口から五条橋までの約一・七キロメートル（九二〇間）の管理である。町人が主体的に堤防を管理する体制を持ち、自分たちの街は、自らが守る仕組みを持っていたことに驚きを覚える。幕府が管理する堤防には、堤防で守られる鴨川周辺の水田から御修復料として年貢が納められており、平安期と同様の制度が形を変えて継続していることがわかる。

みそそぎ川の護岸の奥に一部見える石積護岸が、寛文新堤と思われる

今でも、この三五〇年前に整備された寛文新堤を三条と四条の間を中心に鴨川の右岸（西側）に見ることができる。石垣の特徴は天端高が同じ布積み（石垣の各段の高さを揃えた積み方）で、寛文新堤の石垣の上に新たに石垣が積まれ、その上に店舗が建てられている。この積み重ねに鴨川の歴史を感じることができる。

歌舞伎発祥の地

鴨川の整備が進むに合わせて、鴨川は「町衆の川」

としての魅力を発揮するようになる。『京《きょう》二羽重《はぶたえ》』（一六八五年）の鴨川の記述には「賀茂御社の東のかたに流る丶川也　羽川とも云　水上は車坂の麓より流れて末は三条五条の河原をながれ伏見淀川に落る」とあり、鴨川のなかでも三条・五条の河原が重要であったことが見えてくる。

三条から五条の河原について、『都名所図会』（巻之二）（一七八〇年）の「芝居」の記述に、豊臣秀吉が五条橋の南で興行していた芝居を四条河原に移した、とある。その後に中断もあったが、一六五三年（承応《じょうおう》二年）に四条河原の中州《なかす》で再興され、縄手《なわて》四条の北に移り、寛文年間（一六六一〜七三年）に芝居小屋が建てられた。芝居小屋の位置は『京大絵図《きょうおおえず》』（一六九一年）から、現在の南座《みなみざ》の周辺に三ヵ所、四条通を挟んで北側に四ヵ所あったことがわかる。この芝居小屋が、歌舞伎の吉例顔見世《かおみせ》興行が行われる南座の前身で、南座の西側には「阿国歌舞伎発祥地」と刻まれた石碑が建立されている。また、四条大橋の北東の角には刀を左手に持ち踊る阿国の像も建てられている。

出雲の阿国については、鴨川の河原で歌舞伎を踊ったとの伝承もあるが、その真偽は定かではない。阿国に関する文献としては、公家である西洞院時慶《にしのとういんときよし》が記した『時慶卿記《ときよしきょうき》』の一六〇〇年（慶長五年）七月一日の条に、京都近衛殿《このえどの》の屋敷で晩まで雲州《うんしゅう》（出雲）の「ややこ跳《おどり》」をクニと菊のほか、男女十人が演じていたとある。天文《てんぶん》期から慶長二十年までの史記である『当代記《とうだいき》』の一六〇三年四月の条には、出雲国の神子である国《くに》が異風なる男装で刀を差し「カフキ踊」を演じたとある。その場所は北野天満宮であった。さらに、その一ヵ月後の五月六日には女院御所（後陽成《ごようぜい》天皇の母の御所）でも踊っている。この一六〇三年が歌舞伎の始まりとされる。その後、阿国一座は天下一と号し、一六〇四年に京都を出て諸国を巡業している。

鴨川の歌舞伎で知られるのは、六条柳町《やなぎまち》の遊女が五条河原の芝居小屋で演じた「遊女歌舞伎」と呼ばれる踊りである。「遊女歌舞伎」は阿国が演じた「かぶき踊」とは異なり、三味線の音色に合わせて数十名の遊女が揃いの衣装で輪になって踊る形態であった。この遊女歌舞伎は人気を博し、『孝亮宿禰日次記《たかすけすくねひなみき》』の一六〇八年二月十日の条に四条河原で演じられた女歌舞伎に数万人の群衆が集まったとある。その後、風紀の乱れを危惧《きぐ》した幕府によって禁止（一六二九年〔寛永《かんえい》六年〕）されるが、形を変えつつ上方《かみがた》歌舞伎の祖とされる初代坂田藤十郎《さかたとうじゅうろう》（一六四七〜一七〇九）らの活躍につながり、現在に至っている。

鴨川納涼の始まり

四条河原といえば、歌舞伎とともに忘れてはいけないのが、京都の風物詩として知られる鴨川納涼床である。納涼床は河川の親水活用に関して最も重要な事例であり、川と暮らしの関係を語るうえで欠かすことはできない。そこでここからは、鴨川納涼の始まりから現在までの約四〇〇年の歴史について詳しく述べることとする。

その歴史をさかのぼると、江戸期の当初は鴨川において床を用いた納涼は行われていなかったと考えられている。その理由としては、一七世紀前半の情景を描いた『洛中洛外図屏風』や『四条河原遊楽図』において歌舞伎や見せ物小屋などは描かれているが、納涼床の様子はないことが挙げられる。例えば、寛永期（一六二四～四四）の作とされる『四条河原遊楽図』（静嘉《せいか》堂《どう》文庫蔵）では、中州と四条通には歌舞伎を演じる芝居小屋や珍獣等の見世物小屋が立ち並び、沿道を歩く人々が活《い》き活《い》きと描かれている。だが、中州と岸をつなぐ橋は板を渡しただけの仮橋で、護岸は石積等で整備されているようには見えない。中州に敷物を敷いて座る人物は確認できるが、床几形式の床ではない。鴨川で泳ぐ様子も描かれていることから日中の情景である。他の『洛中洛外図屏風』や『四条河原遊楽図』にも、漁業や泳ぐ子どもが描かれていることから、この頃の鴨川との関わりは日中が主であったと推察される。夜間については、治安上の課題があったのかもしれない。

一六五〇年（慶安《けいあん》三年）を過ぎると、『京童《きょうわらべ》』（一六五八年）や『洛陽名所集《らくようめいしょしゅう》』（一六五八年）などの名所案内記等が発刊されるようになる。納涼床が始まった年は明確ではないが、中川喜雲《なかがわきうん》が一六六二年（寛文二年）に記した『案内者《あんないしゃ》』の六月七日の祇園会《ぎおんえ》の条を要約すると、七日の夜より四条河原から三条の間に茶屋の床が置かれ、京都の人々が涼みに来る。飴《あめ》売り、炙《あぶ》り豆腐、真瓜《まうり》等の商人。かがり火を焚《た》く。人々が集い、野陣の夜のようであると記されている。

同時期に黒川道祐《くろかわどうゆう》が記した『日次紀事《ひなみきじ》』（一六七六年）の六月初七日の神事祇園会を要約すると、今夜より十八日の夜まで、四条河原は川中・中州も床を並べ、席を設け、人々は楽しんでいる。東西の茶屋は挑燈《ちょうちん》を張り、行灯《あんどん》を設え《しつら》、昼間のようである。これを涼といぅと記されている。キーワードは、それぞれの地誌での項目が「神事（祇園会）」であること、これを「涼」といぅこと、河川敷一面に置かれた床の所有が「東西の茶屋」であることの三つである。これらの記述から祇園会が始まる六月七日から神輿の戻る六月十八日（旧暦）まで、東西の茶店が三条から四条の河原に並べた床で、都人が炙り豆腐や真瓜（マクワウリ）等を食べながら鴨川の夜を楽しんでいたことがわかる。

具体的な情景については、絵画資料に頼ることになる。『鴨川遊楽図』（逸翁《いつおう》美術館蔵）は、三条大橋から五条橋の間を描いており、石積護岸から踏板で渡る川面《かわも》に置かれた床と、茶屋から張り出した低床があり、中州にも床を用いた茶屋が見られる。床の上に赤い毛氈《もうせん》を敷き、二〜三人が納涼を楽しんでいる。中州には楊弓《ようきゅう》場などが描かれているが、芝居小屋は見当たらない。また、提灯《ちょうちん》や行灯があることから夜の情景と推察できる。

これらの絵画資料から一七世紀の後期において、茶屋が行う納涼床には、石積護岸から渡る低床、茶屋から張り出した低床、中州に置かれた床几の三つの形式があり、床の広さは約三メートル四方で赤い毛氈が敷かれていたことがわかる。

江戸中期・後期の納涼床

一七〇〇年代に入ると、宝永大火（一七〇八年〔宝永五年〕）で西石垣に火が灯《とも》らず、川のなかの床も少なくなったことや、生類《しょうるい》の見世物禁止などの影響も受けたことで一時衰退するが、その後はさらに発展している。その様子は『洛陽勝覧』の一七三四年（享保十九年）の記述に「河原に道筋をわけ、川へ床を掛、料理茶屋、水茶屋有、其他芝居、浄瑠璃、辻能、狂言人、水からくり、手つま、諸国珍物を見せ物にする事、その数をしらす」とあることからも、見せ物の種類も増え、賑わっている様子がわかる。鴨川沿いの石垣町《いしがきまち》、川端《かわばた》、縄手裏、先斗町《ぽんとちょう》、西石垣町も雨天に関係なく床を行っているとあり、固定式の屋根のある低床もあったと推察される。

いっぽうで、一七一七年の大雨で茶屋、売物、見世物等の小屋、床諸道具が漂流し、男女五、六人が溺死《できし》している。一七三四年も風雨で茶屋の小屋を仕舞《しま》う者が二人亡くなるなど、洪水対策も必要であった。

見聞雑録である『月堂見聞集《げつどうけんもんしゅう》』の一七三三年の記述中に、納涼床に関して興味深い記述がある。その内容は、「茶屋の株制度が整い、茶屋の数は四〇〇軒ほどであった」、「洪水時に小屋を片付ける、また、喧嘩《けんか》等での死体も処理する仕組（組織）が存在し、四条芝居主らも関係していた」、「この仕事をしてもらうために、茶屋らは表の広さの床三脚分に対して一二〇文を支払っていた」ことである。前述の『川方勤書』にも、幕府の役割として、四条涼みの小屋等を掛けるときと取り払うときに立ち会うことの記述があり、納涼床の運営形態が整っていたことがわかる。

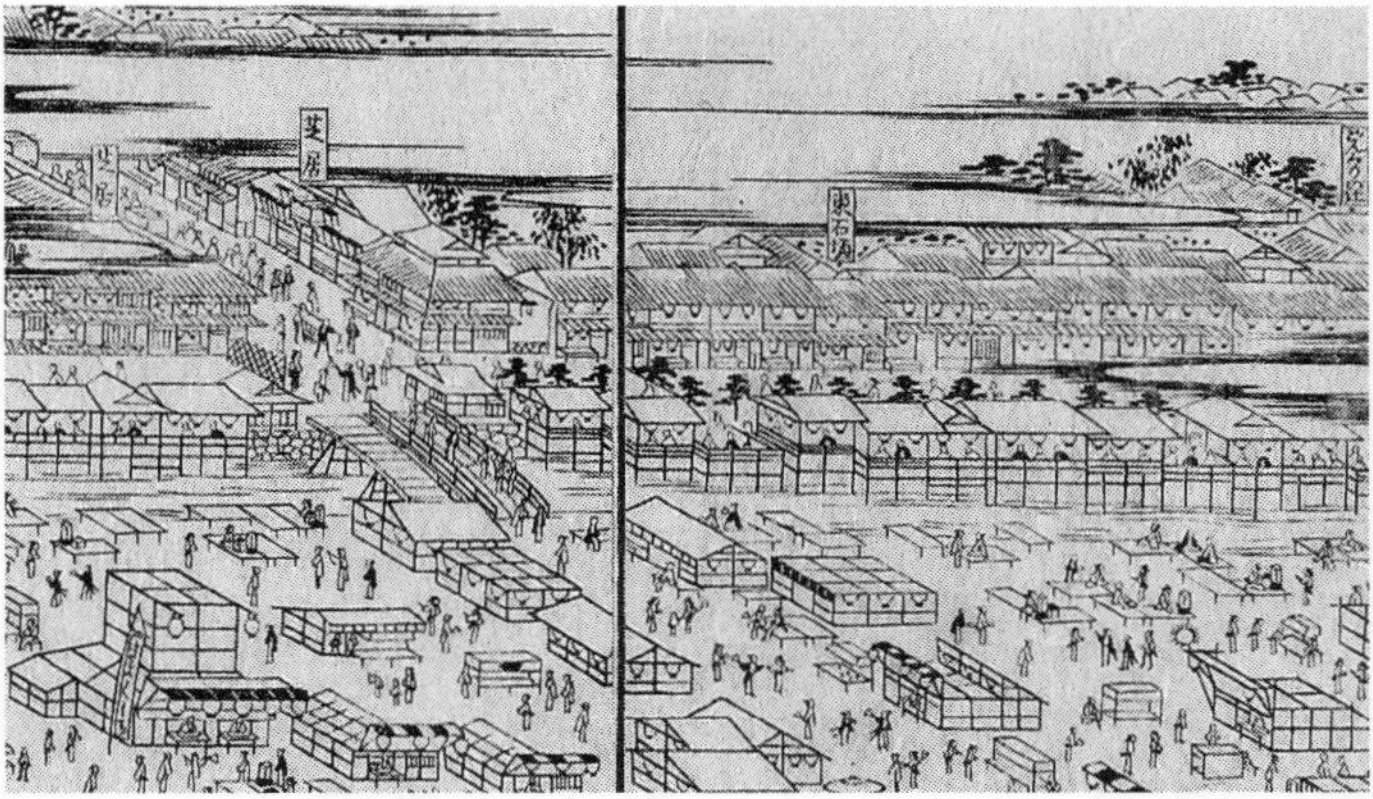

中州（橋の手前側）の見世物小屋と茶屋など（「四条河原夕涼之躰」『都名所図会巻之二』1780年）（国際日本文化研究センター蔵）

一七五〇年（寛延《かんえん》三年）頃の最大の変化は、本居《もとおり》宣長《のりなが》の『在京日記《ざいきょうにっき》』の一七五七年（宝暦《ほうれき》七年）に記述がある六月から七月の二ヵ月間にわたり納涼床を楽しめる「あと涼み」の出現である。その情景は、『都名所図会』（巻之二）の絵を見ると、右岸には張り出した低床形式の屋根のある同じ形状の床が一列に並び、中州の川辺には床が所せましと置かれている。中州には形状が異なる、茶屋や見世物などの小屋が立ち並び、芝居、猿の狂言、犬の相撲、曲馬《くせうま》（曲芸的な馬術）、曲枕《きょくまくら》（箱枕を使った曲芸）、麒麟《きりん》の綱渡り、のぞきからくりなどを楽しむほか、香煎《こうせん》や田楽豆腐、スイカなどを売る店なども多く、歩く場所もないほどの賑わいで、前述の『四条河原遊楽図』とは様相が異なる。

興味深い点は、白川から四条下流までの左岸は高《こう》水敷《すいじき》（河川内で常時水が流れる低水敷より、一段高い敷地）から板柵で河川側に敷地を確保し、同じ形式の茶屋が石積の上に立ち並び統一的な景観をつくっていることである。このような景観をつくるには、建物の形状や利用方法などの規則が必要であり、四〇〇軒の茶屋で構成する株仲間の下部組織が町単位にあったと考えられる。

一八〇〇年代に入ると、滝沢馬琴《たきざわばきん》が一八〇二年（享和《きょうわ》二年）に訪れた京都の印象を記した『羇旅漫録《きりょまんろく》』に「四条には義太夫《ぎだゆう》或《あるい》は見せもの等いろいろとあり。二条河原には大弓・楊弓・見せ物もあれど四条 尤《もっとも》にぎはへり」と記しており、二条での納涼床が始まっていることがわかる。いっぽうで、この頃の絵画を見ると、茶屋などの建物は一七〇〇年代と比較して減少している。円山応挙《まるやまおうきょ》に学んだ山口素絢《やまぐちそけん》はスイカなどの物売りと床などを描いているが、小屋などが立ち並んでいるようには見えない。江戸末期の西山芳園《にしやまほうえん》の作品に至っては、人の姿だけで床すら描かれていない。馬琴は、京都の人々は弁当持参で納涼床を楽しみ、茶屋を利用するのは旅行者や祇園で遊ぶ人だけだと記しており、京都の人々の納涼床の楽しみ方が変わってきたと推察される。

近代化の象徴「鴨川運河」と「京阪電車」

明治の近代化が進むなかで、左岸に新たな変化が生じる。この「第三のイノベーション」が鴨川運河（琵琶湖疏水）の通水と、京阪《けいはん》電車の開通である。一八九〇年（明治二十三年）に完成した琵琶湖疏水（第七章）の効用をさらに高めるために、伏見を通じて大阪へと物資を運ぶ鴨川運河は、一八九二年十一月に着手され、一八九五年三月に竣工《しゅんこう》している。空撮をすれば、東から西に鴨川運河、鴨川、高瀬川が並び、それぞれ北から南へと流れ、まさに川の字のように見えることになる。

三本目の新たな流れである鴨川運河の全長は鴨川落合《おちあい》から伏見の堀詰《ほりづめ》まで約八・九キロメー

川の字に流れる「鴨川運河」、「鴨川」、「高瀬川」。中央が四条大橋（上・1946年米軍撮影、下・2020年国土地理院撮影空中写真）

トル、幅員は約六・一メートルで、急勾配のため仁王門《におうもん》、孫橋《まごはし》、三条、四条、松原、五条、正面《しょうめん》、七条の八ヵ所に閘門《こうもん》が設置された。鴨川のなかに運河が掘られ、これまでに見たことのない閘室《こうしつ》のなかを上下しながら運航する荷舟は、近代化を示す新たな風景ともいえよう。

この鴨川運河の完成によって、茶屋の客などは従来のように左岸から鴨川に降りることができなくなった。鴨川運河に橋を渡し、一部で納涼床は行われていたが、時代の流れには勝てない。さらに一九一二年(明治四十五年)に竣工した第二疏水による水量の増大に対応するために、鴨川運河の幅員が約一二・七メートルと約二倍に広げられた。同時期、京阪電気鉄道株式会社が五条から大阪・天満橋《てんまばし》までを一九一〇年に開業、一九一五年(大正四年)に五条から三条まで延伸した。鉄道が鴨川運河と鴨川の間に整備されたことで、茶屋等と鴨川は分断されたといえる。これは、土地の確保が難しいため、運河と鉄道の用地に鴨川の河川敷を利用した結果である。

その後、出町柳《でまちやなぎ》まで延伸を進めるなかで、京阪電車は一九八七年(昭和六十二年)に東福寺《とうふくじ》と三条の間は地下化され、出町柳まで開通したのは一九八九年(平成元年)である。この地下化にあわせて、鴨川運河も三条から塩小路《しおこうじ》まで川端通の地下に埋設され、鴨川は現在の形状となった。

京都大水害にともなう鴨川改修

1935年（昭和10年）の大水害で水没した葵橋　奥が出町柳駅（写真・朝日新聞社）

もうひとつの大きな変化となる「第四のイノベーション」が、鴨川の通水断面の拡大である。これは一九三五年（昭和十年）六月の水害が契機となっている。水害での京都市全体の被害は、浸水家屋四万三〇〇〇軒、流失四八〇軒、死傷者一〇〇名近く、被災者は十数万人。河川の被害も大きく五六橋もが流失、破損している。

この大水害を受けて、京都府では鴨川の計画流量を四条大橋付近で毎秒三三四立方メートルから六五〇立方メートルに拡大する計画を策定した（『鴨川未曽有の大洪水と旧都復興計画』一九三五年）。この計画において、今回のような大水害を繰り返すことは、民力の衰微はむろん、その生命たる歴史的尊厳と風光を損ずるとし、さらに「鴨川は京都市の鴨川に非《あら》ず」と言い切り、国の威信をもって整備すべしとある。計画の大要の六項目に「河川改修と架橋工事は治水上支障なき限度に於て鴨川の風致浄化を考慮する」とあり、文化・景観にも配慮した計画であった。

鴨川の改修事業は一九三六年から終戦後の一九四七年にかけて進められ、戦時中も続けられた。改修区間は鴨川と桂川の合流地点から柊《ひらぎ》野《の》堰堤《えんてい》までの約一七・九キロメートル、高野川は出町柳付近から三段堰堤までの約五・二キロメートルと、全体で約二三・一キロメートルにもなる。河床を二〜三メートル下げるために掘削を行い、河川勾配も緩やかにするために約五〇ヵ所の床止め工を行っている。床止めは「落差工」とも呼ばれ、北から南へ流れる鴨川を下流から上流を眺めたときに、流水が段々の帯のように見える鴨川独特の景観を生み出している。この床止めの手法は、鴨川から全国に広がったともいわれている。護岸は緩やかな勾配で、景観を考慮してコンクリートではなく雑割石《ざつわりいし》や玉石張りで行っている。護岸の天端が緩やかなカーブを描く（巻天端）座りやすい構造であることから、三条と四条の間ではカップルなどが「等間隔の法則」で座り、鴨川の流れを楽しんでいる。

整備で注目すべきは、四条付近では寛文新堤の右岸側の石積をそのまま使用したことで、江戸時代の古い石積の上でお店が営業している。また、高瀬川への導水と納涼床を楽しめるように高水敷に「みそそぎ川」が整備された。このみそそぎ川は賀茂大橋と荒神橋の間で取水し、丸太町《まるたまち》橋下流から開水路となり、高瀬川の取水口部から河床を下げて五条大橋の上流で鴨川と合流している。この四本目の流れの出現も含めて、昭和の大改修が行われた。

このような河川断面の変化を受け、納涼床の情景も変わってきている。郷土史家の田中緑紅《たなかりょっこう》は「大正の初めに鴨川の流れや、川原の中を整理してから夕涼みの床几が許されなくなり、東側は明治廿七年頃疏水が流れる様になってから、東石垣から鴨川に下りられなくなり、西側は先斗町のお茶屋料理の涼み床になって僅《わず》かに鴨川の夕涼みを残しているに過ぎません。私の中学校頃には、まだこの七八二ヶ月にわたる川原の夕涼みは、とても楽しみなものでした」と記している。

鴨川一面の納涼床（「四条大橋東南詰」1877年頃）（『京のおもかげ』第１輯、田中緑紅編、郷土趣味社、1931年）

この頃の情景について、古写真などの資料から辿ってみる。明治の初めの写真では、四条大橋の上流側の全面に床几が敷き詰められ、左岸から鴨川に降りる通路が設置されている。「ＹＯＪＹＯ」と記載のある明治期の写真では中州が削られ、川面に床は見当たらない。右岸の高水敷には高床と低床が交互に配置されている。左岸には四ヵ所の高床が見られる。三条大橋の下から上流を写した写真では、橋の下に床が置かれ、右岸上流には同時期に設置された屋根のある高床が並ぶ。

川岸の納涼床。中州が削られている（「YOJYO」写真、1894年以降）

水面、高水敷、茶屋と三段形式の納涼床（「京都加茂川　四条磧」絵葉書、1918〜32年）

同時期の「京都加茂川　四条磧《がわら》」と書かれた絵葉書から、納涼床の位置が三段になっていることに気がつく。一番下の床は水面に置かれ、明治初めの床几と同じ構造のように見える。中段は高水敷の上にあり、床の上には屋根がある。今も神社の祭りで並ぶ夜店のテントのよう

上下二段で楽しめる納涼床（「京都名所十景　其一　四条河原」昭和初期）

な風情である。上段の床は、現在の高床式の納涼床と同じ形状となっている。
『京都日出《ひので》新聞』の記事（一九〇三年）に「四条磧納涼は前年に比し其趣を一変し河原には僅かに馬掛場と魚釣位にて氷店抔《など》も床を多く掛け居るもの寂々たる有様」とあり、この状況を打開するために京都市が三条から団栗橋《どんぐりばし》までの一万六〇〇〇坪を借り上げ、川中に納涼場を設置した。納涼床は電灯装飾や仏国式空中運動、回転木馬で賑わったとある。しかし、翌年に鴨川の管理者である京都府によって例年の床掛と氷店等以外は禁止され、再度一九〇七年（明治四十年）に大型興行が許可され回転木馬が人気を博したが、翌年に興行物は禁止されている。

　一九一一年には第二疏水工事にともなう河川改修で高水敷が設けられ、中州が撤去されたことで河原での営業は禁止となり、岸での床と遊船だけの営業となっている。この遊船も一九一二年にはなくなるなど、河川敷の納涼床には変化が見られるが、京昆布本舗ぎぼしの四代目の上田敬治が「昭和二年か三年の頃、父に連れられて三条大橋の下の床几で食事を楽しんだ。料理は旅館から運ばれていたように思う。床几は五〜六席で、他に床几で夕涼みを楽しめる場所はなかった」と話すように、三条大橋の橋桁《はしげた》の真下では納涼床が続いていた。

この後、高床は二階を設け屋根を葺《ふ》いたが、大きさが異なり不体裁であったために京都府が通達（一九二三年）を出している。当時の納涼床の基準は、右岸石垣から鴨川に向かい四間を標準に石柱を立て、その石柱間を見通す人家側は従来どおり二階および屋根の装置を許し、突出部は最大限三間とし二階および屋根を禁止した。しかし、鉄柱や店舗の一部としての常設が増えたので一九二九年（昭和四年）には半永久的な高床建築を不許可とした。このようななか、六六軒あった納涼床は太平洋戦争による一九四二年からの灯火制限や洪水、金属供出にともない一九四五年頃にはなくなった。

その後一九五〇年に数軒から出願があり、京都府は一九五二年に基準を示すこととなった。その内容は、一階の床高は三尺以上、二階が一二尺を基準とする。床の張り出しの限度は、みそそぎ川東護岸から五尺後退、松原橋《まつばらばし》下流は五尺以内にすることができるとあり、松原橋の下流と上流で異なっていた。ほかに、手すりの高さは二尺、木部は素地のままなどの基準があった。この基準に基づき長く指導されてきたが、景観上の齟齬《そご》が生じてきたため、二〇〇八年（平成二十年）から新たに「鴨川納涼床審査基準」を定め営業を許可している。床高を三・六メートル以上とし原則として隣り合う床の高さと揃える、素材は木材を使用し素地仕上げ等とする、筋かいは川の流水方向に設けるなど、景観と洪水に配慮した規制となっている。

期間については京都府が一九九九年と二〇〇〇年に延長を認めたことにともない、五月一日から五月三十一日までを「皐月《さつき》の床」、六月一日から八月十六日までを「本床《ほんゆか》」、八月十七日から九月三十日までを「後涼《あとすず》み」と称し、五ヵ月間にわたり納涼床を楽しむことができるようになった。店舗数も一九六〇年頃の四〇〜五〇店舗から二〇一九年（令和元年）には約一〇〇店舗に増加するなど期間と規模の両方が拡大している。

このような河川利用が社会から求められている現状を受け、二〇〇四年に国土交通省は、これまで認めてこなかった営業目的での水上テラスの設置を特別に堂島川《どうじまがわ》等（大阪市）で認めることとした。水上テラスと観光船が融合し、街が活性化したことから二〇一一年に河川敷地占用許可準則が改正され、水上の活用が全国各地に広がることとなった。この京都モデルともいうべき水上テラス（納涼床）を他地域に広げていくことが、川の価値を高め、川を中心にしたまちづくりを進めるうえで、さらに重要となるであろう。

これまで述べてきたように、鴨川は四つのイノベーションによって新たな価値を創造してきた。平安京の造営や御土居堀の整備は「防御」の機能を高め、「境界」としての役割も果たしている。高瀬川や鴨川運河の開通は都の動脈としての「舟運」の発展に寄与している。寛文新堤や昭和の大改修によって洪水対策が進むなかで河川敷の「空間活用」も進み、新たな街が生まれている。この河川空間の活用のひとつが納涼床であり、他で見られない「親水性」を発揮している。これらの多岐にわたる価値は、京の都が一二〇〇年の時を重ねることで生まれた鴨川の特徴なのである。

第五章　桂川――平安を語る「別業の地」と「水運」

水の神話「丹の湖」

桂川の中流域に、年間二〇万人以上が楽しむ保津川下りの乗船場がある。かつて、この地には丹波国と呼ばれるもとになった丹《に》（赤）の水を湛《たた》える「丹の湖（旧亀岡湖《かめおかこ》）」があったとされる。丹の湖にまつわる伝承として、『山州名跡志《さんしゅうめいせきし》』（一七一一年）に大山咋神が湖を蹴《け》り裂くと水が流れ出し、湖は農地として生まれ変わったとある。蹴り裂いた神を大国主命《おおくにぬしのみこと》とする伝承もある。二人の神が協力して保津峡を開削し農地を生み出したともされ、亀岡では桑田《くわだ》神社の祭神である大山咋神、鍬山《くわやま》神社の祭神である大国主命、どちらの神も信仰されている。

大山咋神を桂川下流域で祀るのが、七〇一年（大宝元年）に秦都理《はたのとり》が勧請《かんじょう》した松尾大社（京都市西京《にしきょう》区嵐山宮町《あらしやまみやまち》）である。秦氏の神である大山咋神が亀に乗って保津川（桂川）をさかのぼり、亀岡盆地の手前にあたる八畳岩のあたりで流れが速くて亀では進めなくなったので鯉《こい》に乗り換え、亀岡の河原林《かわらばやし》に至ったとされる。大山咋神は大井《おおい》神社（亀岡市大井町《おおいちょう》）でも祀られており、大井町では神を助けた鯉を食べないのはむろんのこと、鯉のぼりも上げない風習が今も残っている。これらの神話は、まず大国主命を祀る出雲系の人々によって亀岡盆地に新たな農地が開かれ、その後、下流域を支配する秦氏が訪れ、二つの民がともに暮らすようになったことを亀と鯉で示しているのではないかと筆者は考えている。

これら神代の伝承を持つ桂川は、京都市と南丹市《なんたん》を隔てる佐々里《ささり》峠に発し、京都市、南丹市、亀岡市、再び京都市を流れ、大山崎町《おおやまざきちょう》・八幡《やわた》市で宇治川、木津川と合流し淀川となる一級河川である。桂川の延長は一一四キロメートル、流域面積が一一〇〇平方キロメートルと、京都市内を流れる大河で、流れる場所で名称を変える。地元の方に教えを請うと、南丹市日吉町《ひよしちょう》から亀岡市までは、大きな川であったことから「大川」と呼んでいたとのこと。江戸期の絵図には「園部川《そのべがわ》」との合流点より上流を「世木川《せきかわ》」、合流点から下流を「大井川」とする記載がある。亀岡盆地を抜け名勝として知られる保津峡に入ると「保津川」、嵐山からは「大堰川」または「大井川」で、その下流の京都市右京区桂のあたりから「桂川」、三川合流部のあたりは「鳥羽川」となる。平安期の文書では嵐山から下流は「葛野川」と記されている。現在は、一級河川「桂川」で統一されているが、京都市右京区京北町では「上桂川」、南丹市園部《そのべ》町に入ると「桂川」、南丹市八木《やぎ》町から亀岡市にかけては「大井川」または「大堰川」で、亀岡市保津町請田《ほづちょううけた》から京都市嵐山までは「保津川」と名を変え、嵐山から合流地点までは再び「大堰川」、「大井川」、「桂川」などと呼ばれ、「井」や「堰」のつく名が多いことから井堰《いせき》に関係が深いことがわかる。

多くの名称を持つ桂川と都との関係は、大きく三つに分けられる。そのひとつが筏流しに見られる物資の運送であり、京都を中心とした上下流域との水運である。二つ目は貴人が好んだ名勝「嵐山」、最後は渡来人である秦氏が整備したとされる葛野大堰と農業用水である。本章ではこの三つを中心に、桂川が都に果たしてきた役割を探ってみたい。

平安京への木材供給

平安京を造営した桓武天皇は、桂川上流の丹波国山国荘（京都市右京区京北町山国周辺）を禁裏御料地（杣御料）に定め、山国荘の杉や檜《ひのき》、松などの用材を桂川に流し、都まで運ばせた。山国荘は皇位継承の宮中祭祀《さいし》である大嘗会において、大嘗宮《だいじょうきゅう》の悠紀殿と主基殿の用材を納めていた。山国荘が禁裏御料地に定められた経緯を旧家文書「山国庄三十六名八十八家私領田畑配分幷《ならびに》官位次第」（一二〇〇年）で知ることができる。文書によると、山国荘に一六軒の官人が都から派遣されたが、人数が足りないので二〇軒が増やされ三六軒となった。その後、三六軒から五二軒が分家し八八軒となり、禁裏造営材として五三寸三尋荒木《ごさんすんさんひろあらき》（直径九センチから一五センチ、長さが五メートルの皮付き木材）と諸材木を貢進しており、所領・家禄《かろく》のほかに功田を永代給与されていた。

一五六三年（永禄《えいろく》六年）の「由緒書」では、内裏造営に際して、山国荘名主家（本家）三六軒と曹家（分家）七二軒の一〇八家で木材八九六四本（五三寸三尋）を差し上げたとある。この制度は八〇〇年間も続いていたが、豊臣秀吉が天正年間（一五七三〜九二）に山国荘で太閤検地を行い禁裏御料地から外したことで従来の荘園《しょうえん》的制度は廃止されることとなった。その後、江戸幕府領や旗本の知行地になるなかで林業は続けられ、今も山国の片波川源流域には樹齢一〇〇〇年を超える平安杉（幹回り一五メートル）など巨大な伏条台杉が群生しており、都を支えつづけた山里の営みを見ることができる。この地は、京都府が一〇六ヘクタールを京都府環境保全地域として一九九九年（平成十一年）に指定しており、屋久島のように専門のガイドのもとで入山できる制度となっている。

奈良時代から昭和まで続く筏流し

丹波国から木材を運んでいた歴史を正倉院《しょうそういん》文書「天平宝字《てんぴょうほうじ》六年造金堂所解《ぞうこんどうしょげ》」（七六二年）からも知ることができる。文書には奈良の法華寺阿弥陀浄土院《ほっけじあみだじょうどいん》の金堂の造営に際して用材のおよそ半分をこの地から運んだとある。平安中期に編纂された『延喜式《えんぎしき》』（巻三十四）（九二七年）にも、丹波国滝額津《たきぬつ》（亀岡市保津）から大井（京都市右京区嵯峨か梅津《うめづ》）まで一丈四尺の柱の運賃が三七文とあり、民間での運搬が行われていたことがわかる。貴族にとっても桂川の水運は重要で、近衛《このえ》家の荘園として保津筏師荘などの地名を「光厳上皇院宣案《こうごんいんぜんあん》」（一三三六年）に見ることができる。桂川での輸送の需要は高まり、鎌倉時代には桂川上流の川関《かわぜき》、小塩保、野々村御荘に三問職《といしき》があり、嵯峨には木守《こもり》が置かれ、室町期（一五〇〇年前後）には筏問丸《といまる》が置かれている。民間での輸送が重要であったことは豊臣秀吉が一五八八年（天正十六年）に筏師の朱印状を与えていることからもわかる。その内容は、上流の京都市右京区京北町の宇《う》津《つ》上

筏を足で操作（「京都・保津川渓谷筏流し」絵葉書、1933〜45年）

3人で舟を曳いて保津川を上がる（フランスで発行した絵葉書）

が一五人、宇津下が一五人、南丹市日吉町の世木《せき》が二〇人、田原《たわら》が一〇人、亀岡市に入り保津が二〇人、山本が一五人、篠《しの》が一五人と、合計一一〇人にもなる。これは都づくりを進める天下人にとって、丹波国の木材は欠かすことができなかったことを示している。その後、江戸期に入ると丹波材の流通は、山方、筏問屋、材木問屋仲間（嵯峨、梅津、桂）の三者が担うこととなり、その運搬量は年間六〇万本とされている。

農閑期にあたる冬の仕事であった筏流しは、昭和三十年代まで行われていた。古くから南丹市日吉町の世木、田原で筏に組み桂川で流してきた筏を、保津峡の急流に応じて亀岡市保津浜、山本浜で組み直し、京都市嵯峨へと流していた。現在、市民団体や行政機関等が「京筏組」を編成し、筏流しの復活を目指している。和歌山県の北山川《きたやまがわ》では観光筏下りが行われており、近い将来、桂川でも筏流しを楽しめる日が訪れることを願っている。

慶長期、舟運の始まり

嵯峨の地で筏流しを見て育ち、筏だけでなく舟を通したいとの思いから保津川（桂川）の開削を行ったのが、豪商として知られる角倉了以である。了以は美作《みまさか》（岡山県北部）で高瀬舟を見て舟運を思いついたとされ、一六一四年（慶長十九年）に高瀬川の通船、その後、幕府の命により天竜川《てんりゅうがわ》や富士川《ふじかわ》の開削にも関わっている。工事に必要な経費を通行料から回収しており、行政が行うべき建設や運営等を民間の資金と能力で行う、今でいうＰＦＩ（プライベイト・ファイナンス・イニシアティブ）の先駆けともいえよう。

角倉了以と素庵の親子は、一六〇五年に徳川幕府から桂川の開削許可を得て、翌年の三月から舟が通れるように川を広げる工事に着手し、八月に完成させている。この工事を指揮した了以の木像（高さ七三センチ）が、渡月橋の右岸上流（約一キロメートル）に位置する大悲閣千光寺に安置されている。その姿は、眼光鋭く、手に石割り斧《おの》を持ち、法衣をまとい、片足を立て荒縄の上に座っており、了以の保津川開削へのただならぬ思いを感じることができる。境内の新客殿の前には、了以を顕彰する石碑（高さ六尺七寸、幅三尺）も建立されている。碑文（一六三〇年）は「河道主事嵯峨吉田了以翁碑名」で始まり、河道主事としての了以の業績が刻まれている。記述を要約すると、一六〇四年に美作国の和計川《わけがわ》（和気川《わけがわ》）で高瀬舟を見て、保津川での通船を思い描き、一六〇六年に保津川開削を行った。その工法については、大石を轆轤でひく、水中の石は浮楼を構えて鉄棒《くろがねぼう》で砕く、水面に出ている石は烈火で焼き砕くとあり、当時の土木技術の一端を知ることができる。

石割の斧を持ち、眼光鋭い角倉了以の木像（絵葉書、1906年）

保津川の開削工事によって、木材だけでなく、米や塩、鉄、石材などの

様々な物資を高瀬舟で都まで運ぶことができるようになった。一番の積荷は米であり、年間一万四〇〇〇石が運搬された。これらの運賃は角倉家と船頭でほぼ二分され、舟の新造・修理は角倉家が行っていた。

時代は明治に移り、鉄道や道路が整備されるなかで、日本各地の水運の歴史は幕を閉じることとなる。京都も同様で高瀬川が一九二〇年（大正九年）、琵琶湖疏水では一九五一年（昭和二十六年）をもって物資を運ぶ船を見かけることがなくなった。しかし、桂川の高瀬舟は物流から観光へと役割を変え、現在では年間二〇万人以上が「保津川下り」を楽しんでいる。

最初に保津川下りを楽しんだのは、二代将軍徳川秀忠《ひでただ》に開削の許可を願い出た角倉素庵であろう。素庵の業績を記す木碑（一六三三年）（大悲閣千光寺蔵）によると、一六一三年に素庵の師である儒学者の斂夫《れんぷ》（藤原惺窩《ふじわらせいか》）と保津川下りを楽しんでいる。素庵は斂夫に景勝地に題してもらうことを請い、斂夫は叫猿峡《きょうえんきょう》や鳥船灘《ちょうせんだん》など嵯峨十境を定め、和歌を詠んでいる。その魅力は、夏目漱石《なつめそうせき》が一九〇七年（明治四十年）に記した『虞美人草《ぐびじんそう》』にも見ることができる。文豪漱石は「先《さ》っきの岩の腹を突いて曲がったときなんか実に愉快だった。願わくは船頭の棹《さお》を借りて、俺が船を廻《まわ》したかった」、「君が廻せば、今頃は御互《おたが》いに成仏している時分だ」と登場人物の宗近《むねちか》君と甲野《こうの》さんにスリリングさを語らせ、「乱れ起る岩石を左右にめぐる流は、抱くが如《ごと》くそと割れて、半ば碧《みどり》を透明に含む光琳波《こうりんなみ》が、早蕨《さわらび》に似たる曲線を描いて巌角《いわかど》をゆるりと越す」と、渓谷を流れる水の美しさを描写している。

もちろん、下船場所が日本有数の景勝地の嵐山であることも、大きな魅力といえる。保津川下りはフランスの映画会社パテ・フレールが無声映画「保津川の急流」（一九〇六年）を制作し、大正時代にはルーマニア皇太子をはじめ、英国皇太子も保津川下りを楽しむなど、世界からも注目される観光地であった。

角倉了以の保津川開削四〇〇年目に際して、二〇〇六年（平成十八年）に了以の業績を顕彰する様々な事業が行われた。その最終目的は保津川を世界文化遺産に登録し、より多くの人に保津川を知ってもらうことである。この活動はＮＰＯ法人プロジェクト保津川に引き継がれ、保津川を美しくするために始まったプラスチックゴミ削減の活動は、亀岡市によるレジ袋を禁止する全国初めての条例につながるなど、環境保全のトップリーダーとなっている。

京都と大坂をつなぐ「草津湊」

京都にとって桂川は、上流域から物資を運ぶだけの河川ではなく、淀川を通じて日本各地へつながる川でもあった。桂川で拠点となる港として平安の昔から知られているのが、京都市伏見区にあった「草津」である。貴人が都から旅立つだけでなく、瀬戸内海などを通じて都へと物資を運ぶための「舟運の要」として発展してきた。文献に草津を求めると、『平家物語』（巻四）での高倉《たかくら》上皇の厳島《いつくしま》御幸の描写に「鳥羽の草津より御舟にめされけり」とある。この鳥羽については、保元《ほうげん》の乱後、崇徳《すとく》上皇が讃岐《さぬき》に流されたことが『兵範記《へいはんき》』の一一五六年（保元元年）七月二十三日の条に「於鳥羽辺乗船、乗船後、一向讃岐国司沙汰」とある。ほかにも菅《すが》原道真《わらのみちざね》や法然上人などがこの地から旅立ったとされており、都から瀬戸内海等へと向かうための乗船場であったことがわかる。当時の港の場所は、中島《なかじま》村、下鳥羽《しもとば》村、横大路《よこおおじ》村のあたりにあったと考えられているが、場所は特定できていない。しかし、この「草津」の名は横大路草津町《くさっちょう》（京都市伏見区）に引き継がれ、豊臣秀吉が桃山に伏見城を築城した後は、大坂からの様々な物資が集まる港として栄えることとなった。

江戸時代に淀川・宇治川を行き交う舟は伏見船《ふしみぶね》や過書船《かしょぶね》（二十石舟～三百石船）であり、その数は千数百隻といわれている。これらの舟は帆を掛けて風を利用することもあったが、良い風がいつも吹くわけではなく、人足たちが舟を曳《ひ》いて淀川を上がっていた。伏見南浜《みなみはま》が人を運ぶ三十石船を中心とした港であったのに対して、草津湊《くさつみなと》は物資を運搬する荷舟の港であった。『子らに伝える伏見区風土記　総集』（伏見区老人クラブ連合会、二〇〇一年）に古老の一文として「ここまで（草津みなと）来る舟は百石船で、さらに下鳥羽の大沢さん、小笹さんの所へ持って行くには、ここで渡取舟（二十、三十石舟）に積み替えて上がって行ったようである。川が浅くなって百石船が上がれなかったのではないかと思う」との記述が見られる。このことは『藤田（権）家文書』一七二一年（享保六年）七月二十日にも「横大路着舟之義ハ川筋深ク候故、大坂より大舟共すくニも入込、播州《ばんしゅう》五畿内之御城米（略）下鳥羽着ニ成候へハ瀬取舟多、播州五畿内之百姓方之難義大分之事ニて、殊ニ川筋浅ク諸事不自由共、たつ舟着悪敷候故」とあり、横大路村は川筋が深く港に適していたことがわかる。

草津湊には大阪湾をはじめ紀州《きしゅう》、阿波《あわ》、淡路《あわじ》などの生魚や米、豆、雑穀、材木などが荷揚げされていた。『京都の歴史』（第一六巻）（京都市、一九九一年）によると浜問屋は九軒であった。草津湊の浜問屋から都への二里半の道のりを「走り」と呼ばれる仲士が「ホウホウ」と掛け声を掛けながら健脚を競い街道を急いだことが『拾遺都名所図会』（巻四）（一七八七年）の「鳥羽作り道」に描かれた、天秤棒《てんびんぼう》を使って魚荷《うおに》を運ぶ様子からわかる。明治初期においても魚荷が運ばれるときには、道の向かい側に渡れないほど賑やかであったと伝わっている。

1914年（大正３年）の草津湊・横大路村船着き場（岡井英夫氏蔵）

　魚市場については、大橋家によって一九一九年（大正八年）に羽束師橋《はづかしばし》から五〇メートルほど下流の左岸に建立された「魚市場遺跡碑」に詳しい。碑文には「横大路村は、草津の湊と称し、難波《なにわ》より京都への要衝として平安遷都以来栄えた。豊公《ほうこう》の桃山築城と共に、百貨の集散地として大小数十の問屋が並び、殊に生魚は健脚を競い都へと運搬された。慶応元年に徳川幕府が魚市場の公設を命じると大橋孫四郎氏が経営に当り、同業者が続出して賑わった。しかし、明治十年の京都神戸間の鉄道開通によって衰退した（略）とある。この賑わいを示す一八七七年（明治十年）の調査では、「横大路村では二九七軒の住居に一二八四人が暮らしており、日本型船四八艘（五十石未満荷船）、人力車九輛《りょう》、荷車八輛を保有していた」とあり、豪商も多くお金を枡《ます》ですくっていたとの逸話も残っている。舟運がもたらす経済的価値は計り知れない。

桓武天皇も好んだ水辺

次に桂川と京都との関わりの二つ目となる「貴人が好んだ嵐山」について述べる。桂川で最も知られている景勝地は嵐山であろう。平城京、長岡京、平安京と三つの都を治めた桓武天皇も桂川に行幸している。行幸の記録を『日本紀略』に求めると、桓武天皇が約二〇〇回もの行幸（巡幸・巡覧等を含む）を行っていたことがわかる。二六年の在位期間中に行われた行幸の約半数が北野や大原野などでの狩猟である。次が池や河川の水辺であり、全体の約三割となる。その内訳として最も多いのが神泉苑の三〇回、次が大堰の一四回、葛野川の一一回と続く。行幸の回数としては少ないが、淀君や淀水車で知られる与杼《よど》津（京都市伏見区）に二回、佐非《さひ》津に一回などもある。佐非津（佐比津）は、森幸安《もりこうあん》が一七五〇年（寛延三年）に作成した『中古《ちゅうこ》京師内外地図《けいしないがいちず》』では、現在の上鳥羽《かみとば》の下水処理場のあたりにあったとされ、平安京の玄関口ともいえよう。

大堰の場所についての記述はないが、秦氏が築造した嵐山の葛野大堰以外には思い浮かばない。『大鏡《おおかがみ》』（平安後期）によると、藤原道長が大井河で詩歌管弦の舟（「作文《さくもん》のふね・管弦の舟・和歌のふね」）を楽しんだように、桓武天皇も舟遊びを楽しんだのではと思えてくる。

葛野川も桂川を示しているが、詳細な記述がないため具体的な場所は不明である。『古今著聞集《ここんちょもんじゅう》』（一二五四年）によると宇多上皇が、八九八年（昌泰《しょうたい》元年）九月十一日に梅津から船に乗り遊覧していることから、梅津のあたりと推察する。

もうひとつの桓武天皇と桂川に関する興味深い記述は、八〇〇年（延暦十九年）に山城、大和、摂津、近江、丹波等の諸国から一万人を集め、葛野川（桂川）の改修を行っていることである。桂川が氾濫すると、水は高低差の関係から東へと溢れ、平安京の右京へと流れる。鴨川と同様に八二四年（天長元年）に防葛野河使が置かれ水害に備えているが、その効果は十分ではなかったのであろう。右京が衰退した理由は、桂川や北野天満宮の西を流れる紙屋川の氾濫が要因のひとつだと筆者は考えている。

別業（別荘）の地「嵐山」

桓武天皇も訪れた嵐山は、嵯峨天皇（七八六〜八四二）や後嵯峨《ごさが》上皇（一二二〇〜七二）が現在の大覚寺《だいかくじ》に離宮や御所を造営したことでも知られるように、風光明媚な別業（別荘）の地で

昭和御大典から始められ、現在も５月に行われる三船祭（絵葉書、1928〜32年）

あった。嵐山が桜の名所として知られるのも、後嵯峨上皇が吉野の桜を亀山殿《かめやまどの》の対岸に植えたことに始まる。このときから嵐山は紅葉に加え、桜も楽しみのひとつとなった。『諸国図会年中行事大成』（一八〇六年）には、武士や商人が河原に敷物を敷き、桜の宴を楽しむ姿が年中行事のひとつとして描かれている。

光源氏の求めに応じ、明石《あかし》の君が移り住んだのも桂川沿いである。『源氏物語』の「松風《まつかぜ》」帖には、屋敷の場所について「大堰川のわたりにありける」とあり、川辺に居を構えたことが読み取れる。また、「鵜飼《うかい》ども召したるに」との記述からわかるように、平安期には鵜飼も楽しまれていた。桂川の鵜飼は、『閑吟集《かんぎんしゅう》』（一五一八年）にも「やれ、おもしろや、えん、京には車、やれ、淀に舟、えん、桂の里の鵜飼舟よ」とあり、室町後期においても知られていたことがわかる。この鵜飼を行っていた村の女性が、桶《おけ》を頭に載せて鮎を売り歩く桂女であったともされる。嵐山での鵜飼は、一九五〇年（昭和二十五年）に宇治川の鵜飼を参考に観光目的で行われるようになり、今も続いている。闇のなかに一列に並ぶ鵜飼を楽しむ観光船、鵜匠《うしょう》船の松明の灯り、操る鵜を見ていると平安の昔に戻ったように思える。

もうひとつ、平安の雅を感じることができるのは、嵐山で五月に行われる三船祭《みふねまつり》であろう。宇多上皇が楽しんだ舟遊びに倣《なら》い、昭和御大典の一九二八年から始められた車折《くるまざき》神社の祭事である。平安装束を身にまとった人々が御座船《ござぶね》、龍頭船《りゅうとうせん》、鷁首船《げきすせん》などの船に乗り、胡蝶《こちょう》の舞や箏曲《そうきょく》などの芸能を奉納する。御座船から流される扇を見物客も手にすることができる。新緑のなかで繰り広げられる雅な世界は、見ている者を平安へと導いてくれる。

渡月橋

平安期の雅な印象をさらに強くしてくれるのが「渡月橋」である。渡月橋と呼ばれるようになった由来は明確ではないが、一説に後嵯峨上皇の皇子で、亀山（現在の小倉山）の麓に亀山殿を構えた亀山上皇（一二四九～一三〇五）が、月が移動する様を見て「くまなき月の渡るに似る」といったことから名付けられたと伝わっている。「月が渡る橋」とは、なんと風雅を感じさせる名であろう。「渡月橋」と名付けられる前は、「御幸橋《みゆきばし》」や「法輪寺橋《ほうりんじばし》」と呼ばれることが多く、『都名所図会』（巻之四）（一七八〇年）にも、「渡月橋は大井川にありて法輪寺《ほうりんじ》へ渡る橋なり。一名は御幸橋・法輪寺橋ともいふ」とある。

渡月橋の右岸にある法輪寺は、行基《ぎょうき》が七一三年（和銅《わどう》六年）に開いた葛井寺《かづのいでら》を、弘法大師の弟子であった道昌《どうしょう》が再建し、亡くなる一年前の八七四年（貞観十六年）に法輪寺と改めたも

十三詣で賑わう渡月橋（「法輪寺」『都林泉名所図会』1799年）
（国際日本文化研究センター蔵）

のである。八三六年（承和《じょうわ》三年）に、道昌によって桂川の改修がなされ、そのさいに橋も架けられたと伝わる。法輪寺と橋との関係は深く、法輪寺にある『参詣曼荼羅《まんだら》』（室町期）に描かれた渡月橋を見ると、橋を渡った先にある小屋に僧侶が座り、参拝者から渡橋銭を徴収しているように見える。事実、法輪寺が橋の改修や管理を行ってきた。一八〇九年（文化《ぶんか》六年）の法輪寺文書によると、渡月橋の修復のために一八〇四年（文化元年）から五年間にわたり、一人につき三銭、牛馬一疋《ぴき》につき六銭を徴収してきたが、毎年の修復に費用がかさむのでさらに五年間延長したいと申し入れている。

　当時の渡月橋の様子を、清和天皇に倣い成人の儀礼として始まった法輪寺の十三詣を描いた『都林《みやこりん》泉名勝《せんめいしょう》図会《ずえ》』（巻五）（一七九九年）から知ることができる。知恵を授かるために渡月橋を渡る参拝者を見ると、四人ほどが歩ける幅の木橋で、簡易な高欄

簡素な構造の渡月橋（絵葉書、1900〜06年）

も設けられている。橋長は今と変わらないように思えるが、橋脚の支柱は細く、三本と弱々しい。洪水のたびに流されたことであろう。江戸期の渡月橋は角倉家の保津川開削にともない、高瀬舟が橋脚にぶつからないように下流に移されたとされ、移設前の架橋場所は『応永鈞命絵《おうえいきんめいえ》図《ず》』（一四二六年）から知ることができる。

明治の初めの頃は、仮橋として人ひとりが渡れる橋であったといわれ、一八八七年（明治二十年）頃に木造の橋が完成。しかし、これも架設から五年後に流失し、その後の橋は絵葉書にあるように高欄に丸木を使った簡易なものであった。本格的な橋梁として、一九〇九年に木製の橋が完成。橋脚には太い丸太が用いられ、三本の支柱を中心に計五本の柱で支えられた台形の構造となっている。絵葉書を見ると桁隠しのための板や高欄に角材が用いられるなど景観への配慮がなされ、風格を感じさせてくれる。

現在の橋梁は、一九〇九年に架設された木橋と同じ形式の鉄筋コンクリート橋で、一九三四年（昭和九年）に架け替えられた。一九七五年には歩道もつけられ、延長が一五五・五メートルで幅一一メートルである。高欄には檜が用

杭の間に石を投入している一の井堰（絵葉書、1918～32年）

いられ、木製の桁隠しによってコンクリートの部分を隠すなど、木橋に見えるように工夫されている。

嵐山の大堰

最後に桂川が果たしてきた役割の三つ目、渡来人の秦氏と桂川の関わりである「農業用水」について述べる。桓武天皇の行幸の記録にある「大堰」が文献上で最初に出てくるのは、平安前期の明法博士《みょうぼうのはかせ》であった惟宗直本《これむねのなおもと》が九世紀中頃に記した養老律令《ようろうりつりょう》（七五七年公布）の注釈書である『令集解《りょうのしゅうげ》逸文雑令』に「葛野川堰之類。是似用水之家不合堪修治也」とある。七〇〇年代には桂川（葛野川）に井堰が実在していたと推察される。また、『政事要略《せいじようりゃく》』（一〇〇八年）に、「秦氏本系帳云。造葛野大堰。於天下誰有比検。是秦氏率催種類、所造構之。昔秦昭王。塞堰洪河通溝澮開田万頃。秦富数倍。所謂《いわゆる》鄭白《ていはく》之沃衣食之源者也。今大井堰様。則習彼所造」とあることから、渡来人である秦氏が、秦《しん》の昭王《しょうおう》が洪河に井堰を造り田を開いたことに倣い、桂川に農業用水を取水するための井堰「葛野大堰」を造った。この成果として秦氏の富は数倍になったと秦氏本系帳に記してあったことがわかる。秦氏は『日本書紀』の推古《すいこ》天皇十一年（六〇三年）に、聖徳太子《しょうとくたいし》が「私の持っている仏を誰か祀らないか」と尋ねたときに、秦河勝《はたのかわかつ》が進み出てもらい受け、この仏を祀るために蜂岡寺《はちおかでら》（広隆寺）を造ったと記されている。この仏像が国宝の弥勒菩薩半伽思惟像《はんかしい》（広隆寺蔵）とされており、秦氏は奈良期にはかなりの力を持った豪族であった。当時の様子を知ることはできないが、桂川に一〇〇メートル以上もの井堰を造る発想や技術はイノベーションであり、驚きをもって迎え入れられたのであろう。

井堰の構造は、杭木を打ち込み石材を積み重ねた、あるいは竹で蛇籠を編み石材を入れていたと考えられる。室町期の『東寺百合文書《とうじひゃくごうもんじょ》』の一四一九年（応永二十六年）七月の文書に「その子細は、石を畳み水を堰《せ》き上方の田地を養う、石間の漏水をもって下方の田堵《たと》を養うは、この河の大法、往古の規式なり」とあり、江戸期の『長谷川茂太郎家文書』一六八八年（貞享《じょうきょう》五年）七月九日に「下津林《しもつばやし》・上久世《かみくぜ》、この二ヵ村蛇籠柵斗《ばかり》出し、二千二百七十石余の御田地へ懸り申す用水を取り申しながら、人足は出し申すまじくと我が儘《まま》申され候」とある。これらの史料に記載のある「石を畳み」と「蛇籠」、いずれの工法も現在のようにすべての水を制御するのではなく、石材の間を水が自然に流れる構造になっていることがわかる。大正期の絵葉書を見ると、木杭を幾本も河床に打ち込み、その間に石材を敷き詰めている。すべての水を我がものにすることなく、千年変わらず下流域の住民と水を分けあってきた、一〇〇メートルを超える井堰に、水への祈り、感謝、水利用のあるべき姿を見るように思う。

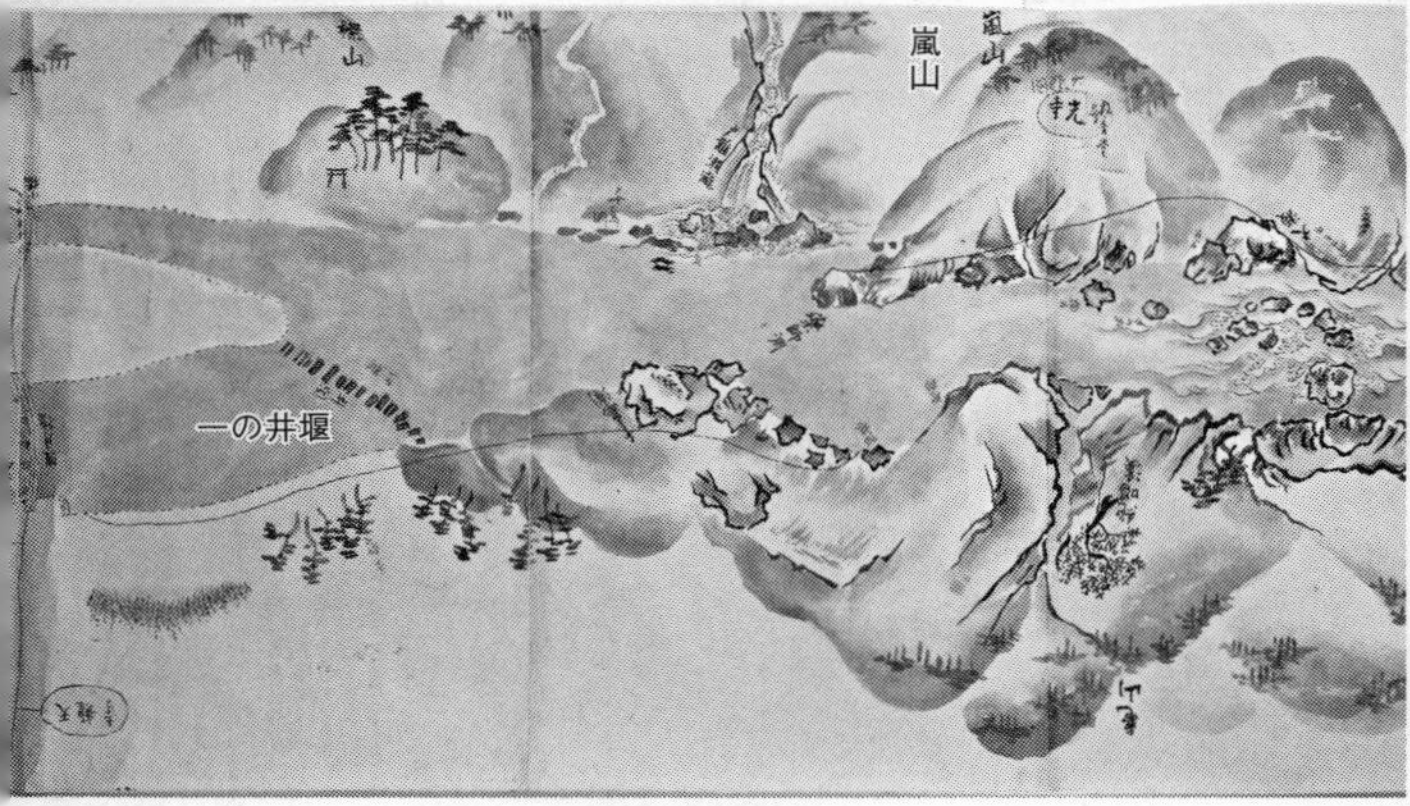

井堰からの用水によって潤う農地

井堰の位置は、『丹波保津川より嵯峨大井川迄《まで》之図』（江戸期）（京都産業大学図書館蔵）を見ると、中島の先端から左岸側の斜め上流に向けて井堰があり、中島と右岸との間を流れ、渡月橋の下流部から用水路で水を農地へと引いていたことがわかる。もう一ヵ所の堰は中島の下流部から左岸側の斜め下流に向かって造られている。井堰が最短となるよう河川に対して直角に井堰を造り正面から流れを受け止めるのではなく、斜めにすることで水の力を逃がす工夫がなされている。

上流の堰は一の井堰、下流の堰が二の井堰と呼ばれていた。このような井堰が、桂川には一〇ヵ所あったことが『東寺百合文書』の『山城国桂川用水差図案』（一四九六年）からわかる。この差図は右岸の上・下久世庄等五ヵ村の井手相論《そうろん》（水争い）に際して、幕府が両者に差図の提出を求めたことから、一四九六年（明応五年）に西八条西庄が作成したものである。相論は、下久世庄な

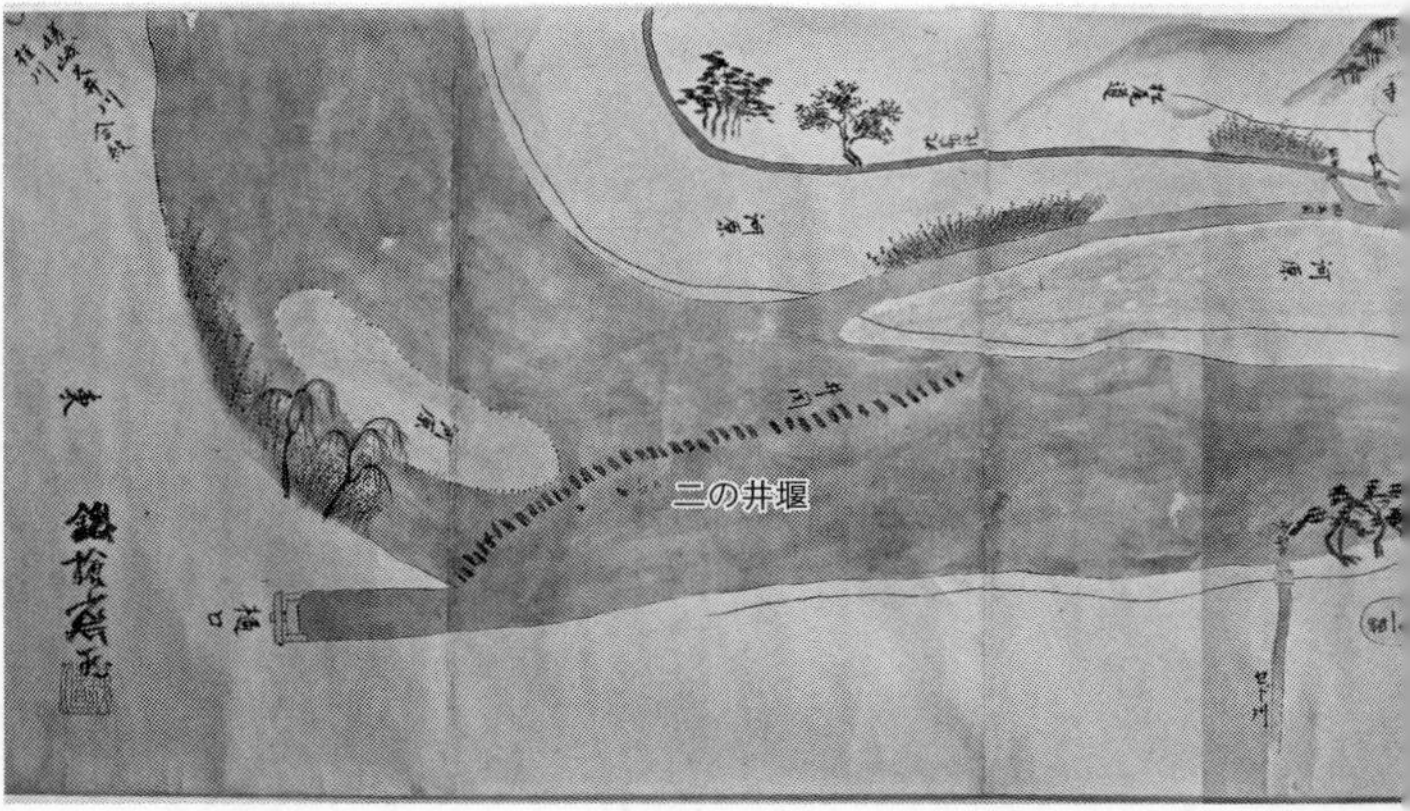

嵐山、一の井堰、二の井堰付近（「丹波保津川より嵯峨大井川迄之図」江戸期）（京都産業大学図書館蔵）

ど五ヵ村側が、新設の水路「去々年掘新溝」を整備し、井堰の水を自らの農地へと導いたことを非法として、西八条西庄が異議を申し立てたのである。この相論は紆余曲折《うよきょくせつ》を重ね一五〇三年（文亀《ぶんき》三年）六月に用水折半で終結した。

井堰が一〇ヵ所もあったことからわかるように、ほかにも水争いは起こっており、一四一九年（応永二十六年）から始まる今井溝《いまいみぞ》を二分する上五ヶ庄と下方諸庄との争い、一六五七年（明暦《めいれき》三年）の岡村と川嶋村との水論など、多くの文書に記録がある。

一方で灌漑《かんがい》用水の重要性は、各村（郷）の連携を強めており、『革嶋家文書《かわしまけもんじょ》』暦応《りゃくおう》年間（一三三八～四二）によれば、用水のことに関して久世、河嶋、寺《てら》戸《ど》の三ヵ郷は一身同心なので、それぞれが勝手な行動をしない、同心の儀に背く郷は用水を止めるとの契約を交わしている。さらに大きな連携としては、一四七八年（文明十年）に始まる松尾神社と西十一ヵ郷との相論で、松尾神社境内に用水を通す権利を十一ヵ郷が勝ち得ていることが挙げられる。

これらの水争いの歴史も踏まえて、全体を管理する組織として、一六〇七ヘクタールもの農地へ用水を供給する洛西《らくさい》土地改良区が設立（一九五一年〔昭和二十六年〕）され、十ヵ所余りの井堰を一の井堰（京都市右京区嵯峨《さが》天龍寺《てんりゅうじ》芒《すすき》ノ馬場《ばば》町《ちょう》）と久我井堰（京都市南《みなみ》区久世《くぜ》築山町《つきやまちょう》）

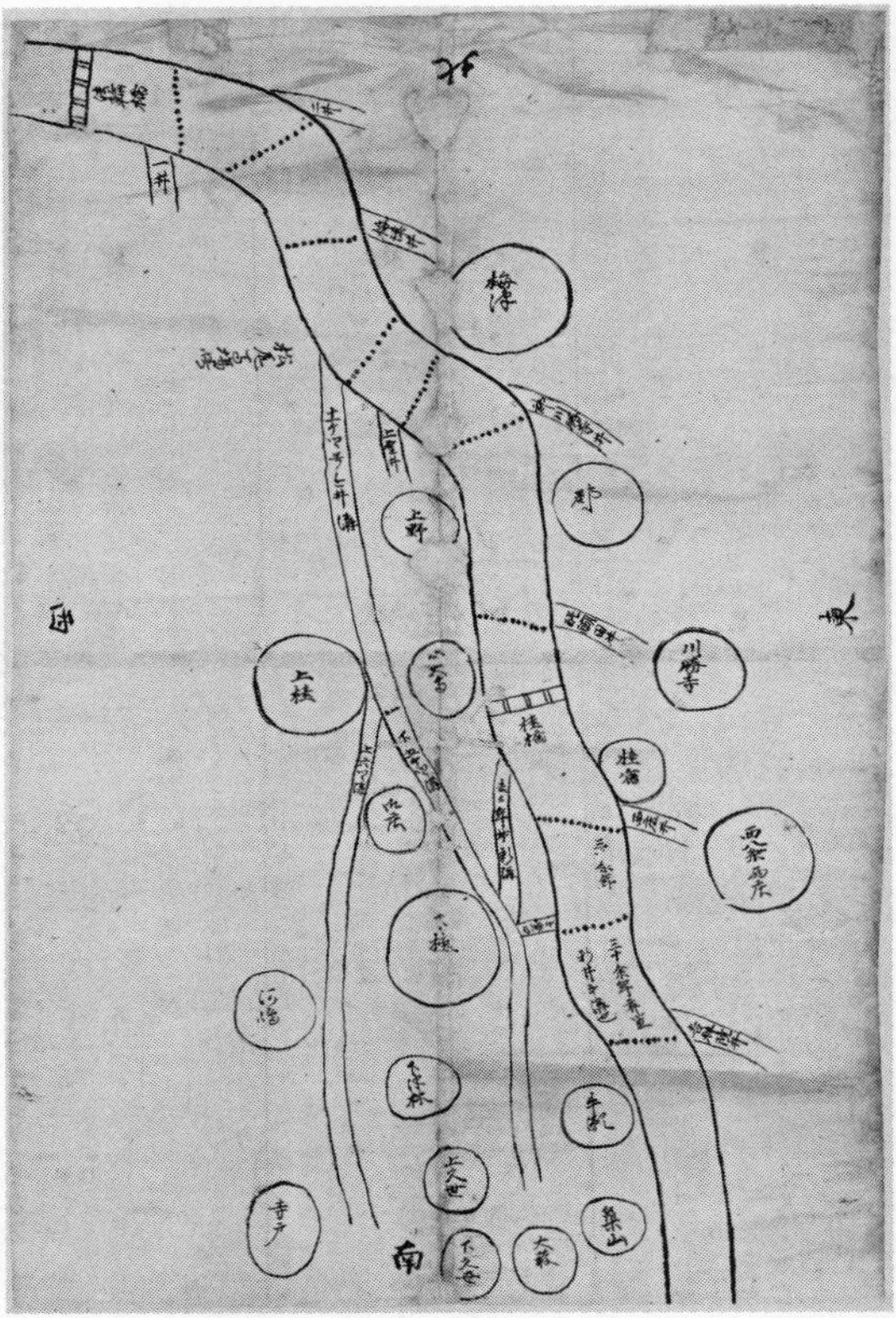

桂川における10ヵ所の井堰（「山城国桂川用水差図案」1496年、『東寺百合文書』）（京都府立京都学・歴彩館蔵）

の二つに統合している。木杭と石材で造られていた旧一の井堰を、一九五二年に現在の長さ一五一・六メートル、高さ一・八メートルのコンクリート堰に改修し、井堰の両岸から取水できるようにした。コンクリートの上には野面石《のづらいし》を張り詰めるなど景観にも配慮するほか、筏も流せるように中央には流筏路《りゅうばつろ》を設けた。この地では、井堰や用水路を整備し、水を分けあい、水路の修復や相論を経て協力関係が構築され、より大きな組織へと千年もの時のなかで進化していく利水の流れを知ることができる。

桂川を考えるうえで、その中心となるのは「嵐山」であろう。日本における利水の象徴ともいえる秦氏が造った井堰「葛野大堰」によって生まれた水辺で、桓武天皇が好み、嵯峨上皇などが離宮を設けた別業の地である。平安期における親水空間の出現ともいえよう。ここ嵐山には上流の丹波から物資が運ばれ、嵐山の水は農業用水として下流の田畑を潤すなど、古くから京の都にとって重要な役割を果たしてきた。舟運が廃れた今も、舟の利用は「保津川下り」として、世界の人々が訪れる観光資源となっている。一三〇〇年間もの水辺の歴史を語れる川は数少ない。暮らしとともにある川には、時代の求めに応じて成長する姿を見ることができる。

第六章　宇治川——秀吉が造った新たな河道

見立番付で名を馳せた「宇治川」

江戸後期に名所旧跡や名産品などに番付をすることが流行《はや》った。これを「見立《みたて》番付」と称している。河川にも見立番付があり、全国の河川（一四二ヵ所）を記した番付『大日本国々名高《だいにっぽんくにぐになだかき》大川勅《おおかわすもう》』の西之方は、大関が大井川《おおいがわ》、関脇《せきわけ》が仙台の大隈川《おおくまがわ》（阿武隈川《あぶくまがわ》）、小結が筑後川《ちくごがわ》で以下、天竜川（天龍川）、吉野川《よしのがわ》、三州《さんしゅう》矢作《やはぎ》の松葉川（矢作川《やはぎがわ》）、宇治川、美濃《みの》の洲ノ股川《すのまたがわ》（長良川《ながらがわ》）と続く。東之方は大関が利根川《とねがわ》、関脇が木曽川《きそがわ》、小結が富士川《ふじかわ》、以下、最上川《もがみがわ》、越中《えっちゅう》富山の神通川《じんづうがわ》、淀川、江戸川《えどがわ》、神田川《かんだがわ》とある。「山城　宇治川」が西之方の前頭四枚目、東之方の前頭三枚目が「山城　淀川」である。四段目に格付けられた桂川や木津川よりも上位に位置づけられた宇治川は、淀川と並んで紹介されていた。しかし、現在の宇治川は河川法上の一級河川「淀川」（延長七五・一キロメートル）の一部区間を示す名称である。

琵琶湖から流れ出る唯一の自然河川である淀川は、滋賀県内では「瀬田川」と呼ばれ、京都

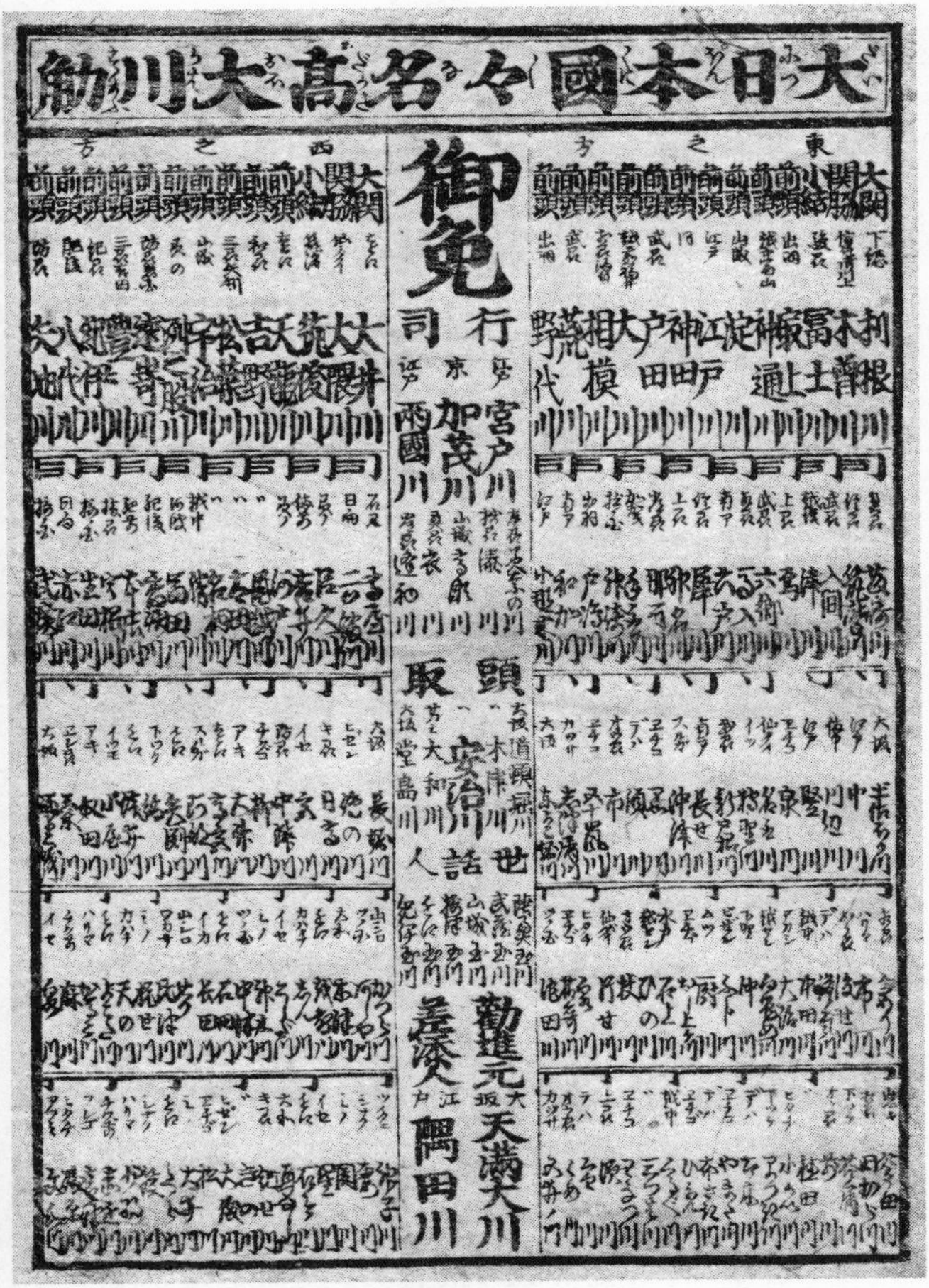

「宇治川」「淀川」などの記載が見られる見立番付（「大日本国々名高大川鋤」江戸後期）

府に入ったあたりで「宇治川」と名称を変える。この名称を変えるあたりから約九キロメートルで宇治橋《うじばし》。そこから約一五キロメートルで木津川、桂川と合流し淀川と呼ばれる。この約二四キロメートルの流れにすぎない宇治川が、見立番付で上位に位置づけられる理由を探ってみたい。

「大化の改新」と同時代に架けられた「宇治橋」

宇治川と聞けば、最初に宇治橋を思い浮かべる。宇治橋は、『続日本紀《しょくにほんぎ》』にも記述があり、日本における最も古い時期に架けられた橋梁のひとつである。日本三古橋とされるのは、貴族子弟の教養書である『口遊《くちずさみ》』（九七〇年）に「山太近二宇三」と記された、「宇治三郎の宇治橋」、大津宮遷都（六六七年）に際して架設された「近江二郎の瀬田唐橋《せたのからはし》（勢多《せた》橋）」、東大寺《とうだいじ》の大仏造立に勧進した行基が七二五年（神亀《じんき》二年）に大山崎と八幡をつなぐために再架設したと伝わる「山城太郎の山崎橋」である。三橋とも一級河川「淀川」に架かる橋梁であり、淀川を渡るルートが当時の

橋寺放生院（宇治橋右岸）で見ることができる宇治橋断碑（絵葉書、1918～32年）

交通網において重要であったことが見えてくる。

　宇治橋の来歴を示す史料に、重要文化財の宇治橋断碑がある。断碑には六四六年（大化《たいか》二年）に、僧道登《どうとう》が架橋したとある。宇治橋は法興寺《ほうこうじ》（飛鳥寺《あすかでら》）の僧侶であった道昭《どうしょう》（道照）も架橋したとされ、その記述が『続日本紀』の文武《もんむ》天皇四年（七〇〇年）三月十日の条に見られる。同条には七〇〇年に亡くなった道照の来歴が記され、山背国宇治橋を元興寺《がんごうじ》（法興寺〔飛鳥寺〕が平城京遷都にともなって移転時に改称）の禅院に住む和尚が架橋したとある。神代から鎌倉後期までの年代記である『帝王編年記《ていおうへんねんき》』（一三六四～八〇年の間に成立）にも、六四六年（大化二年）に元興寺の道登と道昭（道照）が宇治橋を架設したとあるが、六四六年時点での道昭の年齢が十八歳であることと、道昭は遣唐使《けんとうし》から帰国（六六一年）後の晩年に土木事業に従事したとされることから、道登が架設した宇治橋を道昭がのちに改修した説のほか、道昭は宇治橋には関わっていないとの説もある。

　平安期に入り『日本紀略』にも、七九七年（延暦十六年）五月八日の条に宇治橋を造ったとある。これは、洪水によって流されていた橋が再架設されたことを示している。延暦年間は平安遷都を行った桓武天皇の在位期間となり、在位二五年の間で架橋に関する記述は宇治橋も含めて三橋となる。最初の記述は長岡京造営と同年の七八四年に架けられた山崎橋である。次に平安遷都後の最初の架橋となる左比《さひ》川橋で、七九六年八月十日の条に左比川橋を造るとある。佐比川橋は都の玄関口である佐比津（南区桂川緑地公園のあたり）と桂川（佐比川）の対岸をつないでいる。都の交通基盤として、橋梁が重要であったことが見えてくる。

宇治橋の重要性は、ここが幾度も戦いの場になったことからもわかる。『平家物語』（巻第四）の「橋合戦」では、一一八〇年（治承《じしょう》四年）に以仁王《もちひとおう》と源頼政《みなもとのよりまさ》は平家が宇治橋を渡れないように三間（約五・四メートル）の橋板を外し、宇治川を挟んで平家と戦った。同じ『平家物語』（巻第九）に記述のある「宇治川先陣」では、源頼朝《よりとも》の命を受けた木曽義仲《きそよしなか》追討軍の佐々木高綱《ささきたかつな》と梶原景季《かじわらかげすえ》が先陣を争い、一一八四年（寿永《じゅえい》三年）に宇治川を名馬で渡っている。

文芸の世界では『源氏物語』（浮舟《うきふね》）に「宇治橋の長き契りは朽ちせじを危ぶむ方に心騒ぐな」などとあり、薫《かおる》と浮舟の恋心を宇治橋の長さにたとえているのが面白い。ほかにも謡曲の「鉄輪《かなわ》」で鬼女となる橋姫《はしひめ》の由来や、狂言の「通円《つうえん》」などの舞台にもなっている。

紫式部も長いと認識していた宇治橋の橋長に注目したい。橋長を基準に全国の橋梁（一四六カ所）を番付した『大日本国橋見立相撲』（江戸後期）を大坂の版元であるわた宗が刷り上げている。番付の西之方は、大関が岩国錦帯橋《いわくにきんたいきょう》、関脇が瀬田唐橋、小結が大坂天神橋《てんじんばし》で以下、城州《じょうしゅう》淀大橋、筑前垂間橋《ちくぜんたるまばし》、大坂天満橋《てんまばし》、同難波橋《なにわばし》、伏見豊後橋《ぶんごばし》と続く。京都の橋梁の順位を追っていくと、西之方の前頭筆頭にある「百廿間　城州淀大橋」が最上位で、次が前頭五枚目の「百十五間　伏見豊後橋」となる。宇治橋は七枚目「百間　城州宇治橋」となり、京都では三番目の橋長（約一八〇メートル（百間））となる長大橋であったことがわかる。

現在の宇治橋の橋長は一五五メートルで、一九九八年（平成十年）に架け替えられた。架設

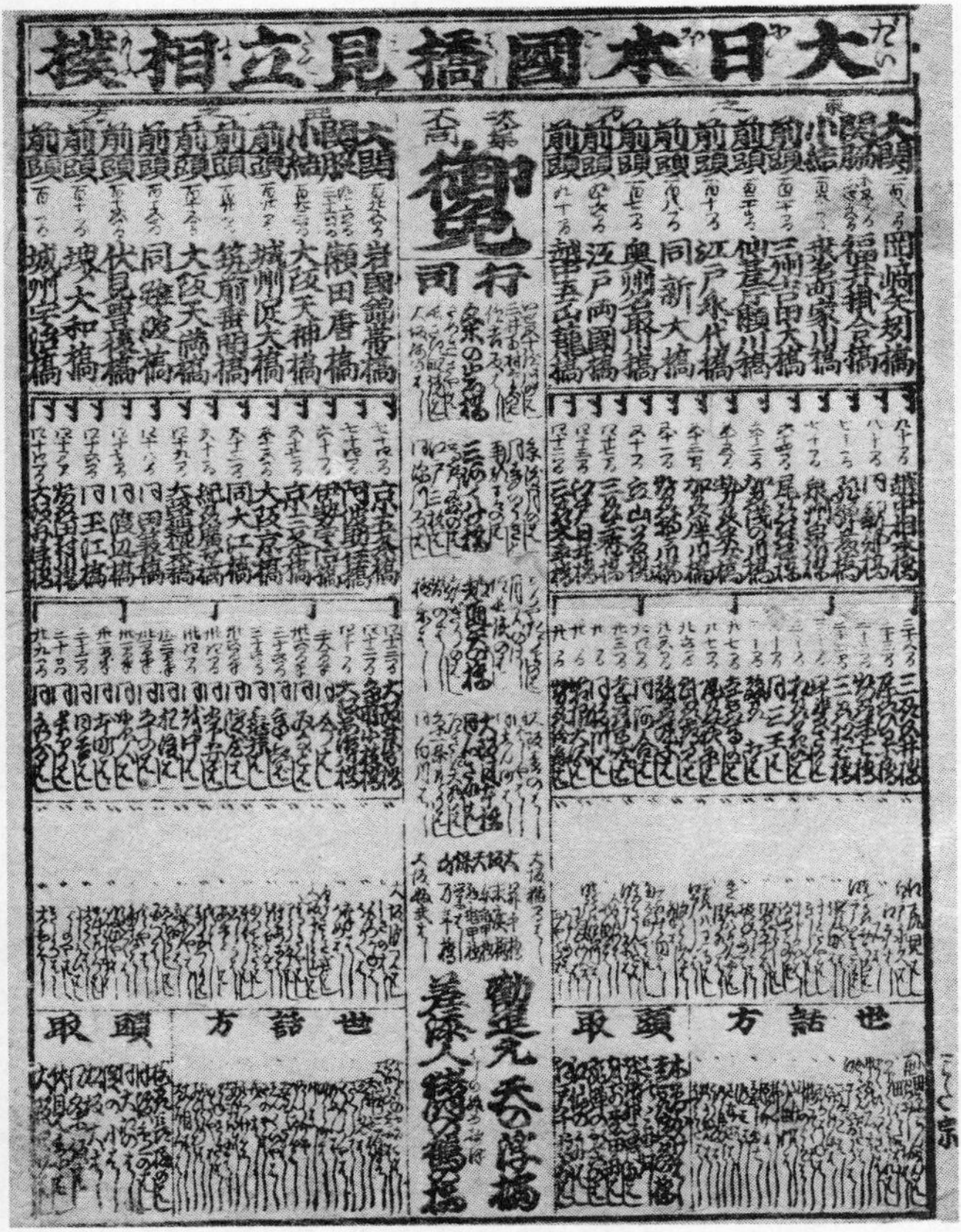
大日本國橋見立相撲

「城州淀大橋」「伏見豊後橋」「城州宇治橋」などの記載が見られる見立番付（「大日本国橋見立相撲」江戸後期）

に際しては景観が重視され、昔の面影を残すために橋脚の数も六列とし、高欄には国産の檜材を用い、擬宝珠《ぎぼし》もつけられた。宇治橋の特徴である三《さん》の間《ま》も引き継がれている。三の間とは宇治橋の西側から三つめの橋間に設けられた張り出し部分のことで、ここで汲《く》まれた「三の間の水」は、太閤秀吉が好んだとされ、『茶話指月集《ちゃわしげつしゅう》』（一七〇一年）に天下三名水として「京都では、名水といえば醒ケ井《さめがい》、柳《やなぎ》の井《い》、宇治橋の三の間から汲み上げた水を言う」とある。三の間から汲む水が名水である理由については、陸羽《りくう》が記した『茶《ちゃ》経《きょう》』（七六〇年頃）を例に、川の真中の水は流れが速く水が喧嘩するので悪い水になりこの水を飲むと病気になる、川岸は流れがなくよどんでいるため竜が住む、そのためお茶に使う水は真中と川岸の間が良いとされるとの説もある。いずれにせよ、江戸期においてランドマークとしての三の間は広く知られており、絵図に三の間が描かれている橋は、宇治橋であることを意味している。

宇治茶まつり（10月開催）で「名水汲み上げの儀」が行われる宇治橋三の間

『万葉集』や平安文学にも記された舟運

宇治橋と同様に宇治川における水運の歴史も古く、『万葉集《まんようしゅう》』の「藤原宮の役民の作る歌」（巻第一、五〇長歌）に、淡海《おうみ》の国の田上山《たなかみやま》の檜が八十氏河《やそうじがわ》（宇治川）に玉藻のように浮かべ流され、筏で泉の河（木津川）をさかのぼり、天皇の思いのまま用材が大和へと運ばれる様子を称《たた》える内容が詠まれている。宇治川は淡海（琵琶湖）と奈良の都をつなぐ河道として重要であったことがわかる。さらに『万葉集』には「巨椋《おおくら》の入江響《とよ》むなり射目人《いめひと》の伏見が田井に雁《かり》渡るらし」（巻第九、一六九九）と宇治川が流れ込む巨椋池《おぐらいけ》を詠んだ柿本人麻呂《かきのもとのひとまろ》の一首もある。射目人が伏す伏見の田に雁が渡って来ているらしいと詠まれる巨椋池に、大らかさと雄大さを感じる。

平安期の航路を知ることができる文献に、藤原道綱母が記した『蜻蛉日記』がある。日記には宇治から船に車を乗せて出港し、船中でお昼を食べ、「いずみ」（木津）に着いたとある。巨椋池を渡っているので、今の宇治川とは異なる航路となるが、このあたりは古くから舟運が発達していたことがわかる。この頃の宇治川は、宇治橋の下流に位置する槇島《まきしま》の手前で巨椋池に流入していた。

大池と呼ばれた巨椋池

当時の巨椋池は、宇治川が流れ込む広大な湿地帯で「大池」とも呼ばれ、多くの島州が点在していた。巨椋池の情景は、『都名所図会』（一七八〇年）の「指月・豊後橋・大池」や『諸国図会年中行事大成』（一八〇六年）の「桃山遊宴の図」など多くの絵図に描かれており、風光明媚な地として知られていた。また、巨椋池の水深は一・四メートル程度と浅く、日本の水生生物の約八割（四七科一五三種三変種）が生育する水生植物の宝庫で、特に蓮見には多くの人々が訪れていた。

湿地であった巨椋池は洪水時に木津川と桂川の遊水地帯としての役割も持っていたが、一九〇六年（明治三十九年）の宇治川の付け替え工事によって河川と分離された。これにより水の循環を失った巨椋池は、水質が悪化し漁獲量も低下するなか、一九四一年（昭和十六年）に完成した国営第一号の干拓事業によって七九四ヘクタールの水面が農地へと変わった。干拓田の生産米は二万石であり、太平洋戦争における食糧難に寄与し、現在も農業が営まれている。現在に至る巨椋池の形状の変遷は、一五九二年（文禄《ぶんろく》元年）に豊臣秀吉が伏見に城（指月屋敷）を築くことから始まったといえる。

秀吉が整備した堤によって延びる「宇治川」

伏見に城下町を造った秀吉は、伏見を物資が集積する港にするため、一五九四年（文禄三年）に宇治川の改修を行った。改修は巨椋池に流れ込んでいた宇治川の流れを槙島堤で止め、伏見へと流れるように流路を変えた。当時の堤（宇治川右岸）の一部が二〇〇七年（平成十九

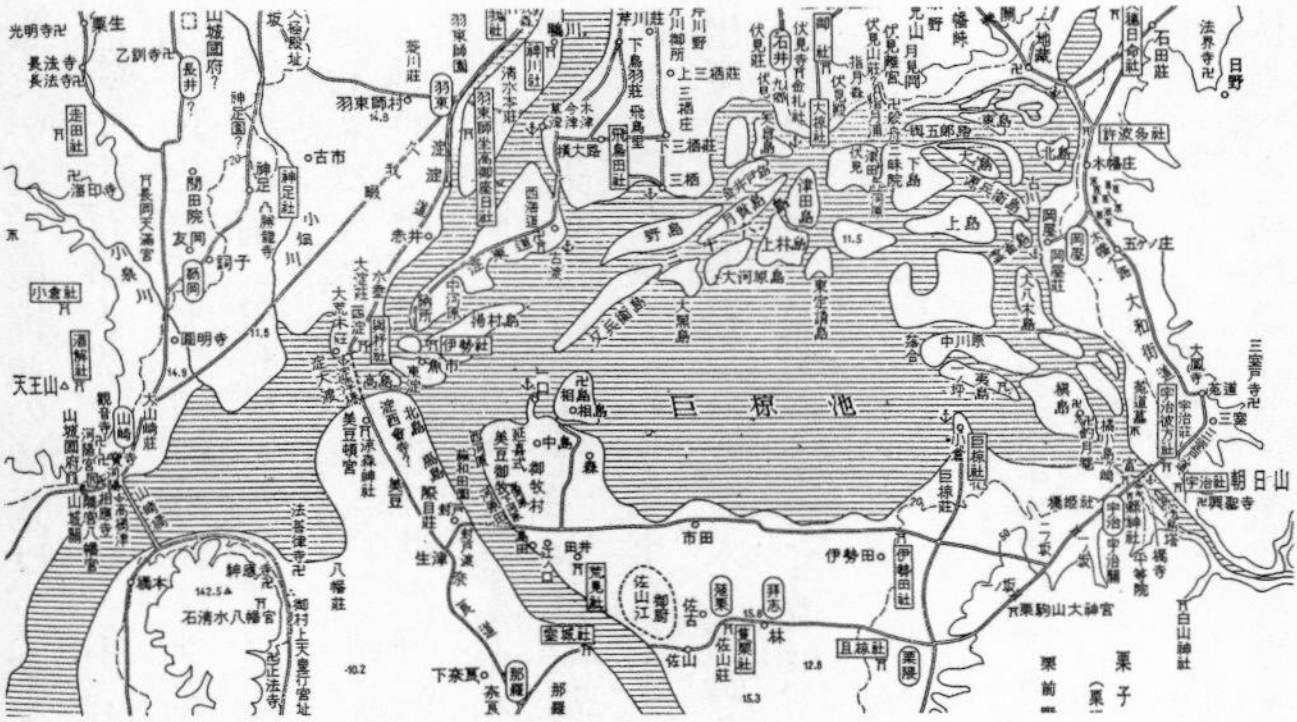

平安時代以降豊臣秀吉伏見築城頃までの巨椋池（『巨椋池干拓誌』）

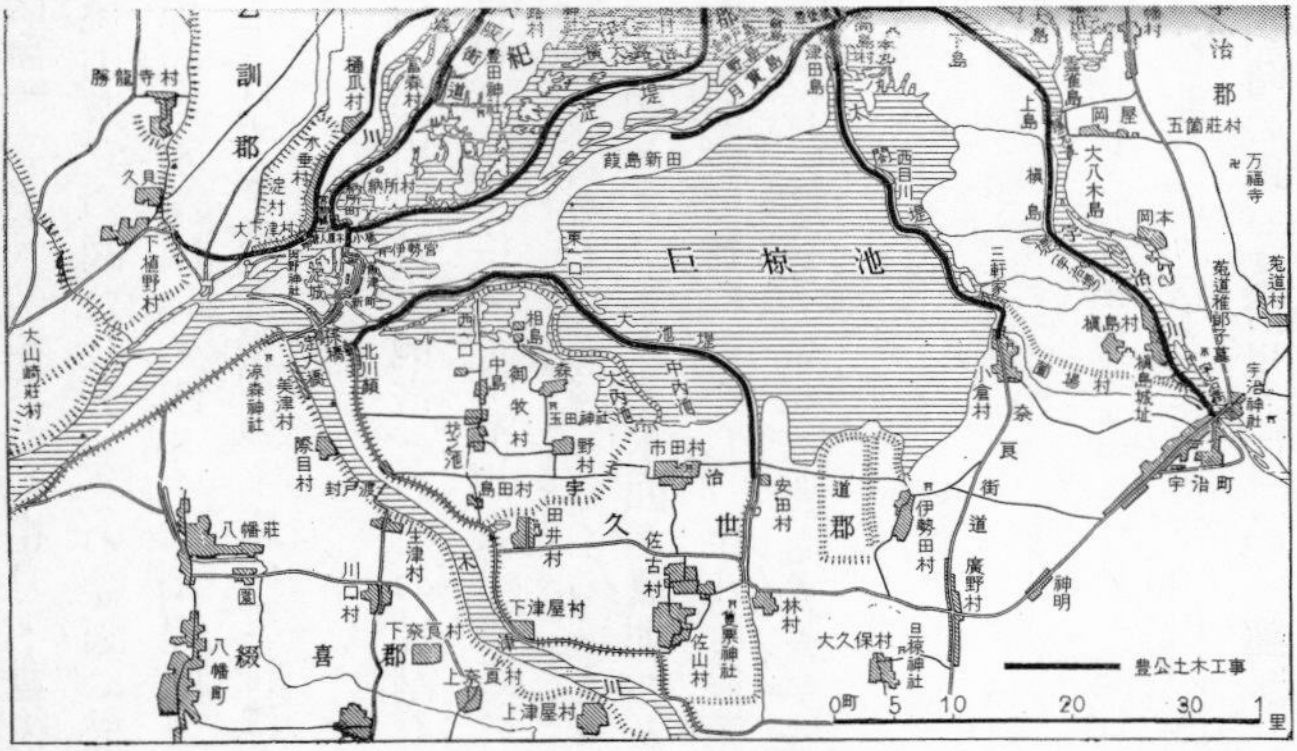

豊臣秀吉によって整備された槇島堤などの位置図（『巨椋池干拓誌』）

年）に見つかり、「宇治川太閤堤跡」として史跡に指定された。堤の構造は天端が二メートル、高さが二・二メートルで、堤の下部には石積がなされ、天端は石張りであったことが確認されている。

これらの堤によって河道ができ、宇治近郊の産物が伏見へと運搬できるようになった。もうひとつの大きな変化が、伏見から大坂までの堤の整備である。伏見から納所《のうそ》までの宇治川右岸に整備した淀堤と、淀から大坂の淀川左岸に構築された堤を京街道として、多くの旅人が利用していた。

これらの工事によって、湿地であるため大きな舟が運航できなかった巨椋池の東側が宇治川と分離され、宇治川の新たな一五キロメートルの河道が大坂からの荷を伏見まで運ぶこととなった。大坂から宇治までの間を運航する舟は過書船等と呼ばれ、舟運の権利は細かく定められており、舟運範囲や船数も決まっていた。河道がこのように新たな産業基盤を生み出すことを知ったのが、のちに保津川や高瀬川の舟運を担う角倉了以ではないだろうか。

伏見から上流の舟運

伏見から上流への舟運は、一五九八年（慶長三年）に秀吉から通船許可を得た過書船が宇治の興聖寺浜《こうしょうじはま》まで運航していた。当時の宇治川沿いの港は、六地蔵浜《ろくじぞうはま》（大井浜、柿ノ木浜）、三室津《みむろつ》（大鳳寺浜《たいほうじはま》）、宇治浜、興聖寺浜などであった。一六九八年（元禄十一年）に許可された伏

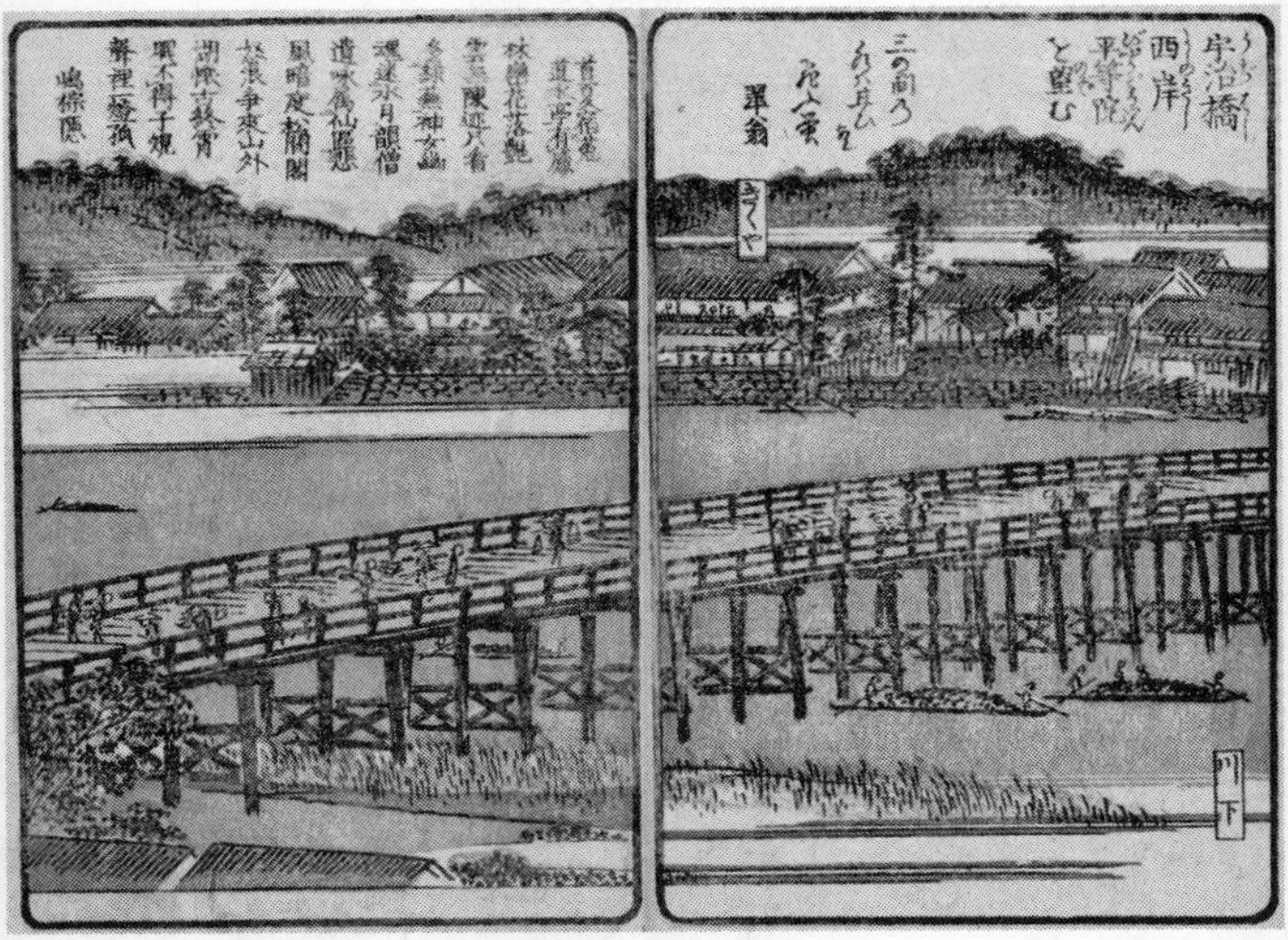

宇治橋と柴舟（『宇治川両岸一覧』1863年）

見船（一五石）も、過書船と同様に興聖寺浜まで運航することができた。

伏見から上流の舟運の賑わいを見ることができる史料に、一八六三年（文久《ぶんきゅう》三年）に発刊された『宇治川両岸一覧』がある。松川半《まつかわはん》山《ざん》が描いた挿絵の特徴は淡彩をほどこし、実景を描いていることにある。この絵図から江戸時代後期の舟運の様子を見てみたい。

宇治橋を描いた絵図を見ると、二人の船頭が操る何艘もの小舟が、柴を積んで下っている。柴を満載した小舟は、宇治川の支流である志津川《しづかわ》が合流する甘樫《あまかしの》浜から下ることが『宇治川両岸一覧』に書かれている。文中には「平等院《びょうどういん》より十町余川上にあり、此所は田原郷より柴・薪を運び出す場所にして、これより船につみて伏見に送るなり。また田原郷より川上の奥山は、牛馬往来の道なきゆへに、薪を伐て竹の輪にて束ねて川に流し、此甘樫にて船にのりて、流るゝ薪をとり上げ、竹の輪をぬきて縄にて束ねかへ、船につみて運送す。其薪を流す事、幾万束といふ」とあり、甘樫浜が柴や薪の集積地で、流れてくる薪等の束を船に積み替えていたことがわかる。

このように書かれると甘樫浜の上流には舟運がなかったのかと思うが、そうではない。一七〇七年（宝永四年）に宇治郷惣代の田辺三郎兵衛が、瀬田川の通船を願いでて、宇治と高尾《こうの》（宇治田原町高尾）の間を「宇治高瀬」と呼ばれる小舟で通船する許可を得ている。この一駄分の賃金は、宇治と高尾間で上りが銀一匁《もんめ》八分、下りが銀九分であった。舟運の権利を持つ株仲間の制度（船株）も整っており、一七七五年（安永《あんえい》四年）に宇治郷の喜平衛が冥加銀を上納して船株を取得し、また、遠州七窯《えんしゅうななかま》のひとつである朝日焼《あさひやき》の俵屋長兵衛も一七八三年（天明《てんめい》三年）に宇治高瀬船主の上村養賀から譲り受けていることが『瀬田川通船一条写』に記されている。

瀬田川を船で運航する計画は、江戸初期にも考えられている。幕府の儒官であった林羅山《はやしらざん》が、一六一四年（慶長十九年）九月二十三日に保津川を開削した角倉与一《よいち》（素庵。了以の息子）に書状を送っている。この書状によると、徳川家康は与一が計画している瀬田川の通船の話を聞き、船が上下できればいよいよ結構、たとえ通船できなくても、岩石を切り開いて湖水が溢れなくなれば六万～七万石の上田ができ、湖水が二尺～三尺も引くと二〇万石の新田ができると喜び、計画をよく練って上申するようにと伝えている。この計画がなぜ実現しなかったのかは定かではないが、その後も宇治郷代官の上林峯順《かんばやしほうじゅん》が瀬田川の通船の目論見《もくろみ》を提出、また、一八〇五年（文化二年）に彦根《ひこね》藩勝手方の西村彦之丞が蔵の藩米を瀬田川で運ぶために、船の試乗を行っている。

これらの通船が叶《かな》わなかった理由としては、琵琶湖と宇治との高低差が約七〇メートルもあり流れが急で船の運航に向かなかったこと、都や大坂への運搬を陸路から舟運に変えられることへの危機感から大津商人が反対したことなどが考えられる。

伏見から大坂への舟運

槙島堤や淀堤を整備して伏見を拠点とした船路を整備した豊臣秀吉は、一五九八年（慶長三年）に淀の住民である河村与三右衛門《かわむらよざえもん》と木村宗右衛門《きむらそうえもん》に、淀川での舟運に関する独占権（川船支配方）を与えた。この制度を徳川家康も引き継ぎ、一六〇三年の朱印状に、「大坂・てんほう〔伝法《でんぽう》〕・尼ヶ崎《あまがさき》・山城川・伏見上下仕過書船、御公用として年中に銀子弐百枚可致運上事」とある。この独占権は、河村与三右衛門が亡くなった後、一六一五年（元和《げんな》元年）に河村家から角倉与一へと移行している。一七一四年（正徳《しょうとく》四年）の『淀川旧例之覚』には、「淀船ハ往古より淀の川船と申し候て、木津川ハ笠置《かさぎ》まで、宇治川ハ宇治山の内まで、桂川ハ嵯峨まで」とあり、これらの船は淀川だけでなく、宇治川、桂川、木津川を往来していたことがわかる。

淀の過書船の船株は一六一五年に一六二株であったが、その翌年に隻数は両奉行（木村・角倉過書奉行）の判断で決めることができることとなり、一六八一年（天和元年）には二十石以下の淀上荷船は四五三隻であった。

伏見と大坂を往来する船で最も知られているのは伏見三十石船である。江戸時代の当初は伏見が所有する船はなく、十五石船二〇〇隻の所有を許可されたのは一六九八年（元禄十一年）のこと。その後、過書奉行の反対により伏見船の運航は禁止になるが、再度、一七二二年（享保七年）に三十石の伏見船二〇〇隻が認められ、伏見三十石船が定着することとなった。

伏見三十石船は、江戸時代から明治の初期にかけて伏見と大坂の八軒家《はちけんや》をつないでいた客船をいう。そもそも三十石船とは、どのような大きさの船であったのか。米一石は約一五〇キログラムなので、三〇石の荷船となると四五〇〇キログラム、米俵に換算すると七五俵が積めることになる。しかし、このような数字からは船の大きさはイメージできない。形状から見ると長さが約一七メートル（五丈六尺）、幅が約二・五メートル（八尺三寸）で、市営バス（一〇・五メートル×二・五メートル）の約二台分と思ってもらうとわかりやすい。

乗船定員は二八人で、雨や日差しを避けるためにゴザをかぶせることができるように、簡易な屋根の骨組みが設けられていた。当初、船は昼と夜の二回の定期便であったが、利用客が増えたために朝昼晩の一日三便に増やされている。下りは約半日で大坂に着き、上りは一日かけて伏見に着いた。大坂に滞在する松尾芭蕉の容体の悪化を知った弟子の向井去来《むかいきょらい》が、伏見を巳《み》

（一〇時）の刻に出立し、亥《い》（二二時）の刻に八軒家に着いたと『芭蕉翁反古文《ばしょうおうほごぶみ》』（一八一〇年）にある。

筆者も、道中、旅人は何を楽しんだのかを知りたくて、八幡から大阪へと淀川をカヤックで下ってみた。船から見えるのは堤防と少し高い建物、そして遠くに見える山々。堤防で閉ざされた風景のように思えて、面白いとはいいがたい。しかし、一八六一年（文久元年）に出版された『淀川両岸一覧』に描かれている船から見た風景を見ると、城や神社、民家、街道を行き交う人々の姿に目が奪われる。民謡の淀川三十石船唄で「淀の上手の千両の松は売らず買わずの見て千両」と唄《うた》われた「千両松」（淀堤）の絵図などは、旅人の話声までが聞こえてきそうである。景観の面白さは城や橋などの構造物にもある。一六九一年（元禄四年）にオランダ商館長であるカピタンの江戸参府に同行したドイツの博物学者であるケンペルの日記には、「五〇〇戸の枚方《ひらかた》の町がある。（中略）ここから左手の川向うには、城が水中に築かれているように見えた。この城は高槻《たかつき》という小さい大名の居城で、遠くからたいへん美しく野原の中に際だって見えていた」とある。これは京街道から見た対岸の風景であるが、船で行き交う旅人も城郭の美しさに目を奪われたことであろう。

川の景観の構成要因のひとつに船がある。前述の伏見三十石船が一七二二年（享保七年）に幕府に認められるなど、江戸中期には淀川を往来する船は千艘を超えていた。船の種類としては、淀川上流域の貨物を運んだ天道船《てんとうぶね》、大坂近郊から農作物を街へ運んだ青物船、大坂沿岸から京都へ生魚を運んだ今井船《いまいぶね》のほかに、渡し船や貨食船《にうりぶね》（くらわんか船）など大小様々な船が昼夜を問わず淀川を行き交っていた。これらの船が旅人を楽しませたことはいうまでもない。

気になる船代であるが、一六二六年（寛永三年）には下り一〇文、上り一六文であった。一八〇〇年（寛政《かんせい》十二年）の頃は下り七二文、上り一四四文であり、当時の蕎麦《そば》一杯が一六文であったことを考えると、七二文は三〇〇〇円程度であろうか。長崎商館付の医師であったシーボルトが、一八二六年（文政《ぶんせい》九年）の江戸参府の帰りに伏見から大坂へと下ったときの日記（六月七日、八日）に「われわれはここで夕食をとり、大坂ゆきの船に乗り有名な淀川を下る。西南日本の諸大名がしばしば往来されるので船の設備はたいへんよい。これはオランダのトレックスホイテンを思い出させ、その快適さに関しては甲乙つけ難い。日は既に沈んで、往路われわれの注目を集めたすばらしいこのあたりの景色は、目に映らなかった。（以下六月八日）夜明けには、もう大坂からそんなに遠くないところにいた。新緑の装いをした景観のそこかしこに見えていた城の白い櫓《やぐら》がわれわれにそれを告げていた」とある。明け方の美しい大坂城を楽しみに淀川を快適に下れると思うと、夜の船旅であっても三〇〇〇円は高くない。昼であれば、その楽しみは格別のことである。

宇治川の派流を活用した「伏見港」

伏見三十石船の起点であった伏見は大坂と京都、そして江戸をつなぐ要衝として発展した。

1962年（昭和37年）まで使われていた三栖閘門　現在は伏見十石舟の発着場となっている

多くの大名屋敷が立ち並んでいた名残を、河川に架かる豊後橋（観月橋《かんげつきょう》）、阿波橋《あわばし》、毛利橋《もうりばし》、丹《たん》波橋《ばばし》などの橋名からも知ることができる。この伏見の玄関口が、宇治川の派流を利用した伏見港である。

伏見港の様子は、前述の『淀川両岸一覧』の絵図から知ることができる。大坂から着いた舟、大坂へ出発する舟、荷物や馬、籠などが描かれ、伏見港の宇治川派流沿いには、坂本龍馬《さかもとりょうま》とお龍《りょう》で知られる寺田屋《てらだや》などの宿屋が立ち並んでいた。文中には「〔京橋《きょうばし》〕当橋の辺りは浪華《なにわ》より京師に上下の通船三十石、今井船或《あるい》は伝道の荷船等の船岸にして、夜となく昼となく出入の船々間断なく、且《かつ》都に通ふ高瀬船、宇治河下る柴船、かず〱挙《こぞっ》て喧《かまびす》しく、京摂の往返、関東上下の旅客群集の地なるが故に旅舎、貸食家《りょうりや》の多なることは言も更なり」とあり、多くの船で賑わっている情景が伝わってくる。

伏見港の広さは、絵図に描かれた京橋や蓬莱橋《ほうらいばし》から知ることができる。京橋の橋長は『京羽二重織留《おりどめ》』（巻之六）（一六八九年）に「京橋　長　二十二間　幅　三間六尺」とあり、宇治川派流は約四〇メートルと、舟運には十分な川幅があった。しかし、一九二二年（大正十一年）に始まった宇治川の観月橋と三栖《みす》間での築堤工事によって、伏見港（宇治川派流）と宇治川の間は船の通行ができなくなった。そこで、一九二九年（昭和四年）に三栖閘門（長さ七三メートル、幅一一メートル）が整備され、昭和の初めは石炭などを運ぶために年間二万隻以上の船が閘門を利用していた。閘門は一九六二年まで使われていたが、他の舟運と同様に陸上交通に替わることとなった。現在は高さ一六・六メートルの塔がランドマークとしての役割を果たしているだけでなく、一九九八年（平成十年）に伏見港四〇〇周年を契機に始まった遊覧する十石船の中継地になっている。十石船は三月下旬から十二月初旬まで運航しており、船から月桂冠《げっけいかん》の酒蔵などの情景を楽しむことができる。

川辺を彩る「水車」

近世において宇治を描く絵画や工芸品のデザインとして、「柳・橋・水車《みずぐるま》」が多く用いられるようになった。明治後期（明治三十五～四十年）の頃には、宇治から淀の間に二〇〇余もの水車があり、農業のために水を汲み上げていた。特に淀水車は、直径が八間（約一五メートル）もあり、その大きさゆえに異彩を放っていた。狂歌師の大田南畝《おおたなんぼ》の見聞録『半日閑話《はんにちかんわ》』に

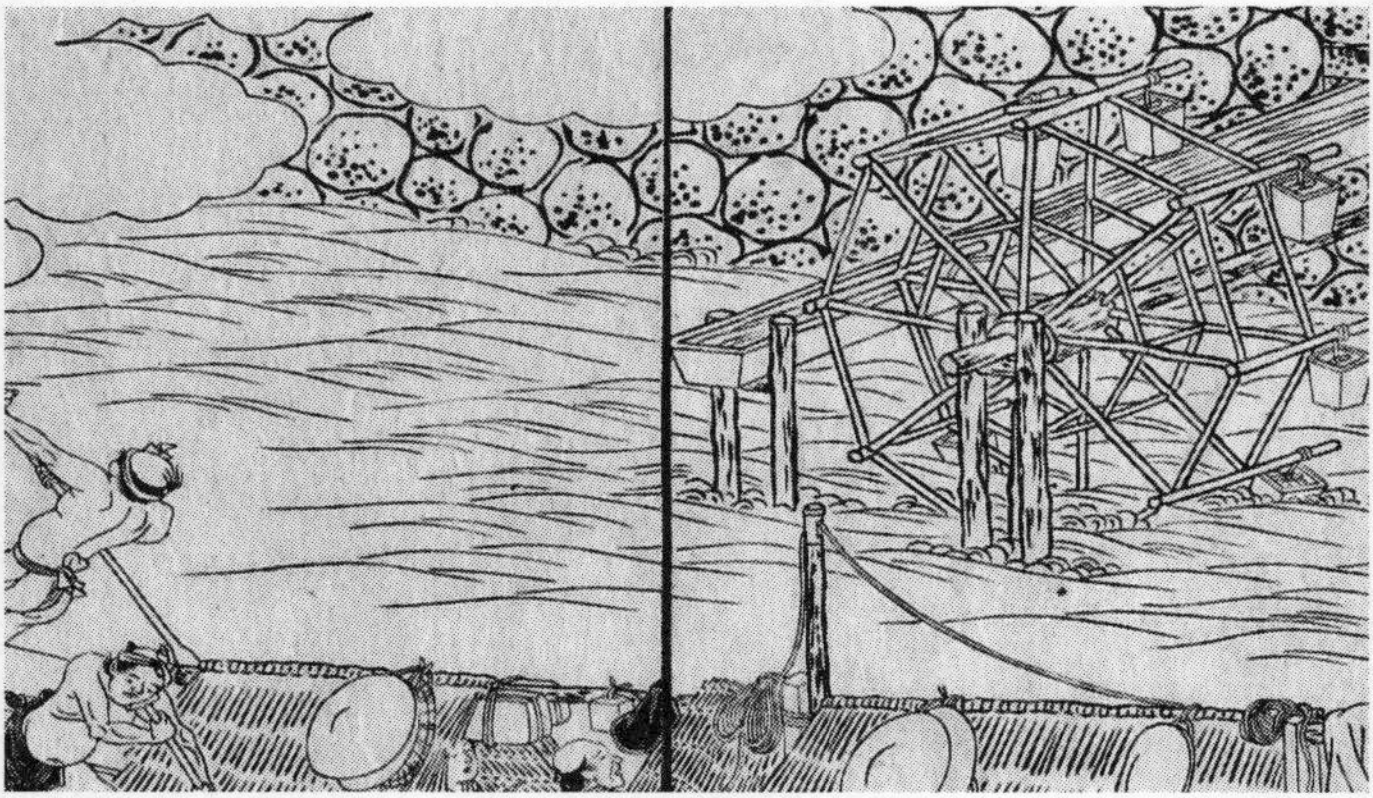

淀水車、伏見三十石船（「淀」『都名所図会　巻之五』1780年）
（国際日本文化研究センター蔵）

は「山州《さんしゅう》淀の外、北の方大川の中に水車二つあり。其《その》車大サ差わたし八間あり。廻り二十四間なるべし。釣瓶《つるべ》一つに水一斗六升入り候よし。川水を城の方に汲入る為なり」とある。汲み上げられた水は、城内の庭（池の水）と花畑に使われていた。水車は、流水の高さによって「流し掛け」、「下掛け」、「胸掛け」、「上掛け」など四つの形式があり、淀水車は流し掛けになる。川の水が自動的に汲み上がる不思議について、一七四八年（延享《えんきょう》五年）、淀に宿泊した朝鮮通信使の従事官である曺命采が一六枚の羽根が流れによって回り、それぞれの羽根につけられた木《き》桶《おけ》が自動的に水を汲み上げると称讃している。当時、朝鮮にはこれほど大きな水車はなかったようで、最先端の技術が淀のシンボルであった。当初は直径が八間であったが、江戸後期以降は少しずつ小さくなったといわれている。しかし、その大きさは他とくらべて抜きん出ており、船で往来する旅人の印象に強く残ったことであろう。その証《あかし》として、三重県の民謡で「淀のよそいの水車、サー何を待つやらくるくるとくるくる」と歌われている。諸国の水車の手本となった淀水車であるが、水害防止の目的で一八九六年（明治二十九年）に着手された淀川改良工事によって姿を消した。

水上の城「淀城」

もうひとつの美しい景観が水に浮かぶ淀城である。淀城は、淀君で知られる淀古城（現在の納所）に代わって徳川家光が松平定綱《まつだいらさだつな》に命じ、京都の守護のために一六二三年（元和九年）に築城が始まり、二年後の一六二五年（寛永二年）に魚市（現在の淀）に建てられた。淀城はいくつかの絵画に描かれている。淀城天守閣の美しさは知られており、その構造は、淀藩の家臣である渡辺善右衛門《わたなべぜんえもん》が描いた絵からわかる。二重の大入母屋《いりもや》屋根の上に三重櫓を乗せた五重の望楼型天守で、入り組んだ破風の天守と隅の張り出した二重櫓に特徴が見られる。この天守閣の経緯を辿ってみると、当初、大和郡山《やまとこおりやま》城の天守閣であったが、一六〇二年（慶長七年）に二条城《にじょうじょう》に移築され、後水尾《ごみずのお》天皇の二条城行幸のあと、淀築城にともない移築されている。

『淀川両岸一覧』淀城御茶屋の絵一二枚を並べてみると、当時の様子が見えてくる。田園風景のなかに忽然《こつぜん》と現れる淀城。川沿いに約一キロメートルにもおよぶ石垣が続く。この様子を一六九一年（元禄四年）二月二十八日にケンペルは、『江戸参府旅行日記』で「町の外回りにも、町の中にも川が流れている。（略）町の西側にある城は、広い川の真ん中にあり、荒削りの石で堂々と築かれていて、外側の城壁の角と中央には日本の建築法によって建てられた幾層かの白い櫓があり、大へん美しくわれわれの目をひいた。堀をめぐらし石を積み上げた外郭の城壁はずっと町の際まで延びている」と記しており、水上に浮かぶ名城を見た旅人の思いを感じることができる。ただ、残念なことに天守閣は一七五六年（宝暦六年）に落雷によって焼失している。

『万葉集』で読まれたのどかな情景の巨椋池と、豊臣秀吉が整備した宇治川が描く雄大な景観。宇治川には多くの船が往来し、農地へと水を汲み上げる水車が点在している。ランドマークとしての宇治橋や豊後橋（観月橋）、そして最後は水上の城である三層の天守を持つ「淀城」。これらをイメージするなかで、当時の旅人が見た美しい景観とは何なのかを考えてしまう。

景観の美しさを感じるには、二つの基軸が必要ではないだろうか。ひとつは、景観の連続性。例えば、優美な淀城だけが雑然とした街中にあっても、美しいとはいえない。宇治川の流れ、水車、川沿いの樹木などの連続性のなかにあることから美を感じる。例えば宇治橋を見るときに不似合いな看板や建物に違和感を受けるのは、景観の連続性を途切れさせるからである。

もうひとつの基軸は、時間の連続性である。宇治橋、三栖閘門、川沿いの宿屋だけでなく、石積護岸などのすべてが連綿と続いてきた川の文化である。ひとつひとつに歴史があり、物語を持っている。その物語を聴くことができる河川の景観こそが大切なのではと思えてくる。

第七章　琵琶湖疏水——社会の求めに応じて進化する水路

疏水が必要となった理由「京都復興」

京都市民の九九パーセント以上が琵琶湖の水を飲んでいる。京都市は暮らしの生命線である水源を琵琶湖に求め、その水をもたらすのが琵琶湖疏水である。

千年の都である京都は東京遷都によって幕末に約三〇万人であった人口が、一八七三年（明治六年）には二二万八〇〇〇人に減少するなど活力を失っていた。沈滞した京都を復興するために、第三代京都府知事の北垣国道《きたがきくにみち》が明治政府の要人である伊藤博文《いとうひろぶみ》や山県有朋《やまがたありとも》などと協議を重ね、一八九〇年に建設したのが、大津市観音寺《かんのんじ》の取水地点（琵琶湖）と京都市伏見の濠川《ごうがわ》を結ぶ約二〇キロメートルの第一琵琶湖疏水（以下、第一疏水）である。最初に着手したのが、大津から鴨川までの間で最も難工事となった第一トンネルの竪坑《たてこう》掘削と試験掘削工事である。

建設当時、日本一の長さを誇った第一トンネルは、工期の短縮を図るために竪坑を用いて四ヵ所から掘り進められた。

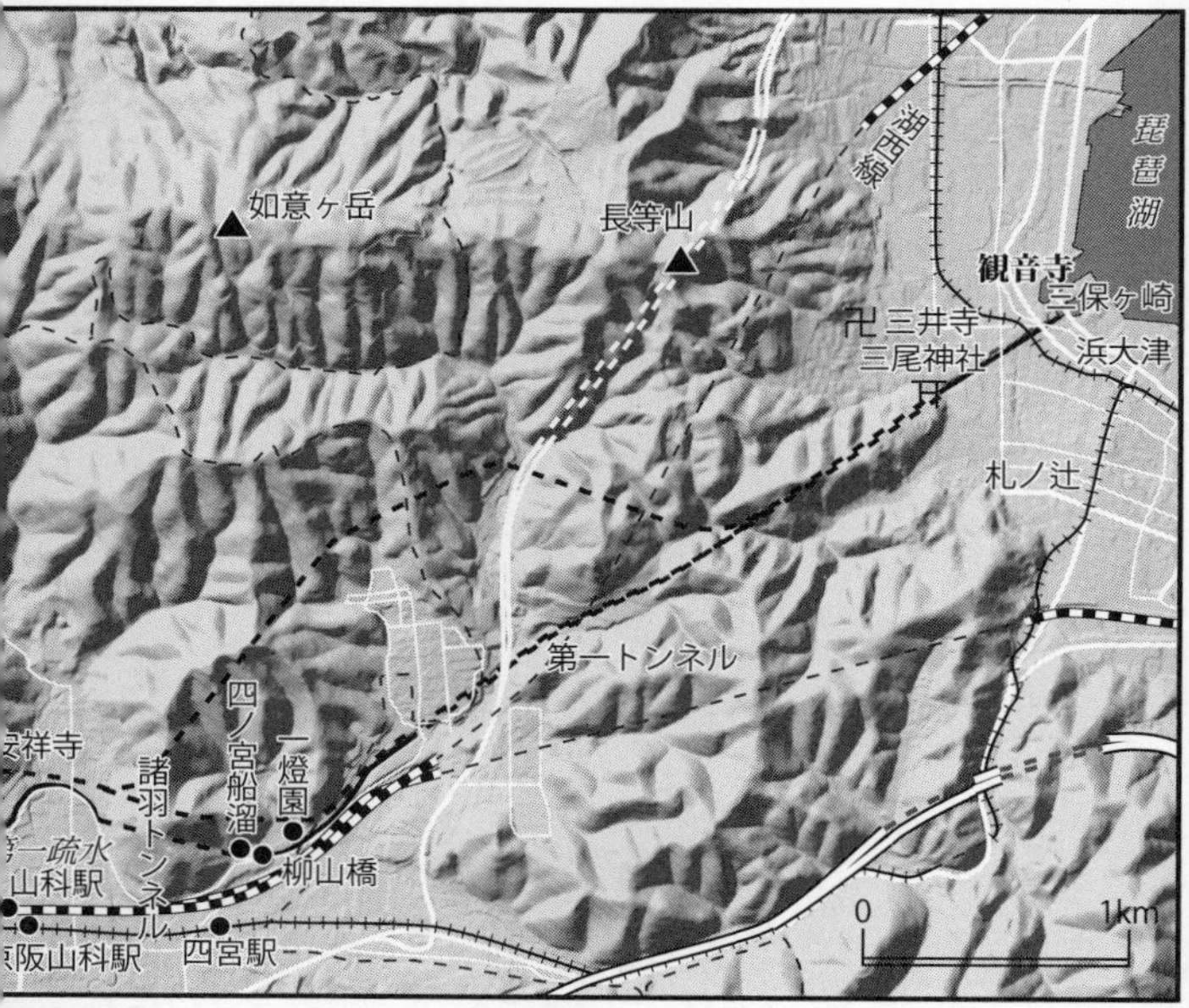

京都市の蹴上から下流については、主に運輸を目的とした疏水本線と水力や防火用水などを目的とした疏水分線の二つの流れに分かれる。疏水分線はテレビドラマで使われる南禅寺の水路閣《すいろかく》や哲学《てつがく》の道《みち》沿いを流れる約八・四キロメートルの水路であった。一方の疏水本線は運輸を目的としていることから、さらに鴨川との合流地点から伏見までの水路「鴨川運河」の整備が進められ、一八九五年に開通している。

　第一疏水の計画時における整備目的は「製造機械」、「運輸」、「田畑灌漑」、「精米水車」、「火災防具」、「井泉」、「衛生」の七つであったが、「井泉」に含まれる水道水が供給さ

（上）疏水関連地図（琵琶湖～蹴上間）
（左）第１トンネル（当時、日本最長）を掘り進む様子（「琵琶湖疏水工事之図」）（宮内庁書陵部図書寮文庫蔵）

れるようになったのは、一九一二年に第二琵琶湖疏水（以下、第二疏水）が第一疏水とほぼ並行に整備されてからである。

人工の水路である琵琶湖疏水は、第一疏水の取水量が毎秒八・三五立方メートル、第二疏水が毎秒一五・三立方メートル以内と決められており、その利用も許可された用途にしか使えない。言い換えると、人為的にコントロールできる水であるから、その用途は社会状況や周辺環境によって変化することとなる。まさに、近代における「暮らし」と「水」の関係を示しているといえよう。そこで、本章では琵琶湖疏水の当初の七つの目的に沿って、その効果を見ていくことで、水の持つ価値についての理解を深めたい。

先見の明、製造機械の動力「水車」から「電気」へ

当初の目的では、若王子《にゃくおうじ》・鹿ヶ谷《ししがたに》村（京都市左京区南禅寺周辺）に工場地帯を整備し、疏水分線からの流水を使った水車群で生み出す動力を製造機械に活用することを計画していた。しかし、第一疏水の総責任者の田辺朔郎《たなべさくろう》と、のちに京都電気鉄道株式会社の社長となる高木文平《たかぎぶんぺい》が一八八八年（明治二十一年）十月から翌年一月にかけて行ったアメリカ視察で水力発電の現状を知り、これからは水車の動力よりも電線で移送でき、多様な利用方法が可能となる電気の時代と判断したのが功を奏することとなった。また、判断の理由のひとつとして、水車動力の場合は三万坪の敷地面積が必要となるが、水力発電は三〇〇坪で可能となることも挙げられる。

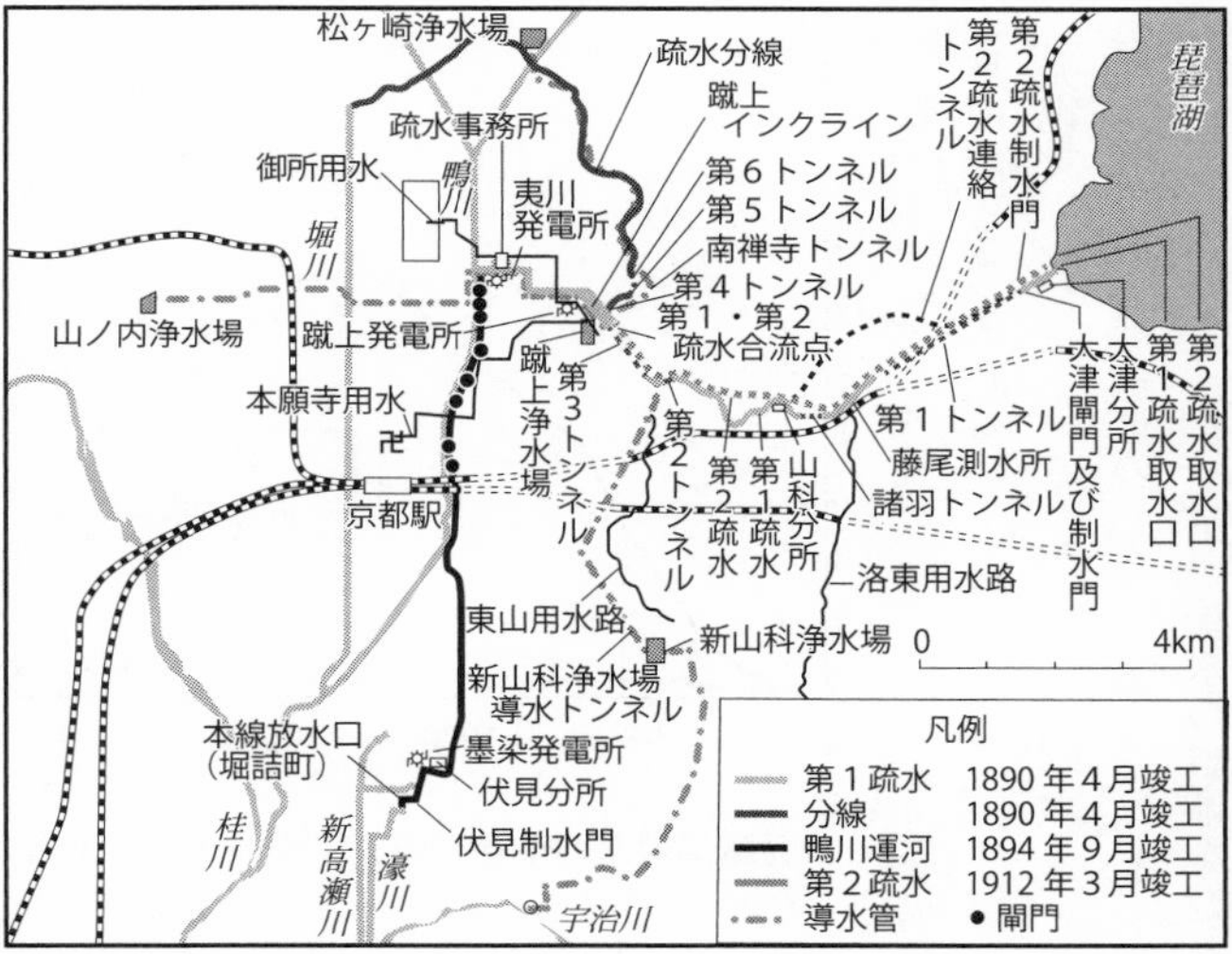

疏水関連全図

水が流れる力を動力として捉《とら》え、産業の近代化に対応したエネルギーを生み出す西洋の変化をいち早く取り入れる形となった。

一八九一年に日本で初めて水力発電による事業用電力の供給を開始し、一八九二年には電灯が灯った。一八九五年には日本で初めてとなる電車を京都電気鉄道が京都駅と伏見下油掛《しもあぶらかけ》間の道路上を運行させている。

このこともすばらしいが、ここでは電力がもたらす収入に着目したい。疏水整備の総事業費の一二五万円は当時の京都府予算の約二倍にあたり、高額であったことが話題になることが多い。しかし、その費用対効果が語られることは少ない。そこで収入の内訳を見ていくと、水車に

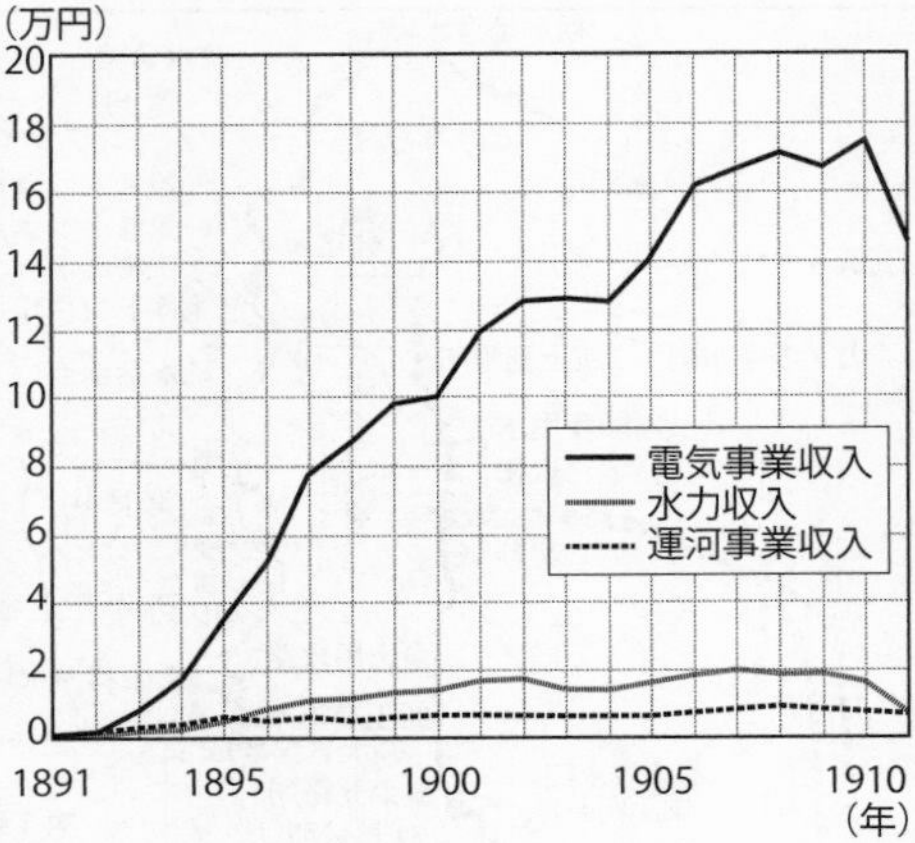

琵琶湖疏水の事業別収入（『京都市水道百年史　資料編』から作成）

よる年収入は明治三十年代から明治四十年代にかけて一万円から二万円に増加し、一九三七年（昭和十二年）には四万円を超えている。運河による年収入は増減が少なく六〇〇〇～九〇〇〇円であった。これらの水車や運河での水の活用は、一九四五年以降に衰退していく。いっぽう、補償として無料で提供している灌漑用水は修学院村や田中《たなか》村、白川《しらかわ》村などに引水されたほか、山科区においても洛東《らくとう》用水路や東山用水路などを通じて農地への供給は現在も続いている。

　これらに対して電力収入は一九〇〇年には約一〇万円となり、一九〇六年には一六万円以上にもなっている。一八九七年から一〇年間の電力収入だけで総事業費を上回っており、田辺らの目の確かさを感じる。

　発電量から見ると一八九四年が約四三〇キロワットであったのが、一八九九年には第一期蹴上発電所の最大供給量の一五〇〇キロワットを超過するほど需要は高く、発電用水の増加が求められていた。そこで、第二疏水の整備を図ることとし、許可された水量五五〇個（毎秒一五・三立方メートル。一個は毎秒立方尺）のうちの五〇〇個が水力発電に、五〇個が水道水に割り振られることとなった。この配分からも水力発電を重視していたことがわかる。第二疏水による水量の増加を受けて、京都市は第一期蹴上発電所（一五〇〇キロワット）を廃止し、一九一二年七月から第二期蹴上発電所（四八〇〇キロワット）の運用を開始している。さらに、一九一四年（大正三年）四月に夷川《えびすがわ》発電所（二八〇キロワット）、同年五月に伏見（墨染《すみぞめ》）発電所（一三二〇キロワット）を新設し、総最大電力は六四〇〇キロワットとなった。第二疏水の整備にともない年間収入額も一九一〇年の約一七万円から一九一三年には約四八万円と増加し、一九二六年には約三五一万円と飛躍的に増えている。

電力事業は京都市にとって重要な財源であったが、国家総動員法に基づき一九四一年に配電統制令が公布され、京都市の管理運営する蹴上や夷川発電所等が翌年四月に関西《かんさい》配電（現関西電力）に統合された。統合にともない、京都市は発電用水に優先して水道と防火に必要な水量を使用できる契約等を締結している。財政面では、関西配電が疏水の使用量を支払う。さらに、統合後の一〇年間は電気事業の年間収益二八六万円の九五パーセント分の保証と、関西配電株約五七万株を受け取っている。しかし、この統合により、電力による財源を京都市は失うこととなった。

「運輸」から「観光船」へと高まる期待

京都市と琵琶湖、さらに遠方を水路でつなぐ構想は、平安末期に平清盛《たいらのきよもり》が敦賀《つるが》と塩津《しおつ》間の水路（運河）整備に着手するなど古くからあった。時の権力者は、都へと物資を運ぶ新たな動脈に魅力を感じていたのであろう。確認されている疏水計画の最も古い計画図は、一八二九年（文政十二年）の絵図である。この後も、豊後岡《おか》藩主の中川久昭《なかがわひさあき》や、明治に入り大津第一米商社などから計八回もの疏水計画が提案されているが実現していない。

この状況下で北垣国道は、一八八一年（明治十四年）一月に高知県令から京都府知事に赴任し、一八八二年六月に高知県の測量技師であった島田道生《しまだどうせい》（三十三歳）を府職員に採用し精密な測量図を製作させ、一八八三年四月には設計書を作成している。同年五月に二十一歳の田辺朔郎を採用し、七月三十日から疏水工事の担当にするなど体制を整え、国の内務・大蔵・農商務等と協議を重ね一八八五年六月に疏水工事に着手している。着任からわずか四年で数百年間もの夢であった大事業が実現できたのは、時代の要請や技術の進歩を差し引いても、北垣知事の強い意志がなせる業であろう。

疏水の運輸は、物資を運ぶ運輸船と人が乗る渡航船に分けられる。物資運送については、一八九〇年に完成した大津と鴨川間の効用をさらに高めるために、一八九二年十一月から伏見まで水路を延長する鴨川運河の整備に着手し、一八九五年三月に竣工している。

運輸船の運航については、一八九一年に五八九隻であったのが、一八九五年には一万三二八隻と一万隻を超え、一九二八年（昭和三年）がピークで五万九五五二隻であった。しかし、自動車など陸上輸送への転換が進み、一九三二年には一万五五八〇隻に減少している。この時代の変化に応じて、一九四八年十一月にインクライン（傾斜鉄道）が休止となり、一九五一年九月に四・五トンの砂を大津から山科まで運んだのを最後に運輸船の運航は途絶えることとなった。

鴨川運河の曳舟（冷泉通と鴨川の交差するあたり）
（絵葉書、1912～17年）

同様に渡航船の運航についても、営業当初の一八九一年には八一四隻（七〇〇〇人）であったが、一八九五年には京都市岡崎で開催された第四回内国勧業博覧会の効果もあり三万二二八隻（約三〇万人）に増加するなど繁栄を見る。その後も明治期は、年平均で約一六万人が疏水を使って移動している。しかし、一九一二年（大正元年）に京津《けいしん》電車の三条～札《ふだ》ノ辻《つじ》間が開通したことにより、一万八六八四隻から九四八二隻と半減。その後の一九一五年の三条～浜大津《はまおおつ》間の開通や、一九二一年の東海道本線東山トンネルの開通などにともない、さらに利用者は減少し、一九三二年には三一九六隻とピーク時の一〇分の一となり、一九五一年を最後に廃止となった。

当時、世界最長であった蹴上インクライン（絵葉書、1918〜32年）

しかし、近年の観光ブームもあり、二〇一八年（平成三十年）三月に「びわ湖疏水船」が、大津市から京都市の蹴上までの約七・八キロメートル間で復活した。定員は下りが一二名、上りは八名。上下で異なる理由は、上りはスピードを上げないとバランスが取れないために軽くしているからである。上りと下りでは船のスピードが異なるため、上りが三五分、下りは五五分の行程となる。観光船の座席は進行方向ではなく横を向いており、船からの風景を楽しめるよう工夫が見られる。運航する七・八キロメートルの間に総延長で三・九キロメートルになる四つのトンネルがあるが、トンネル内はきれいで不安は感じない。建設当時、日本最長だった二四三六メートルの延長を持つ第一トンネルに入ると闇に包まれ、遠くに一筋の光が見える。難工事であった深さ四七メートルの第一竪坑が導く外光である。外光の下、第一竪坑の真下に落ちてくる水滴を一瞬感じ、トンネルを抜けると時は明治から現在へと戻る。

びわ湖疏水船の復活には三つの意義がある。そのひとつが、明治期の近代化産業遺産の活用である。中世や近世が注目される京都であるが、明治期の京都にも多くの見どころがあることを教えてくれる。二つ目が、この事業が市民と行政の連携のなかで進んだことである。市民団体によるガイドマップの作成や、京都滋賀県人会が疏水船の建造に五〇〇万円を寄付するなど、市民と行政との協働の成果である。最後が、びわ湖疏水船による河川観光への意識の変化である。疏水での観光船の復活が、新たな河川のあり方を考える契機になるだろう。

2018年に復活したびわ湖疏水船

「火災防具」、防火用水の地下水利用への転換

防火用水として知られているのは、第一疏水の水を使った本願寺《ほんがんじ》水道と、第二疏水にあわせて整備された御所《ごしょ》水道である。本願寺水道は、蹴上から東本願寺《ひがしほんがんじ》と大谷《おおたに》祖廟《そびょう》へと引かれていた。蹴上にある沈殿槽（長さ約一八メートル、幅約九メートル、深さ約三メートル）の説明板には、「ここは本願寺水道の水源地です」「「本願寺水道」とは明治時代に敷設された東本願寺独自の防火用水道です。琵琶湖疏水の水を、埋設された約四・六キロメートルのベルギー製の鋳鉄管を通して、東本願寺まで運

んでいます。水源地と東本願寺の高低差は約四八メートルあり、防火に必要な自然水圧で水を噴き上げるというものです」と書かれ、埋設管（口径三〇〇ミリ）の管路図を示している。一六〇四年（慶長九年）に建立された東本願寺は、天明大火（一七八八年）やどんどん焼け（一八六四年）などの火災で四回も焼失している。一八八〇年（明治十三年）に御影堂《ごえいどう》と阿弥陀堂などの再建に着手し、一八九五年に竣工した。完成後の焼失を恐れた東本願寺は、京都府に消火用水としての利用を申請し毎秒一三・六リットルの水量を確保している。当時、東京帝国大学教授に転じていた田辺朔郎が設計し、第一期工事（水源池〜本願寺間の配管）は一八九五年三月に完成。第二期工事（境内地内の配管）は一八九七年八月に完成している。本願寺水道は、東本願寺の消火栓や堀のほかにも飛地境内地の渉成園《しょうせいえん》や大谷祖廟などで使われている。

第一疏水では、京都の地形勾配に反して南から北へと流れる疏水分線も整備された。蹴上から哲学の道、京都大学の東側を流れ、高野川と鴨川をサイホンで交差し、小川《こかわ》に合流し堀川へと流れる延長八三九〇メートル（現在は所管替えで三三四六メートル）の水路で、水車、灌漑、防火に使われる計画となっていた。京都御所の防火や苑池《えんち》の用水としても利用できるよう京都府が一八九〇年と一八九三年に工事を行った。御所で使われた水は京都府庁など周辺へと水路を流れ、防災等にも活用されていた。

しかし、水量が不足することから一九〇〇年に宮内省から京都市に蹴上船溜《ふなだまり》にポンプを設置し、大日山《だいにちやま》貯水池に水を上げ管路で送る事業申請がなされている。この申請は第二疏水の整備とあわせて、一九一二年四月に現実となる。数多くの宮廷建築に関わった片山東熊《かたやまとうくま》が設計した蹴上船溜のポンプ場から圧送された水が、大日山（九条山《くじょうやま》ポンプ場）に造られた鉄筋コンクリートの円形貯水池（二基）に貯水され、自然流下で鉄管を流れ京都御所の防火と庭池などに使われていた。御所水道は管路の老朽化にともない一九九四年（平成六年）に遮断されたことから、水源を地下水に求め、京都御苑《ぎょえん》は五ヵ所、京都御所が二ヵ所、大宮《おおみや》御所、仙洞《せんとう》御所、京都迎賓館がそれぞれ一ヵ所と計一〇ヵ所の井水が防火や庭池などに使われている。本願寺水道も同様に、現在は井水に変わっている。地下水掘削の技術の進歩が水源の変更につながったのである。

第3トンネル西口、御所水道のポンプ場（蹴上）（絵葉書、1918～32年）

「井泉」、第二疏水によって実現された水道への活用

現在の琵琶湖疏水の最大の役割は水道事業といっても過言ではない。水道事業については、第一疏水の起工趣意書に「井泉之事」とあるように、一八八三年（明治十六年）にはすでに必要とされていた。その理由は、一八八二年十一月から十二月、一八八三年八月に市中の井戸

水の減少や涸渇《こかつ》など暮らしに支障が生じたことにある。しかし、第一疏水の水道活用は、通船と電力を優先するなかで取《と》り止《や》めとなった。この決定にも遷都によって衰退した京都において、産業の活性化が優先されていた背景が見えてくる。

いっぽうで、安全で安定的な飲料水の確保は必要である。京都府が一八八三年から行ってきた市中の井水の調査を、一八八九年の市制の施行を受けて京都市が引き継ぐこととなった。そこで、京都市は一八九一年に市内約五〇〇〇ヵ所（町組ごとに七〇ヵ所）での井水の調査計画を立て、二〇八〇ヵ所で実施している。このような調査にあわせて、一八八九年には北山の池沼を水源とした上水道の整備を検討したが、水量不足から断念。そこで水源を地下水に求めたが、一八九六年の調査では鴨川西岸に接近した地だけが良水で西側に行くに従って徐々に不良となり、堀川より西側はほとんど良水が出ないとの結果が出された。一八九八年の六角堂《ろっかくどう》、上徳寺《じょうとくじ》、平安神宮、建仁寺《けんにんじ》、西本願寺《にしほんがんじ》、聚楽《じゅらく》小学校、同志社《どうししゃ》、桜木町《さくらぎちょう》などの地下水調査でも、建仁寺以外は水量不足で地上に噴出しなかったため、地下水を水源とすることを断念している。

そこで鴨川、高野川、清滝川の活用の検討を一八九八年と翌年に行っている。どの河川においても渇水時に二五個（毎秒〇・七〇立方メートル）が確保できるが、鴨川は水質が悪く、耕作に必要な水量が不足する、高野川は水車と耕作に必要な水量が不足する、清滝川は船筏の運航に支障が出るなどの理由から断念している。

京都市の上水道を考えるうえで、よく話題になるのが上水と下水のどちらを優先したのかである。京都市は一九〇〇年に伝染病予防などを理由に上水道に先駆けて下水道工事の実施を決定しているが、政府が補助金の支出を認可しなかったために計画は見送られることとなった。政策的に優先であった下水道が供用されるのは一九三八年（昭和十三年）からである。

このような時代背景のなかで始まったのが第二疏水である。計画者は第一疏水を手がけた田辺朔郎である。田辺はすでに述べたように第一疏水の完成の翌年、一八九一年には東京帝国大学教授となり京都を離れていた。その後、一八九六年に北海道庁鉄道部長になり、一九〇〇年には京都帝国大学教授として京都に戻ってきている。同年に京都市土木顧問に就任し、一九〇二年に市会水利調査委員会からの依頼に応じて「琵琶湖疏水水路開鑿《かいさく》計画」を提出している。その内容は新たな疏水水路で五五〇個の水量を得て、そのうち五〇〇個（毎秒一三・九一立方メートル）を電力に、五〇個（毎秒一・三九立方メートル）を上水道に使用する計画であった。

この計画に基づき、京都市が一九〇二年に市会で実施を決議し、京都府に提出。西郷隆盛《さいごうたかもり》の長子で第二代京都市長の西郷菊次郎《きくじろう》が、一九〇六年三月の市会において「京都市三大事業」についての説明（総額一七一六万円）を行った。京都市三大事業の内容は、ひとつ目が電力需要と上水道事業への対応を目的とした「第二疏水」の開削（三七八万円）、二つ目が第二疏水の水を用いた「上水道」の整備（三〇〇万円）、三つ目が七条通や四条通など「七つの主要道路」の拡張（一〇三八万円）である。道路拡張の目的のひとつが、琵琶湖疏水が生み出す電気を活用した路面電車の運行であることを踏まえると、すべて琵琶湖が湛える水の恩恵による事業とい

蹴上浄水場（絵葉書、1912〜17年）

えよう。一九〇六年に京都府と滋賀県の許可を受け、一九〇八年から工事に着手している。三大事業の起工奉告祭は一九〇八年十月十四日に大津市の三尾《みお》神社で、翌日には平安神宮で挙行され、竣工奉告祭は一九一二年六月十五日に挙行された。

第二疏水の特徴は、水道水に異物が混入することを防ぐために水面が見えない構造にある。大津から三条蹴上までの総延長七四一六メートルのうちで、入口と出口の五五メートルを除き、トンネル部分が五一九一メートル、開水路として整備された二一七〇メートルは上にコンクリート製の半円形の蓋をかぶせて埋め戻しを行っている。

一九一二年から水道水の供給を始めたが、京都市民は井戸水を飲んでいたため利用は進まなかった。一九一三年（大正二年）の普及率は一九パーセント（九万六六八五人）で、水道料金収入は一〇万五九九九円にすぎなかった。市民に普及し始めたのは一九一九年頃からであるが、普及後も井戸水と水道水の両方を使えるようにし、雨で井戸が濁ったときにだけ水道水を使っていたとの話も伝わっている。しかし、一九二七年には普及率が八〇パーセントを超え、収入は一二〇万四四二九円となっている。現在、日本最初の急速ろ過方式で開始された蹴上浄水場に加えて、松ヶ崎《まつがさき》浄水場、新山科《しんやましな》浄水場の三つの浄水場の施設能力は一日あたり合計七七万一〇〇〇立方メートルで、一四五万二〇〇〇人の京都市民（全人口の九九・四パーセント）が水道水を使っている。使用量は一九九〇年（平成二年）の二億一三〇〇万立方メートルをピークに二〇一九年は一億六四〇〇万立方メートルと、近年の節水を重視した暮らし方や大規模施設の地下水利用により使用量が減少している。同様に水道料金使用収入も、二〇〇二年の三〇七億円をピークに二〇一九年は二七三億円と少なくなっている。

新たな庭園様式を生み出した「疏水」

疏水の活用のひとつに庭園の水がある。疏水の水を最初に庭園で用いたのは、一八九三年（明治二十六年）に整備された円山公園の噴水とされている。庭園での利用が進展したのは、工場団地として整備される予定であった南禅寺の周辺に不動産業を営む塚本与三次《つかもとよさじ》らによって政治家や豪商の邸《やしき》が建てられたことによる。

庭園に疏水の水を使うことはできないため、防火用水という名目で庭園に引かれることとなった。この水を用いた庭園づくりで脚光を浴びたのが庭師植治《うえじ》（小川治兵衛《おがわじへえ》）である。植治は自然を大切にしながら、疏水から取り入れた水を自在に扱い、池を中心にした流れのある庭に開放的な空間を創り出す独自の手法で、山県有朋邸の「無鄰庵《むりんあん》」や、平安神宮の「神苑」、西《さい》

園寺公望《おんじきんもち》の「清風荘《せいふうそう》」をはじめ、野村碧雲荘《のむらへきうんそう》、流響院《りゅうきょういん》、洛翠《らくすい》、有芳園《ゆうほうえん》など多くの

「疏水の庭」を手がけている。疏水から取り入れる水の水系については、扇《おうぎ》ダム系、南禅寺系、市田系など八系統に分類される。この水によって、従来の池泉庭園、枯山水庭園、茶庭などとは異なる新たな庭園様式が生まれることとなった。

疏水の管理道が「親水」の道へ

筆者は疏水の案内を頼まれると、蹴上に行くことにしている。蹴上の琵琶湖疏水記念館で琵琶湖疏水の概要を学び、インクラインを見てから、第二疏水の合流出口にある橋の上で第一疏水と第二疏水について説明し、その後は蹴上疏水公園にある田辺朔郎の像の前で記念写真を撮り、発電所へ続く送水管を見つつ、疏水分線沿いを歩き、南禅寺の水路閣を上から楽しむ。当時、最先端の技術で造られた南禅寺の水路閣などの構造物は、今では周囲の風景にとけ込み違和感を受けることはない。これらの施設の多くはレンガが使われており、近代化産業遺産（経済産業省認定）として多くの観光客を楽しませてくれる。

この水路閣の水が「哲学の道」へと流れる。哲学者の西田幾多郎《にしだきたろう》や田辺元《たなべはじめ》らが好んで散策したことから名付けられたとされる。若王子から銀閣寺道《ぎんかくじみち》までの約二キロメートルの疏水分線沿いには散策を楽しむ人々の姿を見ることができる。疏水には鯉が泳ぎ、桜をはじめ季節の花を楽しむことができる。一九八七年（昭和六十二年）には建設省によって「日本の道一〇〇

選」に選定されている。

蹴上や哲学の道と同様に桜が美しい山科疏水（第一疏水の山科区間）もおすすめである。約三キロメートルの間に御陵《みささぎ》駅、山科駅、四宮《しのみや》駅があるなど利便性の良さも特徴といえる。四宮駅で降りて一燈園《いっとうえん》（柳山橋）まで五分ほど歩くと疏水である。四宮から日ノ岡《ひおか》にかけては、一九七三年に東山自然緑地公園として整備された。疏水沿道の二〇〇メートルごとに標識が立てられ、ジョギングや散策を楽しむ人々に好評である。四宮にあるのが、舟運の荷揚げや乗船のために造られた四ノ宮船溜で、一九七〇年にＪＲ湖西《こせい》線の建設にともなって造られた諸羽《もろは》トンネルにつながっている。四ノ宮船溜から一〇〇メートルほど西へ歩くと、見慣れない逆Ｕ字型のコンクリート（幅五・四メートル、高さ二・四メートル）が山側に置いてある。工事の廃材のように見えるが、第二疏水の埋め立て水路の天井部に使用されている部材である。京都市民の水道水となる第二疏水に不純物が入らないように、開水路の蓋として守ってくれている。

日本初の鉄筋コンクリート橋

山科疏水では特に見てほしい二つの橋が架かっている。そのひとつが第三トンネルの東洞門の前に架かる日本最初の鉄筋コンクリート橋である。一九〇三年（明治三十六年）に架けられた第一一号橋は、橋長が七・二メートル、幅員一・五メートル。橋桁はアーチ形で、厚みが三〇センチと薄く、単に板を置いたようで構造美を感じない。一九三二年（昭和七年）に建立さ

1903年（明治36年）に架設された日本最初のコンクリート橋、右岸には記念碑が建立されている

れた石碑の表には「本邦《ほんぽう》最初《さいしょ》鉄筋《てっきん》混凝土《コンクリート》橋《きょう》」。裏には「明治三十六年七月　竣工米蘭《メラン》式鉄筋混凝土橋桁工学博士田辺朔郎書之」と彫られている。

二つ目の橋は、第一一号橋から四〇〇メートルほど上流に架かる第一〇号橋（太鼓橋・黒岩橋）である。橋長が一二・九メートル、幅一・四メートルの鉄筋コンクリートアーチ橋で、素朴さのなかに繊細さを感じる。この第一〇号橋の橋脚に「技師　山田忠三　技手　河野一茂」、「明治三十七年　請負人大西己之助」と刻まれている。第一〇号橋について、『琵琶湖疏水の一〇〇年・叙述編』（一九九〇年）に、第一一号橋では専用の鉄筋がなかったので、トロッコの古レールを用いた。この橋自体は試験用というべきもので実用性は乏しかった。第一〇号橋こそ日本最初の本格的な鉄筋コンクリート橋であり、こうして習得された技術は第二疏水のトンネル工事や七条大橋・四条大橋など、三大事業の各工事で広範囲に実用化したとある。琵琶湖疏水について語るさいには、水がもたらす効果ばかりに目がいくが、工事で培われた技術がどのように発展し、次の世代を支えているかを検証することも重要である。

美しい西洋的な洞門のデザイン

構造物の美しさは、洞門のデザインにも見ることができる。琵琶湖からの水が長等山《ながらやま》へと吸い込まれていく第一トンネル（二四三六メートル）の東口洞門と蹴上の第三トンネルの西口洞門は同じデザインで、大津市三保ヶ崎《みほがさき》から南禅寺の船溜まで約九キロメートルの間を巨大な建物に見立てて、ギリシャ神殿を連想させるエンタシスの柱を配したのではないだろうか。

第一トンネルの西口洞門と第二トンネル（一二四メートル）の東口洞門は同じデザインである。石材を直線的に並べ、トンネルのアーチ部分には石材を放射線状に配置している。シンプルな形状で、部屋のドアのような印象を受ける。第一トンネルと第二トンネルとの区間をひとつの部屋に見立てて、同じデザインにしたのではとの思いをめぐらせる。

第二トンネルの西口洞門は、他の洞門と異なりレンガを用いている。隧道《ずいどう》部分も半円を組み合わせ、明らかに他の洞門とは意匠が異なる。西洋のお城のようでもあり、人の顔のようにも見える不思議なデザインである。第三トンネル（八五〇メートル）の東口洞門もレンガを用いて前述の西洋的な塔をイメージしている。王女が船に乗って現れる姿を想像してしまう。乗船客は、神殿の入口から入り、暗黒のトンネルを抜け西洋のお城のような空間に入る。ある種のディズニーランド状態かもしれない。

トンネル洞門の意匠の参考にしたのは、疏水事務所が購入した『Tunneling』（一八八二年）の巻末図版とされる。収録された欧米各地のトンネル洞門の図版二三枚のなかには、疏水トンネル洞門の意匠に酷似しているものがある。疏水の洞門は、田辺朔郎のデザインに対する考え方を見ることができる構造物といえる。

疏水への政治家の思いを扁額に見る

これらの洞門には、日本の近代化を進めた明治の政治家が揮毫《きごう》した扁額がある。トンネルだけでなく、第一トンネル内やねじりまんぽ、第二疏水東口などにも掲げられており、全部で一三ヵ所にもなる。これほど多くの政治家が揮毫している例は全国的にも珍しい。

第一疏水の入口にあたる第一トンネルの東口洞門には完成時の一八九〇年（明治二十三年）に貴族院議長である伊藤博文が揮毫した「気象万千《きしょうばんせん》」の石造の扁額が掲げられている。宋《そう》時代の范仲淹《はんちゅうえん》が記した『岳陽楼《がくようろう》記《き》』の一節で「千変万化する気象と風景の変化はすばらしい」という意味である。伊藤が中国湖南《こなん》省の三大名楼のひとつである岳陽楼から洞庭湖《どうていこ》を眺めた風景を琵琶湖の風景にあわせ見たのかもしれない。

第一トンネルの西口洞門には「廓其有容（かくとしてそれいるることあり）」と山県有朋（完成時内閣総理大臣）が記している。語意の「悠久の水を湛え、悠然とした疏水の広がりは、大きな人間の器量をあらわしている」は、当時の京都府予算の二倍にあたる一二五万円を投じた国家プロジェクトにふさわしい言葉といえよう。

第二トンネルの東口洞門は、井上馨《いのうえかおる》が『論語』を借用し「仁以山悦智為水歓歓（じんはやまをもってよろこび、ちはみずのためによろこぶ）」と記している。その語意は「仁者は知識を尊び、知者は水の流れを見て心の糧とする」である。琵琶湖の水による舟運や電力などの様々な効果が京都の新たなプライドをつくり、京都の人々の心の糧になることを意図したのであろうか。

第二トンネルの西口洞門の揮毫は西郷従道《じゅうどう》（完成時海軍大臣）、第三トンネルの東口洞門の揮毫は松方正義《まつかたまさよし》（完成時大蔵大臣）の揮毫である。最後の第三トンネルの西口洞門の扁額には「美哉山河（うるわしきかなさんが）」とある。三条実美《さんじょうさねとみ》（完成時貴族院公爵議員）が、前漢《ぜんかん》時代の歴史家である司馬遷《しばせん》の記した正史『史記《しき》（呉起列伝《ごきれつでん》）』から引用した、なんと美しい山河であることよの意で、国の宝である美しい山河を守るには、為政者の徳と国民の一致が大切との含意も持つ。「住民と行政の協働が自然を守る」行為は、現代にも通じる言葉である。揮毫した六人のうち、三条実美を除く五人は、北垣知事が一八八三年に参議井上馨邸で琵琶湖疏水に関する会議を開催したときの出席者であったことも興味深い。まさに、琵琶湖疏水をめぐる政治家たちの意思を感じることができる。

これまで、「製造機械」、「運輸」、「火災防具」、「井泉」などに関して、この一〇〇年間での変化について述べてきた。京都市内の小学四年生の多くは、疏水記念館で課外授業を受けている。東京遷都で衰退した京都に活力を呼び戻すための国家プロジェクト「琵琶湖疏水」に子どもたちは何を感じているのか。

残念なことに琵琶湖疏水は知っているが、第二疏水は知らないとの声も多い。第一疏水の水を飲んでいると誤解されている方も多い。第一疏水のみが注目される理由は若き技術者であった田辺朔郎や東洋一の規模を誇ったインクライン、日本で最長のトンネル、日本最初の事業用電力の供給などの存在が大きい。しかし、第二疏水が話題にならない要因のひとつは、水面が見えないからだと筆者は考えている。水は暮らしのなかで見えることが大切である。

第八章　洛中の川——千年の間に生まれる川、失われる川

北から東へと流れる一二本の河川

平安京の都市計画を論じるさいには、朱雀大路を中心に基盤の目で整備された道路について語られることが多い。いっぽうで、水の流れを考慮した都市であったことは知られていない。平安遷都に際して一二本もの河川が整備され、千年にわたり人々の営みを支えてきた。平城京から遷都した理由については、寺院の影響力を回避するためとされているが、都で暮らす人々が一〇万人を超えたことで排泄物《はいせつぶつ》などを流す都市機能が麻痺《まひ》したとの説もある。本章では都市基盤のひとつである河川の重要性を様々な視点から捉えてみたい。

平安京内の河川については、平安中期に編纂された『延喜式』（九条家本・室町期写本）に記載のある右京の絵図等から流路図が作成されている。平安期の流路図を見ると、南北に直線で川筋が引かれていることから、人為的に造られたことは明らかである。河川は平安京を南北に走る大路・小路の中央に掘られ、大路の中央を流れる東洞院川《ひがしのとういんがわ》や西洞院川《にしのとういんがわ》の川幅は一丈（三

メートル）、小路を流れる富小路川《とみこうじがわ》や烏丸川《からすまがわ》は五尺（一・五メートル）であったとされる。この幅員から庭園の池への引水や、屎尿《しにょう》・ゴミを流すために整備されたと推察される。

これらの河川は、左京に八本、右京に四本と、合計で一二本が整備されたとされる。左京は東側から富小路川、東洞院川、烏丸川（子代川）、室町川《むろまちがわ》、町口川、西洞院川、東堀川《ひがしほりかわ》、東大宮《ひがしおおみや》川《がわ》。右京は西大宮川、西堀川《にしほりかわ》（天神《てんじん》川《がわ》・紙屋川）、佐比川、西室町川となり、名称は通り名から後世において便宜的につけられている場合が多い。

河川のなかで運河として大内裏を両側から挟むように整備されたのが、東堀川と西堀川である。運河の構造については、平安後期の有職《ゆうそく》故実書《こじつしょ》『江家次第《ごうけしだい》』（巻六）に「但堀川々面四丈、東西辺四丈、故為十二也」との記載がある。このことから堀川は川幅が四丈（約一二メート

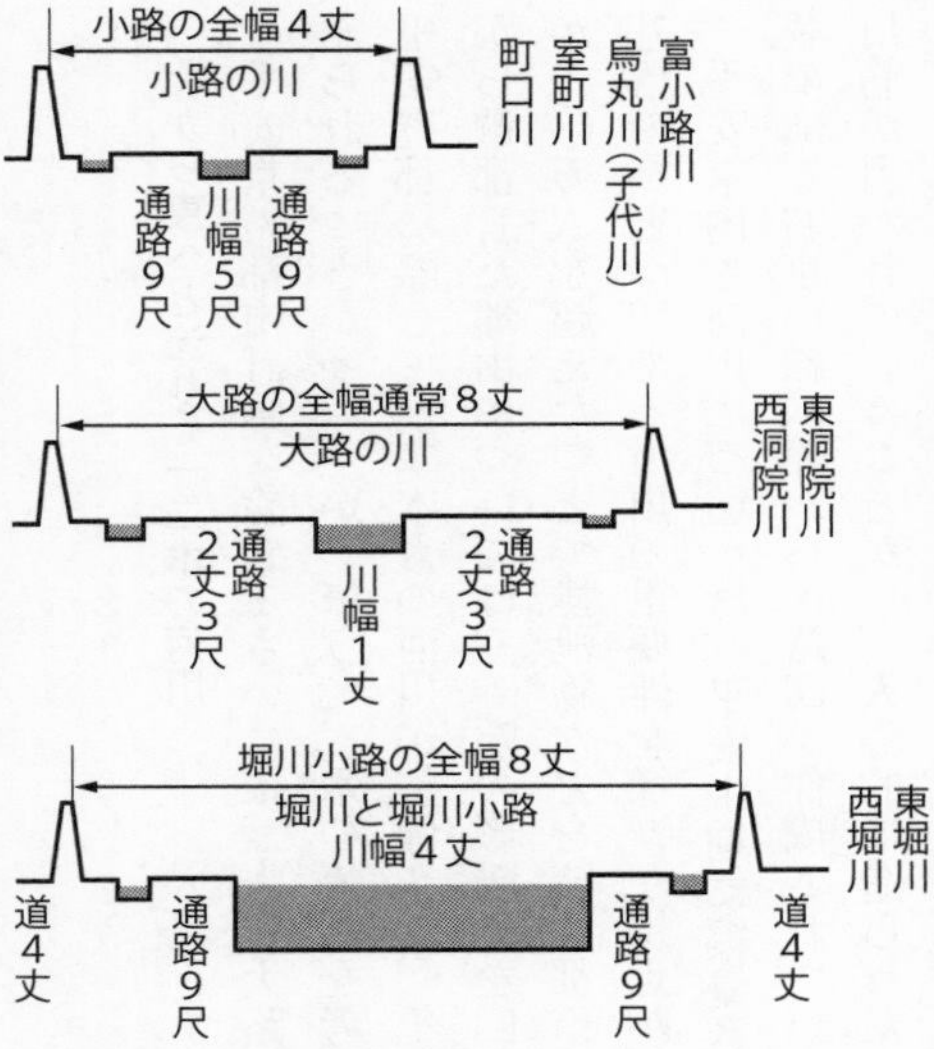

平安京の水路断面図（『水が語る京のくらし』より）

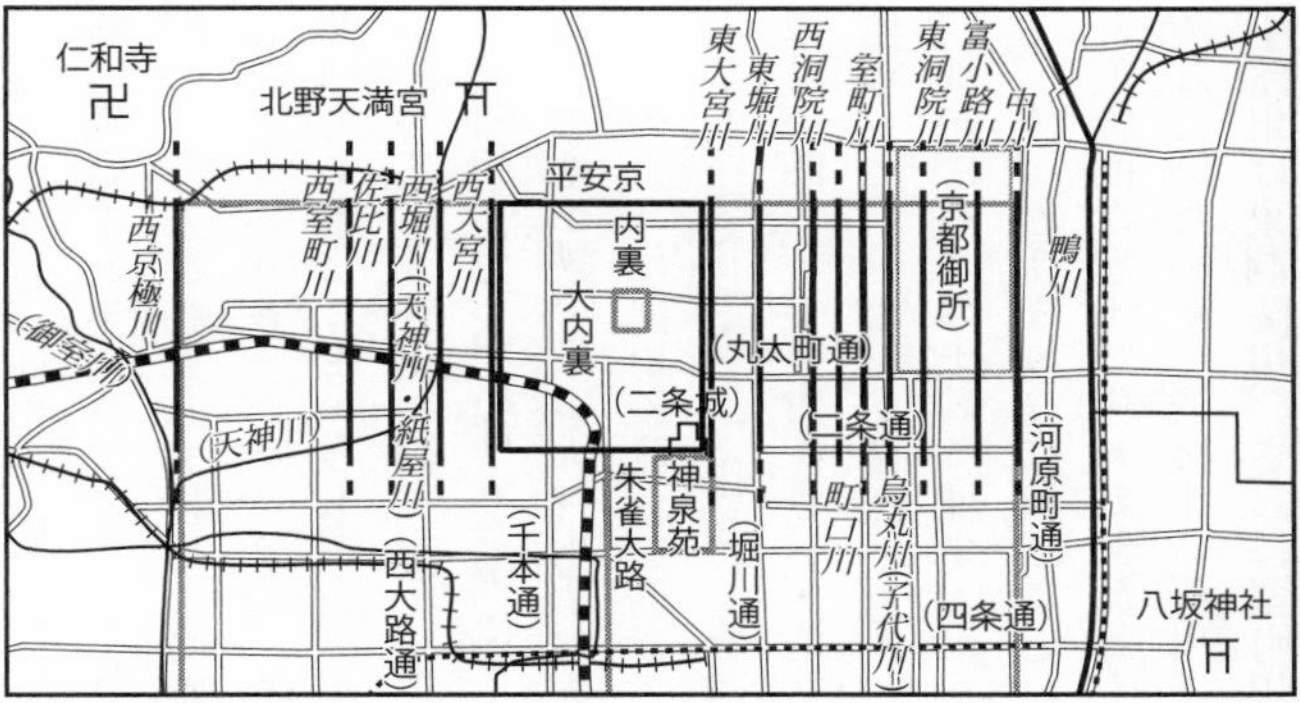

平安京の水路

ル）の運河で、その両側に同じ四丈の道を備え、都に木材などの資材を運搬する重要な動脈であったことがわかる。これらの水路は平安期から千年にわたり、都人の暮らしとともにあった。

排水路としての河川

平安京造営時に整備された河川の多くは失われ、現在では見ることができない。この理由のひとつに水害がある。平安京は朱雀大路を中心に東側を左京、西側を右京と呼ばれた東西四・五キロメートル、南北五・二キロメートルの都である。繁栄する左京に対して、右京は衰退する。『続日本後紀《しょくにほんこうき》』承和九年（八四二年）十月二十日条に百姓が東で交易を行ういっぽうで、西市《にしのいち》では販売する品もなく寂れているとあり、右京の状況を知ることができる。その理由は右京が湿地であったためともいわれているが、筆者は水害の影響が大きいと考えている。右京の西側には大河である桂川が流れている。桂川の洪水にともない、河川に近い右京等に被害があったことは、『日本紀略』延暦十九年（八〇〇年）十月四日条にある、山城、大和、河内《かわち》、摂津、近江、丹波等の諸国の一万人を動員して桂川（葛野川）の堤防を修復しているとの記述からわかる。平安遷都からわずか六年後のことである。右京を流れる天神川と御室川《おむろがわ》の河床が、周辺の土地より高い天井川であったことからも、右京が水害のたびに堤防を盛り上げてきた洪水多発地であったことがわかる。天神川と御室川が、現在の掘込河川として整備された理由も水害にある。一九三五年（昭和十年）の京都大水害によって甚大な被害を受けたことで、天神川と御室川を改修し、現在の地下鉄の太秦天神川《うずまさてんじんがわ》駅の東で合流させ桂川へと流している。

このように河川の流れを変えることは平安期にもすでに行われていた。西院《さいいん》小学校（京都市右京区西院春日町《さいいんかすがちょう》）で行われた発掘調査（二〇二一年）において、幅二四メートルの道祖大路《さいおおじ》に幅員一四メートルで深さ一・八メートルの道祖川を整備し、さらに西側溝を五・四メートルに拡幅していたことが確認された。新たな河川を整備した理由は、前述の西堀川（天神川）が一〇世紀に洪水の土砂で埋まったために、代替の排水路としての道祖川が必要となったからである。降った雨を安全に流すことは千年を通して重要な事業のひとつであった。

人為的な理由で失われた流れもある。住民が水路に捨てたゴミや汚物が下流で溜《た》まり、水が流れないために、隣接する河川と合流させたことによる。この行為によって、南北朝時代に富小路川は東洞院川、さらに室町川と合流し、最後は西洞院川として流れることとなった。江戸期においても水路へのゴミの投棄を抑制するために、何度も町触が出されている。そのひとつとして、高倉通《たかくらどおり》にある仏光寺《ぶっこうじ》では、上流の町で水路に捨てられたゴミが溜まることで水路から溢れた水が寺内に浸水するため、ゴミを捨てさせないことを京都町奉行所に願い出ている。願いを受けて奉行所はゴミの投棄を禁ずる町触を一七五七年（宝暦七年）、一七五九年、一七六七年（明和《めいわ》四年）、一七八三年（天明三年）、一七九一年（寛政三年）に出している。他の水路も同様で、平安京の川筋におけるゴミの投棄は大きな課題であった。

寺之内の公園で見ることができる、百々橋の礎石

昭和になると、人々の移動手段が車へと変わったことも河川に大きな変化を与えた。堀川の二条通から下流が道路となり、暗渠で流れているように、西洞院川も下水道として道路の下を流れている。鴨川を源にする小川《こかわ》も一九六三年に埋められてしまった。小川通《おがわどおり》沿いには、茶道の家元である裏千家《うらせんけ》、表千家《おもてせんけ》、武者《むしゃの》小路千家《こうじせんけ》の三千家が並んでいる。裏千家の今日庵《こんにちあん》と本《ほん》法寺《ぽうじ》の間にある石積護岸の小川跡（幅四メートル、護岸高一メートル）などに昔の名残を感じることができ

る。このあたりを百々《どど》といい、小川には百々橋《どどばし》が架かっていた。応仁の乱（一四六七～七七年）では、この百々橋を隔てて西軍の山名宗全《やまなそうぜん》と東軍の細川勝元《ほそかわかつもと》が何度も合戦を行っており、小川は両軍を分ける境界線でもあった。現在は、百々橋があった寺之内通《てらのうちどおり》小川の廃川敷が公園になっており、園内に置かれた百々橋の礎石に当時を偲ぶことができる。

運河としての機能を持つ「堀川」

二条城の入口である東大手門《ひがしおおてもん》に面する堀川通は、平安京の運河であった堀川（東堀川）から名付けられた。前述の小川と尺八池《しゃくはちいけ》（北区大宮釈迦谷《おおみやしゃかだに》）から流れる若狭川《わかさがわ》が一条戻橋《いちじょうもどりばし》で合流し堀川となる。現在の堀川の水源は疏水分線の水を鴨川の地下を潜らせて、紫明通《しめいどおり》の中央に整備した親水水路にポンプで汲み上げている。

先に述べたように、二条城の東側の堀川は平安期には東堀川と呼ばれており、その情景が一四世紀初めに制作された『一遍上人絵伝《いっぺんしょうにんえでん》』（巻第七）に描かれている。絵図には木材を筏に組んで川筋を引き上げる様子が描かれており、東堀川が都へと物資を運ぶ運河であったことがわかる。運河である堀川を朝廷が重視していたことは、『日本後紀《にほんこうき》』弘仁五年（八一四年）八月二十一日条に記されている「贋金《にせがね》をつくった罪で捕まえた摂津国武庫《むこ》郡の日下部土方《くさかべのひじかた》を鎖につなぎ、堀川を掘らせた」や、『続日本後紀』天長十年（八三三年）五月二十八日条にある「左右の京戸に東西の堀川の柱として、一万五千本の檜を出させる」などから知ることができる。

運河としての役割は、桃山期においても機能していたと考える。その理由として堀川沿いの元城巽《じょうそん》中学校の発掘調査（二〇〇七年）において、堀川から幅一〇メートル、東西一二メートル、深さ一・四メートルの落込が確認されたことが挙げられる。落込は、調査地を越えてさらに西へと延びており、堀川の船入か木場（材木を貯蔵する場所）の遺構と推察される。遺構の上を覆う整地層には、江戸初期の遺物が含まれることから、一六二三年（元和九年）に老中の土井利勝《どいとしかつ》が徳川家から拝領した頃に埋められたと考えられる。同時期の一六一四年（慶長十九年）に高瀬川が整備されており、新たな水運が堀川の役割を変えることとなった。

堀川沿いの木材商については、祇園社に属する堀川一二町の神人《じにん》が、一四五九年（長禄《ちょうろく》三年）の頃には材木座を結成していたとされ、江戸時代の地誌『京雀《きょうすずめ》』（巻第四）（一六六五年）に一条通から出水《でみず》通《どおり》のあたりを材木町と呼んでいたとある。『京羽二重』（巻一）（一六八五年）の記述にも「東堀川通　二条北　材木類　桶類」とあり、今も堀川沿いには建材を扱う会社も多く、堀川が都に資材を運ぶ動脈であったことが見えてくる。

千年の運河「堀川」が伝える物語

堀川は運河としての機能だけでなく、暮らしにも密接に関わっていた。『日本三代実録《にほんさんだいじつろく》』（巻十三）貞観八年（八六六年）六月二十八日条には、旱魃《かんばつ》による飢餓に際して東堀川で鮎を捕ったとあり、都で暮らす人々にとって食料をもたらす大切な河川であったことや、旱魃のときに

明治期の堀川（絵葉書、1900～06年）

も涸《か》れることのない豊かな水場であったことがわかる。

さらには、堀川の上流に架かる「一条戻橋」は平安期の物語を伝えてくれる特別な場所である。『都名所図会』（巻之二）（一七八〇年）には、平清盛の妻である二位殿《にいどの》が建礼《けんれい》門院徳子《もんいんとくし》のお産に際して、一条戻橋の東の詰に車を立てて辻占《つじうら》を行ったことや、文章博士《もんじょうはかせ》の三善清行《みよしきよゆき》が亡くなったとき（九一八年）に、息子の浄蔵《じょうぞう》が父に逢《あ》うために熊野から急ぎ帰洛《きらく》し、父の葬送に出会った橋の上で祈ると清行が蘇ったことから、戻橋の名がついたことなどが記されている。

ほかにも、源頼光の家来である渡辺綱《わたなべのつな》が、美しい女子に姿を変えた鬼の腕を斬り落とした話や、陰陽師《おんみょうじ》の安部《あべの》清明《せいめい》が橋のたもとに式神を鎮め、事を行うときに呼び出していたことなどが伝えられている。この地は、今でいうパワースポットといえよう。

堀川の名所を紹介した江戸期の文献もある。堀川七条に住んでいた富尾似船《とみおじせん》が記した『堀河《ほりかわ》之水《のみず》』（一六九四年）では、自宅近辺の名所・旧跡十景を選び、「堀川蛙声《ほりかわあせい》」と「橋上秋月」などの説明に、「堀河や声きゝたらぬ蛙かな　珍卜」や「星ばかりある夜もやさしい月見橋　萩夕」などの俳句を添えており、風情を感じる河川であったこともわかる。

堀川を歩き興味をひくのは、二条城東側の護岸である。二条城の築城時に大名によって堀川の右岸が、二条城の石垣と同じ技法で積まれている。石垣には「是ヨリ北紀州《きしゅう》」と刻まれた石や「◎」などの刻印も残っており、堀川が二条城の外堀であったことがわかる。

1883年（明治6年）に架設された石造の堀川第一橋

堀川で石といえば中立売通《なかだちうりどおり》に架かる堀川第一橋である。一八七三年（明治六年）に造られた石造円形アーチ橋のシルエットは、どこから見ても美しい。四つの親柱のすべてに「堀川第一橋」と刻まれており、東南の親柱には「京都府知事　長谷信篤《ながたにのぶあつ》」や「京都府参事　槇村正直《まきむらまさなお》」などの文字も刻まれている。ほかに長谷信為と刻まれている親橋には、同じ一八七三年に造られた「伏見街道第四橋」（京都市伏見区深草直違橋《ふかくさすじかいばし》）などがあり、明治初期において京都府が橋梁の整備を重視していたことがわかる。
千年の歴史を持つ堀川では、近年、「京の七夕」や「堀川桜まつり」などのイベントの開催が増えている。平安期の様々な伝承を持ち、長く運河として活用されただけでなく、二条城の外堀として外敵を防いできた堀川。明治以降、友禅《ゆうぜん》流しなどに使われた時代もあったが、降雨時の排水機能だけとなり、暮らしとともにある水辺ではなくなった。しかし、京都市が親水空間として、「堀川水辺環境整備事業」（一九九七～二〇〇九年）で御池通《おいけどおり》から上流の四・四キロメートルの清流を復活させてから、水辺を散策する市民や水遊びを楽しむ子どもたちも多く、都市部における貴重な水辺となっている。

都への水運、堀川から高瀬川へ

江戸期に入り、都への舟運は堀川から高瀬川に移る。第四章でも述べたように高瀬川は、一六一四年（慶長十九年）に角倉了以と素庵親子が整備した一〇・五キロメートルの運河である。運河が掘られた理由は、京都大仏殿（現在の豊国《とよくに》神社等）を再建するための用材が、鴨川を使って運ばれたことにある。鴨川の川筋を使って、舟で資材が運ばれていた。その様子を『洛中洛外図屏風』（歴博D本など）に見ることができる。しかし、白河法皇が「鴨川の水は意のままにならない」と嘆いたように、鴨川の舟路は洪水で荒れることも多く、安定的に資材を運ぶには適していなかった。そこで、了以親子は農業水路などを活用し、洪水の影響を受けない運河を整備した。その詳細を『高瀬川筋明細絵図』（一七八三～八九年）（京都産業大学図書館蔵）で知ることができる。絵図には、舟引道や浜、周辺の大名屋敷、橋梁（五一ヵ所）などが描かれている。

高瀬川は鴨川から取水しており、絵図には鴨川の石積護岸沿いに樋門《ひもん》が描かれている。現在も樋門の位置は変わっていない。樋門から取り入れた水は、料理屋「がんこ・高瀬川二条苑」の庭園を流れる。店の前には、この地が角倉家の敷地であったことや、明治の元勲である山県有朋の別邸跡を示す石碑が建立され、この地の歴史を知ることができる。

9ヵ所あった船入のなかで唯一残存する、一之船入（1934年、史跡指定）

絵図には、東生洲《ひがしいけす》町《ちょう》などの町名、車道、舟引道、浜などが記されている。浜が五条から上流の両岸にあることから、荷の積み下ろしは九ヵ所の船入（七条船入〔内浜〕を含む）だけでなく、二条と五条の間においては高瀬川から直接、荷下ろしをしていたことがわかる。当時の情景は、一九三四年（昭和九年）に国の史跡に指定された「高瀬川一之船入」で見ることができる。

都の大動脈であった高瀬川の舟運は盛んで、一八六一年（文久元年）には二五八艘もの高瀬舟が物資を運んでいた。口伝によると「舟が上がるときは、朝六時から七時頃に伏見を出て二時間もすると七条近くまで来る。木屋町沿いの船入で荷を下ろす頃に

高瀬川での曳舟（絵葉書、1907～17年）

は昼時であった。下りの舟は、夕方になると半分の荷を積み込んで伏見へと向かった」という。多くの物資が浜や船入で荷上げされ、京の都の人々の暮らしを支えていた。この区間は物資の集積拠点であり、角倉素庵が一六三〇年（寛永七年）に建立した了以の顕彰碑（大悲閣千光寺境内）に「相継ぎ家を河辺に移す者数千戸　販夫便を得　桃商居を安んず、是を角蔵町と曰う」と彫られていることからも、高瀬川を中心に町が発展していることがわかる。

絵図で、興味をひかれるのが船曳道である。二条から四条の間の船曳道は両岸にある。四条と五条橋の間から下流には船曳道の表記がなく、高瀬川沿いの道を用いて舟を曳いていたことがわかる。筆者が知る限り、最も古い高瀬川の絵画史料である『四条河原風俗図巻』（江戸前期）（サントリー美術館蔵）では、曳き子が高瀬川に入り両側から曳いている。時代が下り『拾遺都名所図会』（一七八七年）の図絵では、フンドシ一丁の力強そうな男が、船曳道を使って舟を曳いている。曳き子の口伝に「十五隻ほどを数珠つなぎにした船団の先頭（一艘目）を

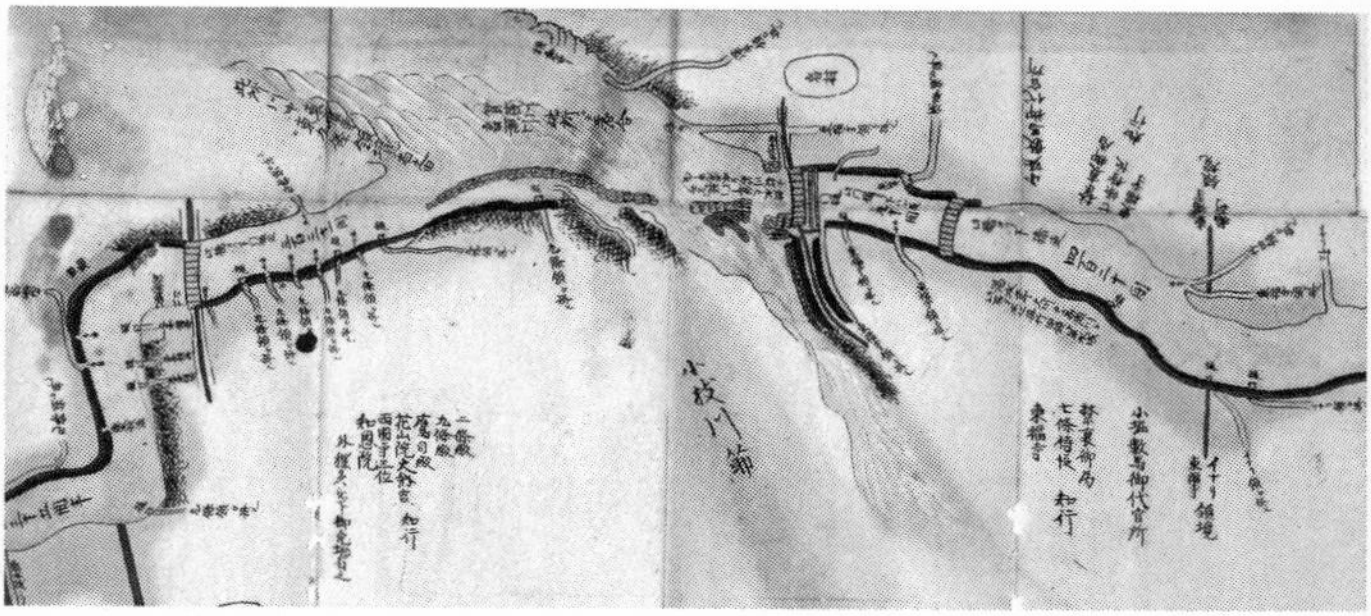

鴨川と高瀬川の水面交差　左が上流（『高瀬川筋明細絵図』1783～89年）（京都産業大学図書館蔵）

五人で曳き、あとの舟は一人で曳くことに決まっていた」とあり、この様子を明治期の絵葉書からも確認できる。

江戸中期の『高瀬川筋明細絵図』（京都産業大学図書館蔵）に描かれている高瀬川と鴨川の交差する場所には、「賀茂川　高瀬川　此所落合」（現在の東《ひがし》九条《くじょう》南松《みなみまつ》ノ木町《きちょう》で陶化橋《とうかばし》上流）と記され、高瀬舟が平面交差で鴨川を横断していた。絵図には高瀬舟が運航できる水深を確保するために土嚢《どのう》を鴨川に並べている。その並べ方も川の流れを正面から受けないように、曲線をつけて斜めにするほか、二ヵ所を意図的に切るなど川の流れを考慮している。江戸期における平面交差の仕掛けを知ることができる。

運河の経済効果については、京都新聞社の特集記事「京近江の豪商列伝　角倉了以・素庵（下）」（二〇〇二年五月二十日）に「なんと所得一日五〇両　完成後は全舟数百五十九隻を回航させ、舟賃一隻一回二貫五百文を取った。うち一貫文は幕府に、二百五十文を舟加工代に、残りの一貫二百五十文を角倉家の所得とした。単純計算で一日約二百貫文が入る。

これは一日五十両が手に入る計算で、実に良好なビジネスだったといえる」とある。舟数や舟賃は時代で異なるが、舟運の経済的効果は河川価値を高める大きな要因といえる。

現在の高瀬川に舟運の賑わいは見られないが、一九八四年に高瀬川に架かる三条小橋のたもとに、安藤忠雄《あんどうただお》が設計した水辺のテラスを持つ「TIME'S」ビルが完成した。この後、高瀬川の流れを身近に感じられるレストランやカフェが続々とオープンしている。これまでは高瀬川に背中を向けた建物が多かったが、徐々に水辺を中心にした街並みへと成長している。

嵐山（桂川）と平安京をつなぐ運河「西高瀬川」

古都・京都の運河について、平安京の造営時に整備された東堀川と西堀川、角倉了以と素庵の親子が整備した高瀬川について述べてきた。これらの運河に加えて、江戸末期に嵐山の桂川下流から三条通と四条通を流れ、千本通へとつながる運河「西高瀬川《にしたかせがわ》」が整備された。京都西側からの新たな運河の整備は、明治維新という特殊な時代背景によって生まれたことが特徴といえる。

西高瀬川の整備計画は、一八二四年（文政七年）の宇野文書から知ることができる。宇野文書の口上書には、鳥羽街道筋の車持ちが衰退し、御城米その他の運送も沈滞している。そのため京都の西において堀川の水を引き込んで最短の水路を整備し、新たに西高瀬通船を運航する旨が記してある。これは、御城米等の輸送が伏見を中心としたルートに変わり、鳥羽街道が衰退していたことを意味している。宇野文書は、壬生《みぶ》、西院《さいいん》、中堂寺《ちゅうどうじ》、朱雀、西七条、西塩小路《にしおこうじ》、梅小路《うめこうじ》、唐橋《からはし》、東寺廻り、西八条、西九条の庄屋《しょうや》等が連署しており、多くの村々が賛同する計画であったことがわかる。しかし、同じ一八二四年の竹内新之丞家文書「西高瀬通船路反別高附帳」では、東唐橋と西唐橋の庄屋等が、新通船路の整備に際して、農地の提供に対する補償を願いでている。いつの時代においても、新たな整備には、様々な思いが渦巻くこととなる。ただ、この計画が実行されたことを示す史料は見つかっていない。

西高瀬川（西川）は前述の計画にある上鳥羽から唐橋、梅小路、西七条と鳥羽街道を上るルートに加えて、嵐山の渡月橋の下流の左岸から生田、大石を経て、御室川、紙屋川と交差し四条千本の「船着問屋場」への通船路が一八六三年（文久三年）に整備された。錦絵図「文久癸《き》亥《がい》　西川通船路新開図」（一八六三年）には「此たび帝都四方の運送便利をひらきて、万民を救助せんと、深く厚き思食《おぼしめし》により、大内より数千両の黄金を下り賜りて、西川の高瀬速《すみやか》に成功ありしハ、実に例なき御事ども、花の都へ宝の入船、国々の米穀炭薪ハ更なり、種々の産物に世の賑ひを積みそへて、其めぐみをこゝに仰がんと、あらまし画きて広く路人に知らしむる事とはなりぬ」とある。工事を請け負ったのは河村与三右衛門であったことが『慶弘紀聞《けいこうきぶん》』（一八七四年）に記されている。

西高瀬川の整備が進んだ理由として、豊後国の岡藩主である中川久昭が一八六二年（文久二年）十一月二十八日に朝廷へ外夷掃攘《がいいそうじょう》にともない京都の物資が不足することを憂慮し、琵琶

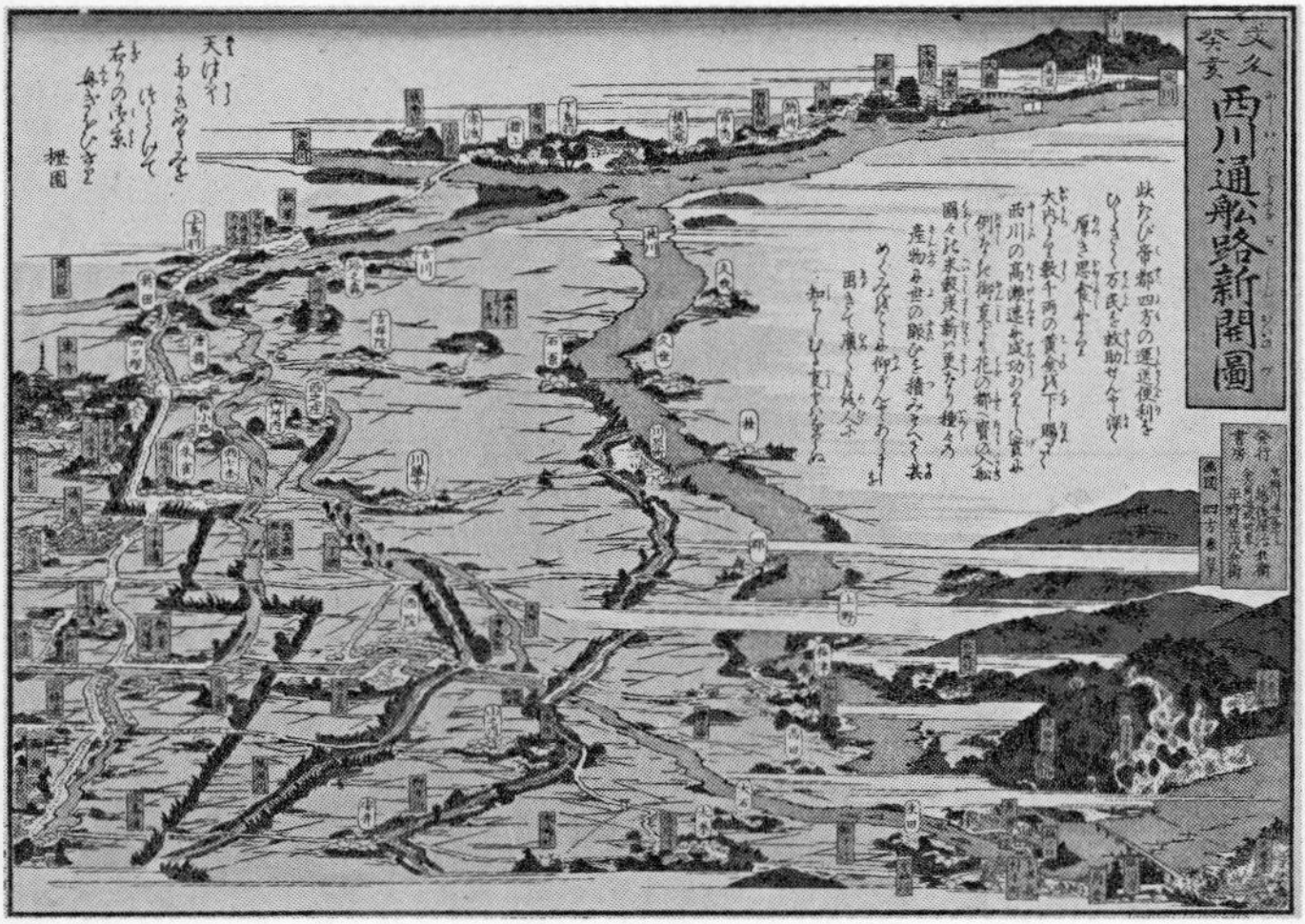

1863年（文久３年）に整備された西高瀬川（『西川通船路新開図』1863年）（京都府立京都学・歴彩館蔵）

湖疏水の整備を上申した。この上申に対して、琵琶湖疏水は有益であるが測量・費用ともに困難であり、防御のために山崎と八幡に台場の構築を先決すべしとの宣達書を出していることが挙げられる。このような尊王攘夷《じょうい》や開国などの時代背景のなかで、都としての重要性が高まり物資輸送の便を強化する必要があったと考えられる。この状況を示すように、西高瀬川が整備された翌年の一八六四年（元治《げんじ》元年）には、改修計画や別ルートを検討したことを示す文書も確認されている。

　明治維新後、西高瀬川は国役普請となり、国の会計官営繕司が改修工事を主管したが、実際には京都府土木掛が担当することとなった。工事は京都府によって一八七〇年（明治三年）に三条通のルートを竣工し、西高瀬川は完成を見た。改修工事の内容については、「西高瀬川絵図面控」（京都産業大学図書館蔵）などで確認できる。

その後、京都復興の気運のなかで、亀岡などから嵐山まで運搬された筏をそのままの形状で西高瀬川を流せるようにと、一八八〇年八月に壬生村の材木商願人井上熊吉他から第二代京都府知事の槙村正直に「西高瀬川筋ニ於テ筏流通願書」が提出されている。この請願には、下嵯《しもさ》峨《が》村船持主総代や天龍寺村運送店総代から西高瀬川に水量が取られるとの反対も受けるが、一八八四年四月十七日に開通許可が認められ、十月には筏が運航している。この許可に際して筏税が徴取されることとなり、西高瀬川の補強や補修工事の財源が確保されることとなった。筏税は、「材木筏、一乗ニ付金五円以内、竹筏、一乗ニ付金五十銭以内」とされた。開通が許可された理由のひとつは、京都の東部において琵琶湖疏水の計画が進んでおり、京都の西部並びに京都以北に位置する郡部への配慮があったと考えられる。

西高瀬川の整備によって千本三条、四条では、多くの業者が木材業を営むこととなり、木材が高く積み上げられた。さらに、一九〇九年には嵯峨五島町《さがごとうちょう》に約一万坪の筏保管場（貯木池）が整備され、洪水によって筏が流される危険がなくなった。

しかし、一九三五年（昭和十年）の京都大水害によって、大きな被害を受けたことで、京都府は一九三七年に天井川であった天神川（紙屋川）と御室川を合流させる改修工事に着手し、旧御室川沿いに南下する一本の河川（合流後の名称は天神川）に統合され、川幅の拡大と河床の切り下げ（掘込河川）が行われた。この改修にともない、両河川と交わっていた西高瀬川は天神川に両側から注ぎ込むことになり、運河としての役割を終えることとなった。

水が流れていない天神川から東側の西高瀬川では、京都府が新たな親水空間を整備する「京の川づくり事業」に取り組み、二〇一八年（平成三十年）に三条坊町《さんじょうぼうちょう》児童公園付近で西高瀬川に降りられる親水護岸と公園を整備した。親水に必要な水は、天神川からポンプアップして流している。

祇園を流れる「白川」

京都における親水のイメージは、西高瀬川や堀川で見られる子どもたちが「川ガキ」になり、魚捕りを楽しむことにあわせて、着物姿が似合う古都の水辺であろう。京都の花街、祇園を流れるのが白川で、川沿いを散歩しているとテレビドラマのロケや舞妓《まいこ》を見かけることもある。映像で使われるのは、東海道でもある三条通の白川橋《しらかわばし》から鴨川に合流するまでの約一・五キロメートルの区間が多い。この区間は掘込河川で堤防がなく、側道を歩きながら水辺を楽しむことができる。川幅も七〜八メートルと、周囲の建物に調和している。石積護岸の高さは一メートルほどで、水深も一〇センチ程度と柵もなく、開放感を感じさせる。河畔にはヤナギが植えられ、京町屋などの伝統的な建造物が立ち並び、散歩には最適の空間となっている。

白川の特徴は、橋梁にある。岡崎の仁王門橋《におうもんはし》の下流から堀池橋《ほりいけはし》、石泉院橋《せきせんいんはし》、白川橋と約二〇橋（個人所有の橋を含む）を数える。江戸幕府が管理する公儀橋の「白川橋」は、一六六二年（寛文二年）に石橋に架け替えられ、一六六九年の五条橋の架け替えで不要となった石材も部材として用いたとされる。近年、よく話題になるＳＤＧｓの実践ともいえるリユースが三〇〇年以上も前に橋梁の部材で行われていたことになる。現在の橋梁は一九三二年（昭和七年）に架設されたモダンな高欄のコンクリート橋で、直線を基調とした高欄と親柱に昭和の息吹を感じることができる。

子どもたちが水遊びを楽しむ白川（古門前橋）

橋の東詰南側には、「三条通白川橋」、「是よりひだりちおんゐん　ぎおん　きよ水みち」、「京都為無案内旅人立之　延宝六戊午《ぼご》三月吉日　施主　為二世安楽」と、京都では最も古いとされる延宝六年（一六七八年）の年号が彫られた道標も建っている。

白川で最も知られている橋梁は、幅三〇センチほどの二枚の石板を並べただけの橋で「一本橋《いっぽんばし》」と呼ばれている。石橋の説明板には、「一本橋　通称　行者橋《ぎょうじゃばし》　この橋は、比叡山の阿闍梨《あじゃり》修行で千日回峰行を終えた行者が、粟田口《あわたぐち》の尊勝院《そんしょういん》の元三大師《がんさんだいし》に報告し、京の町に入洛《にゅうらく》する時に最初に渡る橋であり行者橋とも阿闍梨橋ともいわれる。また江戸時代、この橋を粟田祭の剣鉾がさして渡る「曲渡り（曲差し）」が呼びものであった。京都市」とある。架設年は不明であるが、国学者である橋本経亮《はしもとつねあきら》が記した『橘窓自語《きっそうじご》』（一八〇一年）に、「粟田新感神院《かんじんいん》の祭礼。（中略）。此祭礼に、白川の流の末、知恩院ちかきわたりに、一本橋とて、かりそめに石を二枚ばかりわたしたる橋を、祭の剣鉾をもちて、夜半ばかり夜わたりとてとほることあり」とあり、江戸期から現在まで同じ形状であったことがわかる。この橋はほかにも「古川町橋《ふるかわまちばし》」、「たぬき橋」とも呼ばれ、五つもの呼び名があることからも多くの人々に親しまれてきたことがわかる。

白川のもうひとつの特徴が一九七六年に指定された「祇園新橋《しんばし》伝統建造物群保存地区」の中心を流れていることである。このあたりは江戸末期の町家が立ち並び、美しい流れの白川や石畳、樹木などと一体となって歴史的風致を形成している。この地区に架かる新橋、巽橋《たつみばし》や縄手通《なわてどおり》に架かる大和橋《やまとばし》も水辺の風情を彩ってくれる。これらの橋のなかで着物姿の似合う橋といえば、祇園界隈《かいわい》に架かる巽橋である。芸妓《げいこ》や舞妓が信仰する辰巳大明神《たつみだいみょうじん》の傍に位置することから、着物姿の女性を目にすることが多い。石橋である大和橋も江戸期の形状を残しており、『花洛名勝図会』（一八六四年）に掲載されている絵図と同じ形状の石で造られた高欄であり、当時の情景を偲ぶことができる。

白川にはほかにも水に関係する特徴が三つある。ひとつ目が鴨川の治水神である。『雍州府志』「夏禹王廟《かうおうびょう》」（神社門上）（一六八二〜八六年）に、一二二八年（安貞《あんてい》二年）の洪水後に鴨川の治水を命じられた勢多判官為兼が異僧から鴨川東岸の南に禹廟、北に弁財天社を建てて祀れと告げられたとあり、鴨川の治水神である弁財天が白川と鴨川の合流点に祀られている。

もうひとつが琵琶湖疏水（鴨東《おうとう》運河）から分流する仁王門橋の直下流に造られた「児童プール」である。白川の水を堰《せ》き止めたプールでは、一九五八年から一九七五年頃まで子どもたちの泳ぐ姿が見られた。プールであったことを教えてくれる手すりなどの遺構が河川の役割の一面を示してくれる。

最後がプールの下流に祀られている水車稲荷社である。白川では古くから水車が使われており、白川村と白川の下流にあたる浄土寺《じょうどじ》村との間での水車設置に関する争論の文書（一八六七年）からも、水車が重要な動力であったことがわかる。

河川を考えるうえでは、治水と利水の両方が重要となる。白川は、琵琶湖疏水（鴨東運河）から分流する岡崎から下流は、水量を井堰によってコントロールできることから、洪水による被害が生じることもなく、河川改修がなされなかった。そのため数百年前の石橋がそのまま使われ、周辺の住宅との距離感も変わることがなく、当時の風情を感じることができる。水量を人為的にコントロールできることが、水辺を暮らしに近づけてくれる。

明神川

白川と同様に、京都の風情を感じられるのが「明神川《みょうじんがわ》」である。明神川は、鴨川の柊野堰《ひらぎのえん》堤《てい》で取水した水と京都ゴルフ倶楽部《クラブ》内の蟻ケ池《ありがいけ》等の水が合流して賀茂社（上賀茂神社）の境内に入り御手洗川《みたらしがわ》となり、さらに神宮寺山《じんぐうじさん》からの御物忌川《おものいがわ》が楼門の西側で合流し、楢《なら》の小川《おがわ》と名前を変えて境内を流れる。平安末期から鎌倉初期の歌人である藤原家隆《いえたか》が詠んだ「風そよぐ楢の小川の夕暮はみそぎぞ夏のしるしなりける」から、楢の小川が禊の場であったことがわかる。

楢の小川は、境内を抜けると明神川へと名前を変える。明神川は一九八八年（昭和六十三年）に伝統的建造物群保存地区に選定された社家町《しゃけまち》を東へと流れる。このあたりは上賀茂神社の神職が代々受け継いできた社家の土塀と、明神川の流れが調和して美しい景観となっている。社家は明神川の流れを遣水《やりみず》として邸内に引き込み、毎朝、この水で清めてから神社へと向かった。社家町を抜けた明神川の水は、下流部の農業用水として田畑を潤していた。明神川も白川と同様に水量をコントロールできる河川で、川幅が約四・五メートル、護岸高さが七〇センチ、水深が一〇センチ程度と安全である。これらの条件が風情を感じる水辺には必要なのかもしれない。

京都御所・御苑で使われる水

京都ならではの河川として、欠かすことができないのが禁裏御用水である。京都御所は北朝の光厳天皇が一三三一年（元弘《げんこう》元年）に即位した場所を御所とし、一三九二年（明徳《めいとく》三年）の南北朝合一によって名実ともに皇居に定まった。京都御苑は京都御所や仙洞御所を中心とした

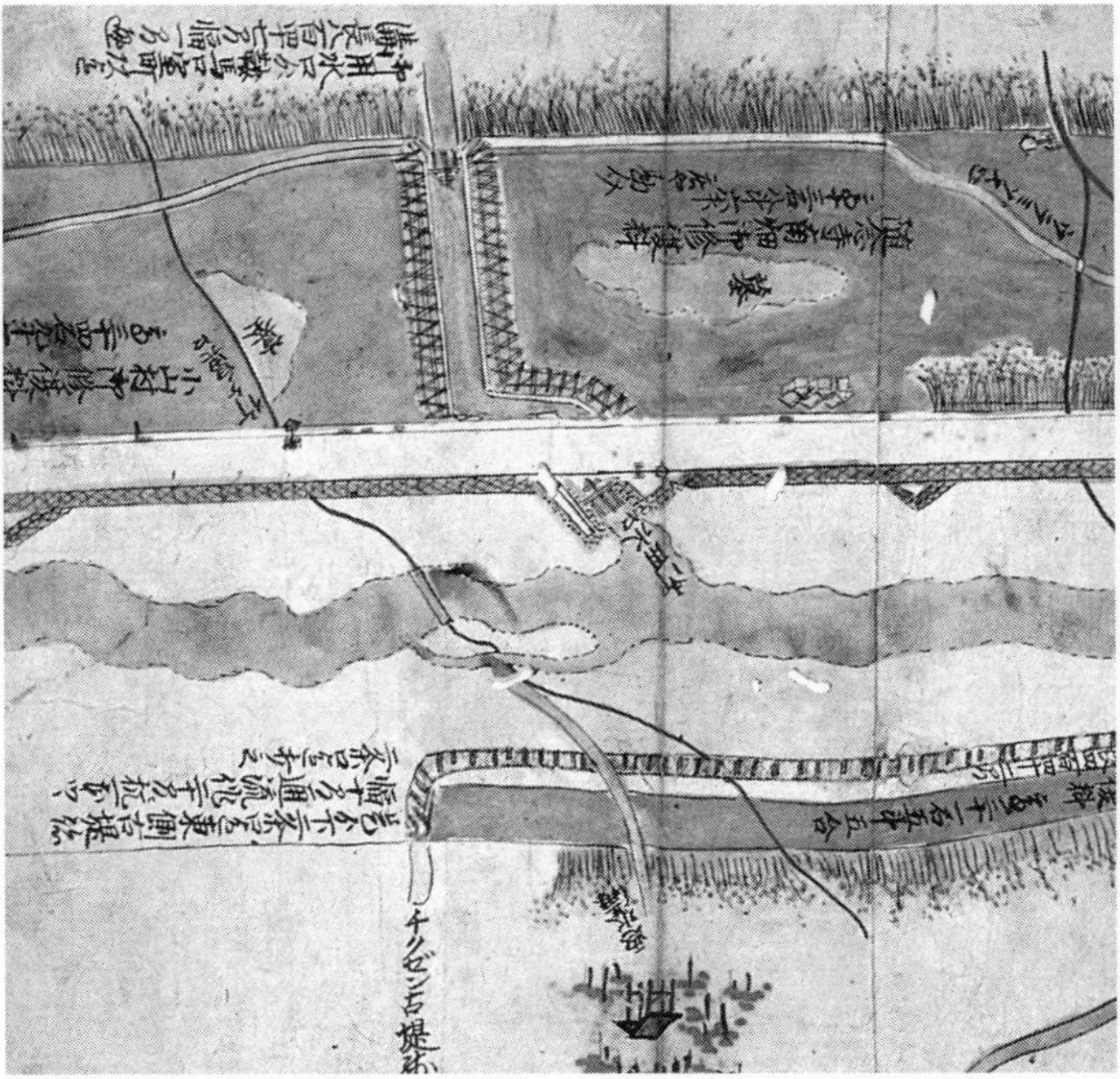

幕府が管理する御用水の取水口（『賀茂川筋名細絵図』1708～11年）（京都産業大学図書館蔵）

約六五万平方メートルの国民公園で、東西を寺町通《てらまちどおり》と烏丸通《からすまどおり》、南北を丸太町通と今出川通に囲まれている。整備の経緯は一八七七年（明治十年）に還幸された明治天皇の命により荒れた公家町の屋敷を撤去し、周囲に土塁石垣を配置したことによる。京都御所と御苑の水辺には、堺町御門《さかいまちごもん》を入った西側の九条池《くじょういけ》や、今出川御門の南側にある近衛池《このえいけ》などがあり、公家屋敷の庭園であった当時の風情を感じることができる。ほかにも仙洞御所の北池と南池などの池を配し、新たな施設としてトンボ池や「出水《でみず》の小川」も整備され、市民にとって憩いの場となっている。

御所の水は、鴨川から禁裏御用水として引かれていた。取水口の位置は、北山通に架かる北山大橋の上流部にあたる。鴨川管理のために描かれた絵図である『賀茂川筋名細絵図』(一七〇八~一一)(京都産業大学図書館蔵)にも、御用水口が蛇籠を配置した護岸に沿って描かれている。禁裏御用水は農地を流れ竹藪までの樋門の間は両岸に竹柵が配置され、両岸の農地の一部には墓地もある。鴨川上流の雲ヶ畑や鞍馬などの集落には、御所で使われる水を汚さないため流域内に墓地を設けない定めもあるが、時代の違いであろうか。『川方勤書』には、京都の御奉行御組の川方が禁裏御用水を管理し、門樋と水路などを角倉与一預り藪銀《やぶぎん》で修復していたことが記されている。分流して農地を流れる水路は、上御霊《かみごりょう》神社前でひとつになり相国寺《しょうこくじ》の境内を流れ、御苑内では近衛池に入り、その後に御所へと流れる。

禁裏御用水は農業用水としても使われており、旱魃時には水量が不足することも多くあった。この用水不足を補うため、第三代京都府知事である北垣国道は一八九〇年に整備した疏水分線を流れる水を御所の用水として献納(一八九三年)している。しかし、一八九九年の調査では御所内に通水する水は毎秒一・七立方尺(〇・〇五立方メートル)しかなく、紫宸殿の屋根に達する高さまでしか放水ができないことと、大雨のさいには水路等から溢れる汚水が井戸に混入することから、一九一一二年に琵琶湖疏水から引かれたのが御所水道である。大日山に建設された貯水槽から管路で引かれていた御所水道は、一九五四年（昭和二十九年）に小御所《こごしょ》で発生した火災の延焼を食い止めている。御所水道は庭園用水や雑用水としても使われていたが、管路が老朽化したため一九九二年（平成四年）に廃止された。

廃止後は大量の水を必要とする池などには地下水が使われており、そのために京都御所と御苑には一〇ヵ所の井戸がある。内訳として京都御苑には約八〇メートルの深さの井戸が五ヵ所あり、池や「出水の小川」などに使われている。京都御所は八五メートルと五五メートルの深さの井戸二ヵ所、大宮・仙洞御所が三三メートルの深さの井戸二ヵ所、京都迎賓館が一ヵ所で、それぞれの池などに使われている。特に、約一〇〇メートルの人工河川である「出水の小川」では子どもたちが水遊びを楽しむ姿を見ることができる

御苑内の井戸については、御所三名水として県井《あがたい》、祐井《さちのい》、染殿井《そめどのい》が知られている。京都御所の水を管理していた下鴨神社の社家である鴨脚《いちょう》家に伝わる京都御所の絵図には一一〇ヵ所にもおよぶ井戸が記されており、日常の水として井戸が使われていたことがわかる。日常の生活用水は井戸であったが、池の水などは鴨川からの取水に求め、その水は農業用水としても活用されていた。明治期には琵琶湖疏水の水を使うようになったが、現在、池などの水は地下水を利用しており、社会環境に応じて水源が変化する状況を京都御所・御苑でも見ることができる。

本章で述べてきた洛中の河川は、千年の時のなかで暮らしていくために必要となり整備されてきた。その後の変化にともない用途が変わり暗渠に、さらには埋められた河川もある。その

一方で親水を目的に再生された区間も見られる。都市河川は、人々の求めに応じて役割が変わっているところに特徴がある。

終章　山と川の価値を考える

外的要因と内的要因から見た四つの価値

京都は「山河襟帯」と称されるように、街中から東山、北山、西山と三方に山々を見ることができる。河川も東に鴨川、南に宇治川（巨椋池）、西に桂川と三方を囲んでいる。地形は北から南へと高低差をもって開ける。筆者の知人の会社は、会長が三山の風景が気に入ったからと、本社を東京から京都に移転した。京都創業の大企業が、東京に本社を移転しないのは、神社仏閣、京料理、花街などが世界に通じるからとされるが、山河が描く景観も理由のひとつかもしれない。

そんな京都に暮らしていても、山河を意識することは少ない。日々の暮らしに関係がないことへの興味は薄いからであろう。子どもの頃に山で秘密基地をつくり、河川で魚を追った。そのような日々でさえ、山河を意識していなかったように思う。ただ遊ぶ場が、山や河川であっただけのことである。おそらく平安の昔からの都人も同じで、山河に果実や魚などの恵みを求め、山には建材や火力となる燃料、川には水運や稲を育てる水を求めただけであろう。

これらの行為を繰り返すなかで人々は暮らすための知識を得て、様々な智恵《ちえ》を育んできた。例えば、人々は稲を育てる水を得るために水車や井堰などの新たな技術を生み出してきた。これらは水文化として次代へと受け継がれてきた。山河が育んだ様々な文化は、京都の地が都であったことでさらに高まることとなった。

水車などの個々の技術は社会変化のなかで使われなくなっているが、山河は変わることはない。暮らしのなかで山河に求めるものが少なくなり、水害など暮らしへの危害を最優先に考える現在においても、山河の本質は揺るがない。山は威風堂々と動くことのない父であり、河川はすべてを包み込んでくれる母である。そして、山河には先人の文化が息づいている。

本書は、山河が都にどのような影響を与えてきたのか、人々は山河に何を見てきたかについて、三山や鴨川などの河川の通史を示すなかで明らかにしてきた。山河も含めて万物は、人々の暮らしとともにある。山河と暮らしの関係は、山の文化や河川文化として民俗学の側面から語られることが多いが、ここでは暮らしのなかでの優先度を決める基準となる価値について考えてみたい。

これまでの価値論は、哲学や経済などの方向から論じられており、全体を俯瞰《ふかん》して論じることは難しい。本書では少し乱暴ではあるが、筆者が考える山河の価値について、外的要因が強く働く価値から、個々の判断によって左右される内的要因の順に、①経済的価値、②空間的価値、③宗教的価値、④心理的（美的）価値の四つを並べてみた。

山の価値――四つのカテゴリー

まずは山が持つ価値を四つの価値のカテゴリーから述べてみたい。ひとつ目は林産物の経済的価値である。山は土の集合体であり、土に根を下ろし成長する草木を山の恵みとして人々は求めてきた。平安遷都を行った桓武天皇も桂川の上流に位置する丹波国山国荘を禁裏御料地に定め、一六軒の守護を派遣している。

木々は建材だけでなく、燃料としても使われた。江戸期において約三〇万人と推定される京都の人々は、三山の草木だけでなく灯明の芯《しん》に松の根までも使い、山々は裸山に近く現在のシイやカシの常緑広葉樹の景観とはまったく違う状態であった。燃料となる薪や柴を頭に載せて都まで運び、売り歩いた大原女の姿を『建保職人尽歌合《けんぽうしょくにんづくしうたあわせ》』（一二一四年）などに見ることができる。

頭に載せて運ぶのは薪や柴だけでなく、中川などの北山杉の里では磨き丸太を傷つけないために頭に載せて運んでいた。杉丸太は千利休《せんのりきゅう》の作とされる茶室「待庵《たいあん》」の床柱にも使われている。轆轤を用いて椀《わん》などをつくる木地師の祖とされる惟喬親王にまつわる伝承も雲ヶ畑、小野、大原には多く、木材を活用する文化が三山には息づいている。

山が育む食材も重要である。特殊林産物に区分される果実や松茸をはじめとするキノコ、筍などのほか、猪やキジなどを捕獲する場でもある。特に西山の筍は、品質の高さが全国に知られている。

二つ目は空間的価値としての土地利用にある。先に述べた神社仏閣の境内はむろんのこと、杣人や木地師、猟師が暮らす集落も開かれる。また、防御に適していることから中世以降に船岡山《ふなおかやま》城や白川の勝軍山《しょうぐんやま》城なども築かれた。山城の代表は豊臣秀吉の伏見城（指月城）であろう。近代においては、一九二八年（昭和三年）に清滝川《きよたきがわ》駅から愛宕《あたご》駅までのケーブルカーが開設し、遊園地も整備された。モータリゼーションの時代に入ると、一九五八年に比叡山ドライブウェイが完成し、眺望を求める人々で賑わう観光の場ともなった。

三山については、ニュータウン等の開発が始まる前の一九三〇年に鴨川、東山、北山等を中心に約三四〇〇ヘクタールが風致地区として指定され、土地利用が規制されたことで山の景観が守られることとなった。一九一九年（大正八年）に制定された都市計画法に基づき、京都市が他市町村に先駆けて制定した条例による法規制の好事例である。二〇一六年（平成二十八年）に京都市が告示した風致地区の指定面積は一万七九四三ヘクタールと、当初の五倍の面積になっている。

三つ目が宗教的価値である。西洋の民が森に神を見たように、東洋の民は山に神を見ており、京都の三山には信仰が息づいている。比叡山、愛宕山、松尾山などはその代表であるが、なかでも京都三大祭のひとつ賀茂祭（葵祭）は、神山から賀茂社に神を迎え、天皇が賀茂社へと勅使を遣わす。この神を迎える祭事が千年以上も続いてきた。山の神を祀る祭事は、特別なことではなく、農を生業とする民は田づくりに合わせて山から里に神（田の神）を迎え、収穫後に山へと神を送ってきた。仏教も同様で世界文化遺産にも登録されている比叡山延暦寺や醍醐山醍醐寺、音羽山清水寺、栂尾山高山寺等は山との関わりが深く、古くから修行の場であった大悲山峰定寺や役行者《えんのぎょうじゃ》が開祖とされる岩屋山志明院《いわやさんしみょういん》など、山を修行の場とする寺院も多くある。京都には寺院の本山が多く、これらの寺院は三山との関わりが深い。京都の風物詩である五山の送り火も江戸期には一〇もの山々で行われていたとされ、送り火の風習は高知県四万十《しまんと》市や大阪府池田《いけだ》市など日本の各地に伝わっている。京都における山への信仰の形態が、全国へ与えた影響は大きい。

四つ目が、心理的（美的）価値ともいえる美しい山々である。頼山陽が鴨川から東山の眺めを「山紫水明」と称したように、京都独特の景観を見ることができる。一九三五年の京都大洪水で被害を受けた鴨川の改修計画に際しても、風致を重視し鴨川から東山が美しく見える河川断面が採用されている。この眺望の景観を保全するために「京都市眺望景観創生条例」が二〇〇七年に制定された。借景までを意識し、美しい山の景観を次世代へと継承していくための法規制は京都ならではといえよう。

河川の価値——四つのカテゴリー

次に河川の持つ価値について、前述の山の持つ価値と比較しながら述べていきたい。ひとつ目の価値として、水運、水力、生産（灌漑・漁業）の三つの経済的価値について述べる。最初は水運の持つ経済的価値で、水の性質から生き方を説く「水五訓」の最初の項に「自ら活動して他を動かしむるは水なり」とあるように、水の流れは移動のためのエネルギーでもある。この力を利用したのが筏流しである。桂川上流の禁裏御用地の山国荘から木材を筏で流す。また、淵《ふち》・瀬がつくる渦と浮力を使い曳舟で上流へと上る。都の繁栄には水運を欠かすことはできない。

水運と都の関係については山国荘と都の水運だけでなく、平安京の造営時（七九四年）に大内裏を挟んで東堀川と西堀川の運河が整備された。豊臣秀吉は一五九四年（文禄三年）に宇治川を整備し大坂から伏見までの舟運を可能とした。角倉了以と素庵の親子は、一六〇六年（慶長十一年）に保津川（桂川）の開削を行い高瀬舟での物資の運搬を始めた。その八年後の一六一四年に運河である高瀬川の整備を行い、伏見から木屋町二条までの運搬を行っている。その後も水運の需要は高まり、一八六三年（文久三年）に嵯峨から千本三条までの運河として西高瀬川が開通し、一八九〇年（明治二十三年）には京都府が琵琶湖疏水を整備し大津から鴨川まで、一八九五年には伏見までの舟運を行っている。

列車や自動車での運送が確立するまで、都の繁栄は水運とともにあった。内陸での舟運が衰退した現在も、海上での石油や鉄鉱石などの輸送は船舶であることに変わりはない。近年は環境負荷が少ない運搬方法として舟運が注目されており、淀川などでの新たな展開が期待されている。

　水をエネルギー（動力）に変える行為も平安以前から取り組まれてきた。水車については『日本書紀』の推古天皇十八年（六一〇年）三月の条に、「春三月《やよい》に、高麗《こま》の王、僧曇徴《どんちょう》、法定《ほうじょう》を貢上《たてまつ》る」、「且能《またよ》く彩色及び紙墨を作り、并《あわせ》て碾磑《みずうす》を造る。蓋《けだ》し碾磑を造ること、是《こ》の時に始るか」とあり、粉を碾《ひ》くための水車が高句麗《こうくり》から伝わったことがわかる。水車を造る技術は、吉田兼好の『徒然草』に亀山殿の水車を宇治の里人を召して造らせたとあるように宇治の里人の技術の高さは知られていた。明治に入り整備された琵琶湖疏水の当初目的は水車動力が中心であったが、海外の事例を参考に水力発電へと変えられた。現在、多くのダムでは水力による発電が行われている。

　豊穣をもたらす水も、舟運と同様に経済的価値のカテゴリーに入る。河川から引水した農業用水は耕地を潤し豊かな実りをもたらす。秦氏が桂川に葛野大堰を造り、賀茂氏は鴨川から引水し、それぞれの氏族が農地を広げることで、山背の地で勢力を伸ばしてきた。産業構造が変化した現代、大量の水を必要とするのは工業用水である。私たちのライフラインである水道水も同様であることを忘れてはならない。

　生命を育む河川では、鮎狩りや鵜飼など水の恵みによって成り立つ漁業も営まれている。山城国の地誌『雍州府志』（土産門上）（一六八二〜八六年）の諸魚部に近隣の河川で獲《と》れる魚種の記述がある。最初は氷魚《ひうお》（稚アユ）。『延喜式』に氷魚の記載があるが、今はどこで獲れたのかわからないとある。続いて鯉は淀橋の下、嵯峨大井川、近江国湖水。鮒《ふな》は近江国湖水、大津松本浦。「波須弁和多加《はすわたか》」（コイ科）は湖水、勢多橋。鰻《うなぎ》は宇治川。鱸《すずき》は宇治川、伏見川。鱒《ます》は嵯峨大井川。鰷《はや》は八瀬川《やせがわ》、高野川、鴨川、嵯峨大井川。鰌《どじょう》は鴨川。鰕《えび》は近江の堅田《かたた》、淀川伏見。このように一〇種類の魚等が紹介されており、これらの魚等が名産として知られていたことがわかる。海から遠い京都にとって、川魚は食材として重要であった。

二つ目が河川の空間的価値である。夏に涼を感じる貴船の川床や祇園祭の一環として始まった鴨川納涼床などは、河川と一体化した水辺の空間活用といえよう。同様に五〇年ほど前までは河川をプールとして子どもたちが泳いでいた。現在は河川敷で散策などを楽しむ人も多い。一方で、河川敷をグラウンドやゴルフ場として利用することに、河川である必然性は感じられない。

さらには、鴨川の事例で見られるように河川内に京阪電車や川端通を整備し、川幅を狭めている。これまで人々は河川と対峙《たいじ》するなかで、土地を生み出すために堤防を築き、さらに高く盛り上げてきた。一八九六年には、治水を行うために河川法が制定される。河川側から見ると、河川空間の開発は「河川をいじめる」、堤防の整備は「河川を閉じ込める」ともいえよう。

山も同様で、本来であれば居住できない斜面に杭を打って、先人が危険であることを伝えて

鴨川の治水に関わる仲源寺の目疾地蔵

くれる蛇谷《じゃだに》などの地名の地に新興住宅地を造成したりするが、思いがけない豪雨によって被害が生じることもある。行き過ぎた行為は、大自然からの反発を招くことにつながる。

三つ目は宗教的価値で、河川においては三つの視点がある。ひとつは手水などに見られる穢れを払う行為である。神道の禊だけでなくキリスト教にも教徒になるための洗礼や祝福に用いられる聖水がある。この頭部に水を注ぐ形式は、密教において正当な継承者であることを認めるための灌頂《かんじょう》の儀式に見ることができる。

もうひとつが、河川が起こす水害への対応を神仏に頼ることである。『雍州府志』（神社門上）には、一二二八年（安貞二年）の鴨川水害後に治水を命じられた勢多判官為兼に僧が鴨川東岸の南の方に禹廟を建て、北に弁財天社を建てて祀るようにいって寺に入った。この寺が今の仲源寺《ちゅうげんじ》（目疾《めやみ》地蔵尊）になる。御堂で祀られる目疾地蔵は雨止《あめやみ》地蔵が転じたとされ、治水神である禹王に関係が深いとされる由来である。弁財天は白川と鴨川が合流する南側にひっ

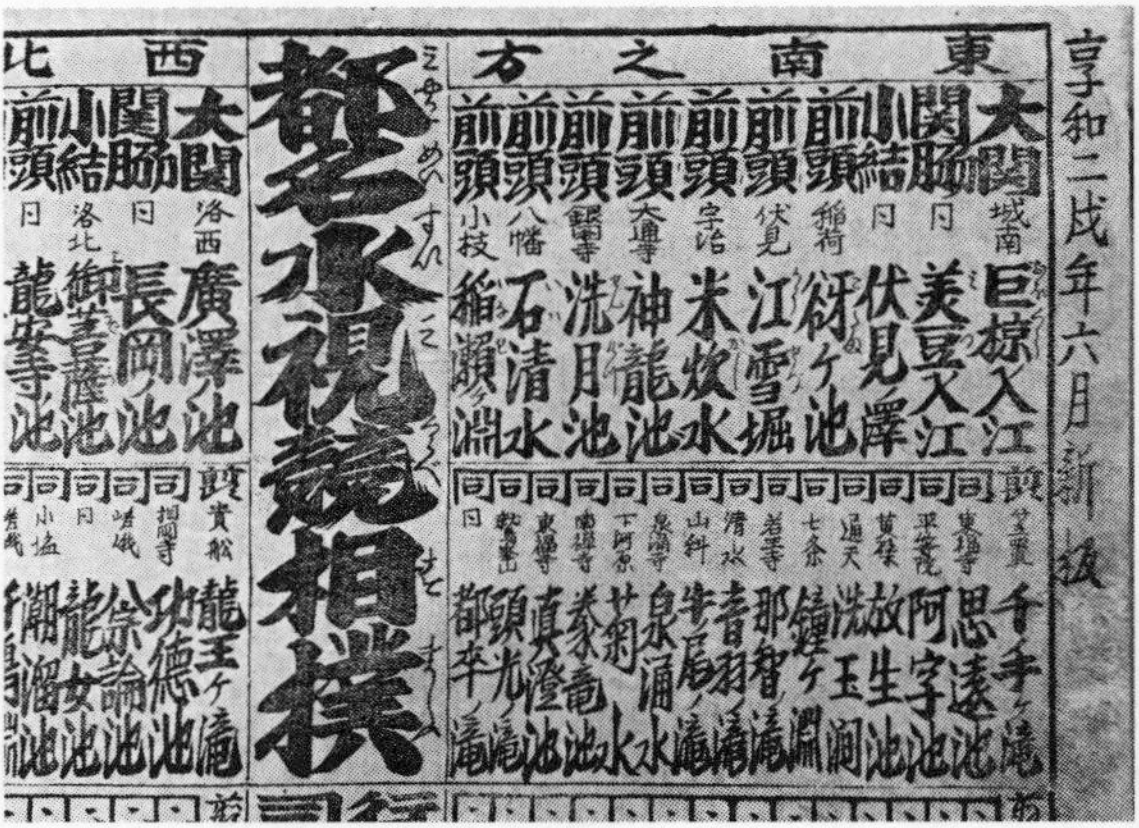
享和二戌年六月新板
都名水視競相撲
東南之方
大関 城南 巨椋入江
関脇 同 美豆入江
小結 同 伏見澤
前頭 大通寺 神龍池
前頭 銀閣寺 洗月池
前頭 八幡 石清水
前頭 小枝 稲瀬淵
同 千手ヶ滝
同 思遠池
同 阿字池
同 洗玉澗
同 鐘ヶ淵
同 那智滝
同 音羽滝
同 泉涌水
同 養亀池
同 真澄池
同 頭光滝
同 都卒滝
西北
大関 洛西 廣澤池
関脇 同 長岡池
小結 洛北 御菩薩池
前頭 同 龍安寺池
同 龍王ヶ滝
同 功徳池
同 宗論池
同 龍女池

都の名水として「河川、池、名水、滝」などが記された番付『都名水視競相撲』（1802年）

そりと祀られている。これらの神を祀ることは、洪水から逃れたいとの思いの表れといえよう。

　もちろん、実りをもたらす水を称える神も祀られている。インドのヒンドゥー教の女神であるサラスヴァティは、河川の名称を持つ豊穣の神とされる。奈良時代には日本に伝わり、弁才天として信仰を集めるようになる。弁才天は技芸の女神と思われているが、日本三大弁才天は竹生島《ちくぶしま》の宝厳寺《ほうごんじ》、宮島《みやじま》の大願寺《だいがんじ》、江《え》ノ島《しま》の江島《えのしま》神社とされ、他の弁才天も池のなかに祀られる場合が多く、水と関わりの深いことがわかる。京都においても、伏見で島の弁天さんとして親しまれている長建寺《ちょうけんじ》の八臂《はっぴ》弁才天や、上京《かみぎょう》区鴨川デルタの西側に祀られている出町妙音堂《でまちみょうおんどう》の青龍妙音弁財天などが水に関係している。興味深いのは弁才天が治水と豊穣の両面を併せ持つことである。

　四つ目が河川と山の融合から生まれる美しい景観、すなわち「心理的（美的）価値」としての水辺である。桓武天皇が一四回も行幸した葛野大堰が造られた嵐山には、嵯峨天皇が離宮

（現在の大覚寺）を、後嵯峨天皇が嵯峨御所とも呼ばれた亀山殿を造っている。山河の美しい景観は、御所を動かすほどの価値があった。後嵯峨天皇の皇子である亀山天皇も吉野桜を嵐山に植え、山河の美しい景観を好んだと伝わる。

この山河が描く美しい景観のひとつに、渓流や滝がある。京都で滝といえば清水寺の「音羽《おとわ》の滝」が知られているが、観光客が柄杓《ひしゃく》で受ける三筋の水は美しい景観とはいいがたい。しかし、一八〇二年（享和二年）に発行された番付『都名水視競《みくらべ》相撲』を見ると、滝の記載は多く、筆頭は西北之方の前頭三枚目の「西岩倉　三段ノ滝」で一段目に記載がある。二段目の東南之方は、「笠置　千手ヶ滝《せんてがたき》」、「若王寺　那智《なち》ノ滝」、「清水　音羽ノ滝」など六ヵ所、同じ二段目の西北之方には「貴船　龍王《りゅうおう》ヶ滝」、「洛北　音無《おとなし》滝」、「嵯峨　戸難瀬《となせ》ノ滝」など六ヵ所もあり、江戸期においては音無滝や戸無瀬ノ滝など美しい滝を身近に感じていたことがわかる。

最も身近で美しい景観といえば鴨川であろう。一九三五年（昭和十年）に四万三〇〇〇戸が浸水した京都大水害を繰り返させないための復興計画『鴨川未曽有の大洪水と旧都復興計画』（一九三五年）において、日本国として今回の如き大水害を繰り返すことは、民力の衰微はむろんその生命たる歴史的尊厳と風光を損する。「鴨川は京都市の鴨川に非ず」「治水上支障なき限度に於て鴨川の風致浄化を考慮する」として、現在の緩やかな勾配の自然石護岸の借景に東山を持つ鴨川改修が進められた。借景を重視する文化は今も息づいており、京都市は眺望景観を国民にとって貴重な公共の財産と位置づけ、二〇〇七年（平成十九年）に全国初となる「京都市眺望景観創生条例」を制定し、借景の文化を守っている。

新たな価値「身体的（健康）価値」

近年、これらの四つの価値にあわせて山河の新たな価値として「身体的（健康）価値」が認識されてきた。学生に京都の好きな場所を聞くと「鴨川」という回答が多い。その理由は、「散歩できる」、「清々《すがすが》しい気分になれる」、「解放感を感じる」などである。身近で、ゆっくりできる場所が鴨川なのであろう。京都府が二〇一五年（平成二十七年）に行った「鴨川利用実態調査」では年間二六八万人が散歩や休憩、ジョギングなどを楽しみ、その八一パーセントが京都市民である。それを代表する場所が鴨川と高野川が合流する鴨川デルタであり、三条と四条の間であろう。

平安貴族も好んだ嵐山や宇治の平等院周辺も多く

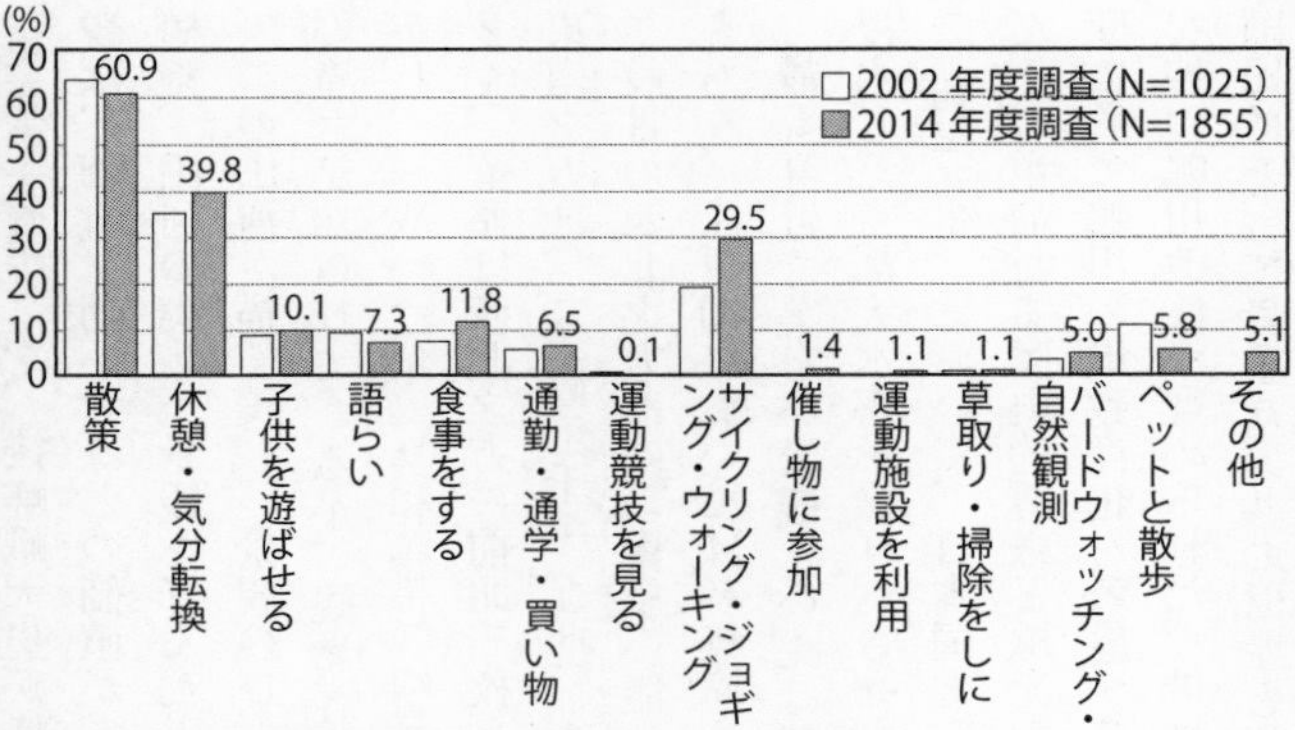

鴨川利用実態調査より、「あなたは、鴨川をどのように利用されますか？」（京都府調査、2015年）

の観光客が訪れている。この二ヵ所では、平安期に行われていた鵜飼が復活し、幽玄の美を感じるなかで別次元に誘われる感覚に陥る。びわ湖疏水船の運航も二〇一八年から始まり、疏水縁の桜などに心を奪われる。これらの親水機能も水辺の価値を高めているといえよう。

誰もが楽しむ水辺、鴨川デルタ

山も同様で、アウトドア用品の専門店も増え、オシャレ感覚で山を楽しむ人々も増えている。京都市や京都府山岳連盟、京北自治振興会、鉄道事業者、京都市観光協会、林野庁京都大阪森林管理事務所で組織される「京都一周トレイル会」が、一九九三年から京都市を取り囲む山々をつなぐ「京都一周トレイル」を整備している。三山を中心に全長約八三・三キロメートルの四つのコースと京北地区をめぐる約四八・七キロメートルのコースで多くの人々がトレッキングを楽しんでいる。鴨川での散歩やジョギングも含めて、現代では五つ目の価値となる「身体的（健康）価値」を人々が求めているといえよう。

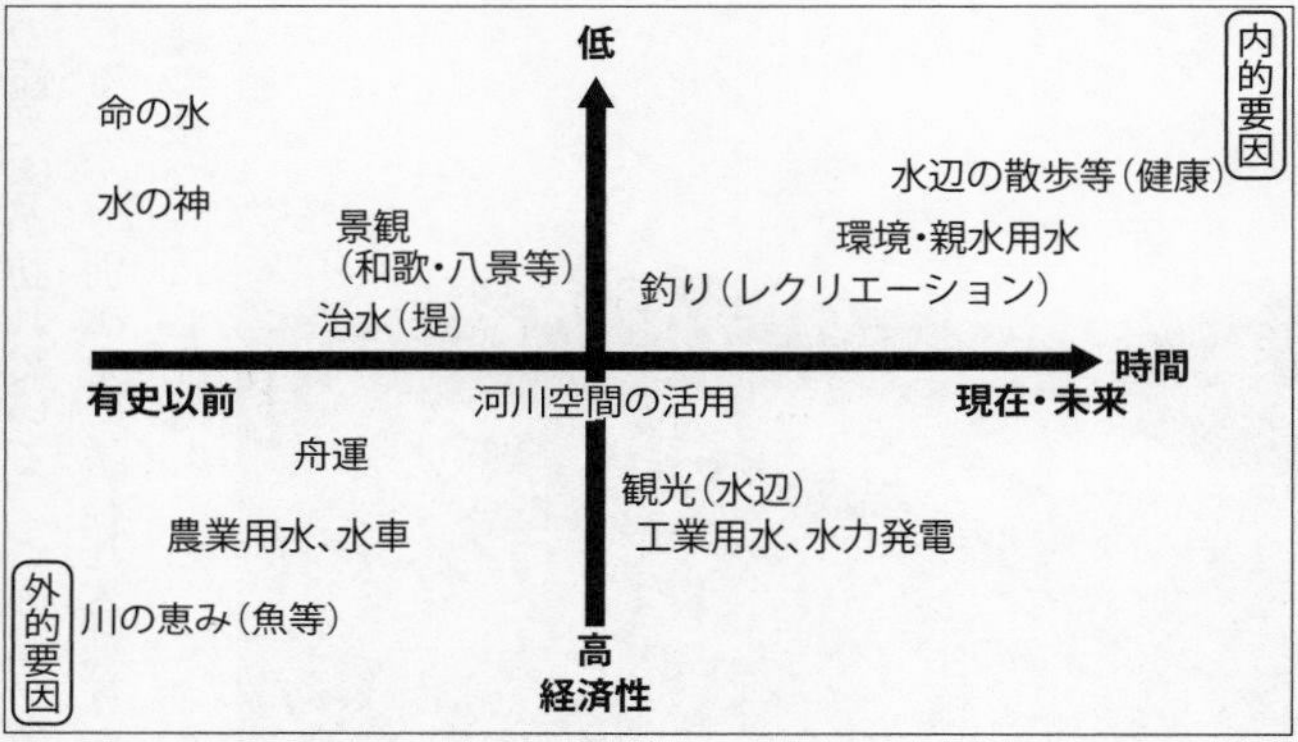

水の活用（価値）等の概念図

五つの価値を時間軸から見る

ここまで個別に価値を論じてきたが、時間軸を視点にすると、山に神を見る「宗教的価値」と併せて、山河の恵みを糧にする時代から始まる。次に新田を開くために河川の水を利用する。さらには富の集積をもたらす物流に必要となる舟運の発達が見られる。これらは「経済的価値」といえよう。舟運などの生活基盤整備にともない、土地利用も進むことから河川に「空間的価値」を求めるようになる。これらの外的要因が整ってくると、宗教的価値とは異なる内的要因を河川に感じるようになり、それが「心理的（美的）価値」ともいえる景観であり、散歩やトレッキングをする場としての「身体的（健康）価値」である。時代の変化に応じて、個々の判断で左右される内的要因が強い価値を山河に求めるようになっている。

それぞれの価値が、時代の求めに応じて千年の都の礎となってきた。これらの多くは経済的価値に置き換えることが可能で、山河が暮らしを営むために直接的に必要であったことを示している。しかし、現在の山河に経済的価値を感じることは難しい。ＳＤＧｓが注目されることで、山河は様々な角度から持続可能な資源として見直されつつあるが、自然環境に応じて変化する山河は、規格化を好む現在の社会システムに適合しにくいといえよう。

そのなかでもいくつか、現在の社会システムに適合している事例も見られる。鴨川納涼床などでは、短期的な経済的価値を見出《みいだ》し、店舗の数も増えている。これらは一見、現在の社会がつくったようにも見えるが、鴨川納涼床は三五〇年もの時間のなかでつくられてきた。景観・経済など複数の価値を満足できるシステムをつくるのには、試行錯誤の時間や経緯が必要となるのであろう。それは、古来人々が山に神を見てきたように、山河があることで育まれる日常の暮らしの文化（ヘリテージ）ともいえよう。

山と河川、それぞれについて少しまとめてみると、山は信仰と木材や食材を生み出す「場」としての価値があり、河川は水の性質である流動性をエネルギー源とした水運や、生命の水を用いた耕作など、すべての「源」である水の集合体であることが特徴といえよう。

新たな一歩

最後に、現在の暮らしから新たな山河の価値が生まれる可能性を考えてみたい。そこで日常に目を向けてみると、電車の乗客の半数以上はスマートフォンを手にしている。第五期科学技

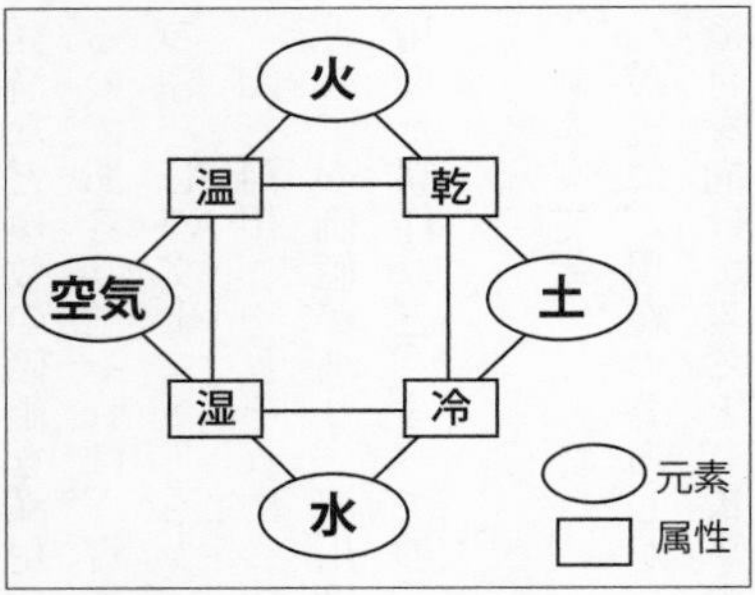

アリストテレスの４元素説

術基本計画でも示されているように、仮想空間と現実空間の融合「Society5.0」時代のなかで、山河には何が求められているのか。ＩＣＴ（情報通信技術）が発達し、山河の状況を瞬時に知ることもできる世のなかである。人々の安全のためにだけでなく、これからは魚が泳ぐ姿やウサギが駆け回る様子など、山河の楽しさを伝える手法にもＩＣＴが使われる時代になるのであろう。その楽しみ方の最適解をＡＩに求めている姿が目に浮かぶ。さらに想像したくない場面であるが、子どもたちが仮想空間のなかでアバターとなり鮎や鮒を追っているのかもしれない。このような時代にならないことを願ってしまう。

そうならないためには、山河の内面にある本質に目を向ける必要があると考える。山の根源は「土」であり、河川は「水」の集合体である。古代ギリシャにおいて、「土」、「水」、「空気（風）」、「火」は四元素とされ、四元素が離合集散するなかで自然界の変化が生じるとした。中国の陰陽五行説においても「木」、「火」、「土」、「金」、「水」の五つの要素がそれぞれ影響しあうことで事象を説明できるとした。自然界の基本として「水」と「土」がある。そもそも我々の体の六〇パーセントは「命の水」からなっており、我々は大地に立っている。

もうひとつの視点としては、ある種の感情や感覚をひとつの空間において共有できることだと考えている。ある学生が、研究室を訪ねて「この二年間、鴨川デルタの写真を撮りつづけている。なぜ、こんなに好きになったのか。他の人は何を求めて鴨川デルタに来ているのか。この理由を考えるために論文を書きたい」と、相談してくれた。鴨川デルタには、子どもたちや親子連れが川に入って水遊びや魚獲りをしている。さらには、語らう大学生、散歩を楽しむ高齢の方など世代を超えて見知らぬ人々が集い、それぞれの時間を楽しみ、鴨川デルタにいることに満足している。この満足感は、ほど良い距離感のなかでの、居心地の良い空間の共有と言い換えることもできる。言うまでもなく、この空間は「水」と「土」、鴨川と三山によってつくられている。世代を超えて笑顔の人々が集う、この現象を他で見ることはできない。

我々には「場の持つ力」を活かすことが求められているのではないだろうか。そのヒントを先人に学びながら、「水」と「土」がつくり出す、新たな価値の可能性を探求していきたい。

あとがき

京都が千年もの間、日本の都でありつづけることができた理由のひとつは、京都が山と川に囲まれ、その地理的特性を活かしてきたからではないのか。自問自答を繰り返してきた「問」である。おぼろげながら、東山や北山などの三山と、鴨川や宇治川などの河川がないと京都は立ち行かないとのイメージが筆者にはある。しかし、この「解」を求めるには、山と川が都人の暮らしにどのように関わってきたかを記した通史が必要であろう。一〇〇年後も読み返される一冊を書いてみたい。これが本書の原点となっている。

それぞれの山と川の歴史を辿ってみたが、他と比べて史料の多い鴨川でも不明な部分が多い。そのようななかではあるが、思いつくままに社会との関わり、個々それぞれの価値を時代に沿って示すことを試みた。これからの私たちがどのように山や川との関係を持ちつづけることができるのか、また、どのような関係が望ましいのか。そんな想いを込めて、「山紫水明」が伝える千年の歴史を記した。

この何十年もの間に幾度も訪ねた河川であったが、視点が変わるたびに新たな発見がある。そのなかで見えてきたのが、一つ一つの想像と得ることができた解に素直になることであった。少しでも「山」と「川」の価値を伝えることができればこれに勝る喜びはない。

執筆については、旧知の友である肉戸裕行が第一章の東山から第三章の西山を執筆、「はじめに」と第四章の鴨川以降を私が執筆した。特記以外の図版は著者撮影・所蔵である。

最後になるが、刊行のチャンスをいただいた山田直子氏と中田哲史氏、執筆に際して御指導・御協力いただいた方々、本書を世に送りだしてくれた酒井孝博氏をはじめ中央公論新社の方々に感謝を申しあげたい。

鈴木康久

二〇二二年　初夏

京都市上下水道局（1990）『琵琶湖疏水の100年』京都市上下水道局
京都市上下水道局編（2012）『京都市水道百年史　資料編』京都市上下水道局
京都市上下水道局編（2013）『京都市水道百年史　叙述編』京都市上下水道局

【第八章】

岸本史明（1974）『平安京地誌』講談社
小松茂美編（1978）『日本絵巻大成 別巻 一遍上人絵伝』中央公論社
鈴木康久・大滝裕一・平野圭祐編著（2003）『もっと知りたい！　水の都京都』人文書院
鈴木康久・藪崎志穂（2019）「「千年の都・京都」の水――役割と水源」『日本水文科学会誌』49巻1号
寺尾宏二（1973）「西高瀬川考」『経済経営論叢』第8巻第2号
寺尾宏二（1974）「西高瀬川続考」『経済経営論叢』第8巻第4号
橋本経亮（1975）「橘窓自語」『日本随筆大成4』吉川弘文館
松村博（1994）『京の橋ものがたり』松籟社
山崎達雄（1999）『洛中塵捨場今昔』臨川書院

【終　章】

京都市都市計画局都市景観部景観政策課編（2018）『京都市景観計画』京都市都市計画局都市景観部景観政策課
李家正文（1985）『水車史考』雪華社

吉越昭久（2006）「京都・鴨川の「寛文新堤」建設に伴う防災効果」『立命館文學』593号
若原史明（1922）「四条河原の納涼」『風俗研究』27号
渡辺直彦（1978）『日本古代官位制度の基礎的研究　増訂版』吉川弘文館

【第五章】
財団法人嵯峨教育振興会（1998）『嵯峨誌 平成版』財団法人嵯峨教育振興会
手塚恵子・大西信弘・原田禎夫編（2016）『京の筏――コモンズとしての保津川』ナカニシヤ出版
中西康弘（2002）『「保」と「津」その歴史からみえるもの』亀岡市保津文化センター
夏目漱石（1950）『虞美人草』岩波文庫
藤田叔民（1973）『近世木材流通史の研究――丹波材流通の発展過程』大原新生社
松本精一（2005）「水利遺産探訪　畳石堰水――中世の用水相論１」『農業土木学会誌』第74巻第５号
森洋久編（2015）『角倉一族とその時代』思文閣出版

【第六章】
エンゲルベルト・ケンペル著、斎藤信訳（1977）『江戸参府旅行日記』平凡社東洋文庫
巨椋池土地改良区（1981）『巨椋池干拓誌』（追補再版）巨椋池土地改良区
ジーボルト著、斎藤信訳（1967）『江戸参府紀行』平凡社東洋文庫
鈴木知太郎・川口久雄・遠藤嘉基・西下経一校注（1957）『日本古典文学大系20　土左日記 かげろふ日記 和泉式部日記 更級日記』岩波書店
鈴木康久・西野由紀編（2007）『京都　宇治川探訪――絵図で読みとく文化と景観』人文書院
中西進校注（1980）『万葉集　全訳注原文付２』講談社文庫
西川幸治編（1994）『淀の歴史と文化』淀観光協会
西野由紀・鈴木康久編（2011）『京都　鴨川探訪――絵図で読みとく文化と景観』人文書院
林英夫・青木美智男編（2003）『番付で読む江戸時代』柏書房
林屋辰三郎・藤岡謙二郎編（1976）『宇治市史３』宇治市役所
日野照正（1986）『畿内河川交通史研究』吉川弘文館
水野柳太郎（1983）「道照伝考」『奈良史学』１号
淀川ガイドブック編集委員会編著、河内厚郎執筆（2007）『淀川ものがたり』廣済堂出版

【第七章】
織田直文（1995）『琵琶湖疏水――明治の大プロジェクト』かもがわ出版
小野芳郎編著（2015）『水系都市京都――水インフラと都市拡張』思文閣出版

【第四章】
伊井春樹編（1991）「池亭記」『平安文学選』和泉書院
生田耕作編著（1990）『鴨川風雅集』京都書院
岩佐美代子（1996）『玉葉和歌集全注釈　下巻』笠間書院
岡田孝男（1980）『史跡頼山陽の書斎山紫水明処』財団法人頼山陽旧跡保存会
片平博文（2020）『貴族日記が描く京の災害』思文閣出版
川嶋將生（1999）『「洛中洛外」の社会史』思文閣出版
川嶋將生（2010）『祇園祭――祝祭の京都』吉川弘文館
京都市上下水道局編（2013）『京都市水道百年史　叙述編』京都市上下水道局
京都市役所（1936）『京都市水害誌』京都市役所
京都府（1935）『昭和十年六月二十九日鴨川未曽有の大洪水と旧都復興計画』
京都府（2008）『鴨川納涼床審査基準に係るガイドライン』
京都府（2015）『平成27年度鴨川利用実態調査結果』
京都府土木建築部河港課（1980）『鴨川の変遷』
駒敏郎・村井康彦・森谷尅久編（1991）「洛陽勝覧」『史料京都見聞記 第1巻』法藏館
駒敏郎・村井康彦・森谷尅久編（1991）「在京日記、羇旅漫録」『史料京都見聞記 第2巻』法藏館
駒敏郎・村井康彦・森谷尅久編（1992）「月堂見聞集」『史料京都見聞記 第4巻』法藏館
鈴木康久（2018）「「京都　鴨川納涼床」の変遷に関する研究――江戸期の「名所案内記」、「紀行文」、「絵画」から」『京都産業大学論集　人文科学系列』51号
鈴木康久・山崎達雄（2021）「江戸期における鴨川の堤防に関する研究――『川方勤書』・『賀茂川筋名細絵図』を中心に」『京都産業大学日本文化研究所紀要』第26号
高野敏夫（1997～1998）「出雲の阿国（一）～（三）」『聖徳学園岐阜教育大学紀要』
高野敏夫（1999～2000）「遊女歌舞伎（一）～（三）」『岐阜聖徳学園大学紀要　教育学部外国語学部』
中村武生（2005）『御土居堀ものがたり』京都新聞出版センター
林倫子（2015）「京都鴨川川中における明治期の夏季納涼営業の変遷――日出新聞・京都日出新聞の記事を中心に」『土木学会論文集 D1』71巻1号
藤川功和・山本啓介・木村尚志・久保田淳（2019）『和歌文学大系38　続古今和歌集』明治書院
森谷尅久・山田光二（1980）『京の川』角川書店
山田浩之・赤﨑盛久編著（2019）『京都から考える都市文化政策とまちづくり――伝統と革新の共存』ミネルヴァ書房
横山卓雄（1988）『平安遷都と鴨川つけかえ――歴史と自然史の接点』法政出版

只木良也（2004）『森の文化史』講談社現代新書
福田淳（2012）『社寺と国有林——京都東山・嵐山の変遷と新たな連携』日本林業調査会
松長有慶・高木訷元・和多秀乘（1984）『密教の神話と伝説』大阪書籍
渡辺裕之（2015）『京都　神社と寺院の森——京都の社叢めぐり』ナカニシヤ出版

【第二章】
朝日新聞京都支局編（1969）『京の花風土記』淡交社
井上頼寿（1968）『京都民俗志　改訂版』平凡社
岩井吉彌（1986）『京都北山の磨丸太林業——林業産地再編のメカニズム』都市文化社
大手桂二・藤井学編（1995）『洛北探訪——京郊の自然と文化』淡交社
大林太良編（1987）『山人の生業』（日本の古代10）中央公論社
川端康成（1968）『古都』新潮文庫
協一尋常高等小学校編（1935）『山國読本（復刻版）』
京都新聞社編（1974）『京滋植物風土記』京都新聞社
京都新聞社編著（1980）『京の北山——史跡探訪』京都新聞社
京都府森林組合連合会50年のあゆみ編集委員会（1991）『京都府森林組合連合会50年のあゆみ』京都府森林組合連合会
近畿中国森林管理局 HP 京都大阪森林管理事務所
芳賀紀雄（1986）『万葉の歌——人と風土⑦京都』保育社
堀田満編（1987）『京都植物たちの物語——古都の花と緑と作物』かもがわ出版
水本邦彦編（2002）『京都と京街道——京都・丹波・丹後』（街道の日本史32）吉川弘文館
山本末治（1974）『北山杉』山本徳次郎

【第三章】
有岡利幸（1993）『松と日本人』人文書院
有岡利幸（1994）『松——日本の心と風景』人文書院
鵜飼均（2013）『京都愛宕研究会発足10周年記念誌「あたごさん——愛宕信仰の諸相とその拡がり」』京都愛宕研究会
京都新聞編著（1982）『京の西山——史跡探訪』京都新聞社
阪倉篤義校訂（1970）『竹取物語』岩波文庫
清水眞澄（2017）『戦国時代と禅僧の謎——室町将軍と「禅林」の世界』洋泉社
富山県中央植物園（2003）「活動報告」第11回 TOYAMA 植物フォーラム「よみがえる幻の園芸植物センノウ」『富山県中央植物園だより』29号、富山県中央植物園
細見末雄（1992）『古典の植物を探る』八坂書房

参考文献

【全体にわたる文献】
暁晴翁著、松川半山画（1978）『淀川両岸一覧・宇治川両岸一覧』柳原書店
石田孝喜（2005）『京都高瀬川――角倉了以・素庵の遺産』思文閣出版
井之口有一・堀井令以知編（1992）『京ことば辞典』東京堂出版
京都市（1974）『京都の歴史』全10巻、学藝書林
京都府農林部（1973）『京都府林業年表――1867年～1972年（慶応３年～昭和47年）』
黒板勝美・国史大系編修会編（1964～66）『新訂増補 國史大系』第１～10、19、22～28巻、吉川弘文館
鈴木康久（2009～22）「京の水探訪」『日本の老舗』白川書院
鈴木康久（2019～22）「京都の水文化」『水が語るもの』近畿建設協会
高木市之助・小澤正夫・渥美かをる・金田一春彦校注（1959）『日本古典文学大系32　平家物語上』岩波書店
高橋昌明（2014）『京都〈千年の都〉の歴史』岩波新書
西尾実・安良岡康作校注（1985）『新訂 徒然草』岩波文庫
野間光辰編（1967～76）『新修京都叢書』全23巻、臨川書店
林屋辰三郎（1978）『角倉素庵』朝日新聞社
平凡社編（1997）『京都・山城寺院神社大事典』平凡社
山岸徳平校注（1958～63）『日本古典文学大系 14～18　源氏物語１～５』岩波書店

【第一章】
小椋純一（1992）『絵図から読み解く人と景観の歴史』雄山閣出版
京都新聞社・三浦隆夫編（1995）『東山三十六峰を歩く――面白の花の都や』京都新聞社
京都新聞社編集局編（1957）『東山三十六峰――京都案内記』河出新書
京都地学会（1993）『京都の地学図鑑』京都新聞社
京都地学教育研究会編、中島暢太郎監修（1988）『京都自然紀行――くらしの中の自然をたずねて』人文書院
京都伝統文化の森推進協議会編（2020）『京都の森と文化』ナカニシヤ出版
佐々木高明（2007）『照葉樹林文化とは何か――東アジアの森が生み出した文明』中公新書
滋賀県大津林業事務所編（1997）『大津市坂本地先「延暦寺の建築物」と「比叡山の森林」』（先人の築いた歴史資産を訪ねて；no.3）滋賀県大津林業事務所
薪く炭く KYOTO 編（2004）『京都・火の祭事記――伝統行事からみた森林資源と人のつながり』薪く炭く KYOTO
高原光（2015）「京都府における最終間氷期以降の植生史」（京都府レッドデータブック2015　自然生態系編）、京都府環境部自然環境保全課

【ま　行】

索　引

鈴木康久（すずき・みちひさ）

1960年京都府生まれ．1985年愛媛大学大学院農学研究科修士課程修了．京都府職員を経て現在，京都産業大学現代社会学部教授．博士（農学）．
著書『水が語る京の暮らし――伝承・名水・食文化』（白川書院，2010），『もっと知りたい！　水の都京都』（共編，人文書院，2003），『京都 鴨川探訪――絵図でよみとく文化と景観』（共編，人文書院，2011）ほか

肉戸裕行（にくと・ひろゆき）

1965年京都府生まれ．1988年京都府立大学農学部林学科卒業．同年京都府に入庁．京都府森林保全課，京都府立植物園樹木係長，京都府立林業大学校教授などを経て現在，京都府立植物園副園長．樹木医．
著書『京都・火の祭時記――伝統行事からみた森林資源と人のつながり』（共編，薪く炭くKYOTO，2004）

京都《きょうと》の山《やま》と川《かわ》
中公新書 2711

2022年8月25日発行

著　者　鈴木康久
　　　　肉戸裕行
発行者　安部順一

本文印刷　三晃印刷
カバー印刷　大熊整美堂
製　本　小泉製本

発行所　中央公論新社
〒100-8152
東京都千代田区大手町1-7-1
電話　販売 03-5299-1730
　　　編集 03-5299-1830
URL https://www.chuko.co.jp/

定価はカバーに表示してあります．落丁本・乱丁本はお手数ですが小社販売部宛にお送りください．送料小社負担にてお取り替えいたします．

本書の無断複製（コピー）は著作権法上での例外を除き禁じられています．また，代行業者等に依頼してスキャンやデジタル化することは，たとえ個人や家庭内の利用を目的とする場合でも著作権法違反です．

©2022 Michihisa SUZUKI / Hiroyuki NIKUTO
Published by CHUOKORON-SHINSHA, INC.
Printed in Japan　ISBN978-4-12-102711-5 C1221

中公新書

地域・文化・紀行

t 1

285 日本人と日本文化 ドナルド・キーン 司馬遼太郎
605 絵巻物に見る日本庶民生活誌 宮本常一
201 照葉樹林文化 上山春平編
799 沖縄の歴史と文化 外間守善
2298 四国遍路 森 正人
2151 国土と日本人 大石久和
2487 カラー版 ふしぎな県境 西村まさゆき
1810 日本の庭園 進士五十八
2633 日本の歴史的建造物 光井 渉
2511 外国人が見た日本 内田宗治
1009 トルコのもう一つの顔 小島剛一
2032 ハプスブルク三都物語 河野純一
2183 アイルランド紀行 栩木伸明
1670 ドイツ 町から町へ 池内 紀
1742 ひとり旅は楽し 池内 紀
2023 東京ひとり散歩 池内 紀
2118 今夜もひとり居酒屋 池内 紀
2331 カラー版 廃線紀行―もうひとつの鉄道旅 梯 久美子
2290 酒場詩人の流儀 吉田 類
2472 酒は人の上に人を造らず 吉田 類
2690 北海道を味わう 小泉武夫
2711 京都の山と川 肉戸裕行 鈴木康久